象牙塔之旅·学术入门指导丛书



# The Good Research Guide:
## For Small-scale Social Research Projects

(5th Edition)

# 怎样做好一项研究
## ——小规模社会研究指南

(第五版)

【英】马丁·登斯库姆 / 著
Martyn Denscombe

张玉婷 / 译

上海教育出版社
SHANGHAI EDUCATIONAL
PUBLISHING HOUSE

# 走进人文社会科学研究

## ——与青年朋友谈人文社会科学研究

（代丛书序）

在指导研究生研究、撰写学位论文过程中，有两件事一直萦绕心头。其一，英国皇家学会（the Royal Society）近日的一份报告显示，[①]中国在国际杂志上发表的科学论文数量飙升至全球第二名，并有可能在2013年取代美国，成为世界最多产的科研大国。但是，由此引发的学界反应不一，乐观者表示，这将对中国科研水平的国际地位产生突破性影响；也有人对此不无忧虑，论者批评我国巨大的科研产量背后是日益盛行的学术功利主义。其二，北京大学教授汪丁丁曾花了一年半的时间，搜集、整理《中国社会科学》发表的文章，发现其中最常见的有两类：一类是用数理方式表达的对西方而言有意义的文章，此类文章具有学术合法性，但缺乏中国意义；另一类是乡土中国的文章，能够表达出对中国人而言具有重要意义的感受，但缺乏学术合法性。他由此得出结论："表达"是中国社会科学面临的"根本困境"，因为当我们中国人用西方逻辑传统来表达我们内心的感受时，最常见的问题就是缺乏学术规范或者学术合法性，所以，学术合法性是中国社会科学家最根本的困境。[②] 能够在《中国社会科学》上发表文章的学者，至少是小有成就的社会科学研究工作者，他们尚且如此，对于学做研究工作的初学者而言，更是如此了。因为工作的关系，经常会碰到一些研究生为写论文、

---

① China poised to overhaul US as biggest publisher of scientific papers[EB/OL].[2011－03－28][2011－05－06] http：//www.guardian.co.uk/science/2011/mar/28/china-us-publisher-scientific-papers

② 汪丁丁.中国社会科学的研究方法导论[J].财经问题研究，2008(10)：3－13.

发表论文的事情发愁,也经常会听到一些研究生导师抱怨,研究生都快毕业了,还没有在学术上"登堂入室",甚至"连起码的研究规范"都不懂。不管怎么说,科学研究日益受到重视,却是不争的事实;中国建立创新型国家之于科研创新的迫切需求,也是不争的事实。然而,这种学术繁荣和科研创新的需求与大学研究生教育的现状似乎正好形成一个反差,令人不无忧虑。借此机会,谈几个经常为研究生所关注的问题。

## 一、认识人文社会科学

英文的"science",源于拉丁文"scientia",所对应的动词是"scio",意为"知道","scientia"的意思就是"学问""知识"(所知道的东西)。不同国家的学术传统中,对于"科学"内涵的认识有所不同。一般来说,英美学术传统中的"科学",是具有高度逻辑严密性的实证知识体系,既有严密的逻辑性,能自圆其说,又能接受观察和实验的检验;相比之下,德国的"科学"概念,则宽泛得多,往往指一切体系化的知识,可以说,凡是人们通过系统研究后形成的比较完备的知识体系,不管是否呈现自然科学般的规律性,都可纳入科学范畴。以此类推,人们对人文社会科学的理解也不相同。

汉语中的"人文社会科学"包括人文学和社会科学两类。人文学(humanities)源于拉丁文"humanists",意即人性、教养。原指与人类利益有关的学问,后泛指对社会现象和文化艺术的研究。从中世纪晚期欧洲教会学校发展的情况看,最初的人文学被视为科学的有机组成部分,从达·芬奇到哥白尼,其研究都被看成是文艺复兴的一部分。在英美的学术传统中,所有学科分为三类:自然科学、社会科学和人文学。自然科学属于严格意义上的科学,社会科学有一定的科学性,人文知识则不能被看成是科学。① 德国把科学分为自然科学和精神科学(文化

① 其实,英美的研究传统又有差异,就本体论而言,美国强调物质,英国偏重理念;从认识论角度来看,美国强调科学实在论,英国偏重理性思辨;在方法论方面,美国强调社会科学和自然科学一元论,英国偏重历史的和多元的研究方法。参见:Hurrell A. Keeping history, law and political philosophy firmly within the English school[J]. *Review of International Studies*, 2001, 27(3):489-494.

科学)。其中,精神科学或文化科学与我们今天讲的人文社会科学相似,包括社会科学和人文科学,换言之,人文学也属于科学。[①]

今天,英语语境中的"humanities",有时被译为"人文科学",有时也被译为"人文学科"。严格说来,在英美学术传统"科学"的"自然科学化"倾向日盛的情况下,将这个指称"the study of subjects like literature, language, history and philosophy"(即文学、语言学、历史和哲学等学科)[②]的词译成"人文科学",则有失偏颇,如林毓生教授[③]将"humanity"译为"人文学科",而不是"人文科学",似乎更能表征其中的人文意义;现在我们将其译为"人文科学",实际上已是"科学"概念的泛化,是"科学"一词并不严格意义上的使用。"人文学科"也好,"人文科学"也好,都指的是以人类的精神世界及其积淀的精神文化为对象的科学,是"关于人的价值及其精神表现的科学",[④]"主要指以人类的信仰、情感、道德和美感等为研究对象的文科科系的学科,通常包括文学、语言、艺术、历史、哲学等领域"。[⑤] 人文科学的对象即人类精神文化现象,它从根本上说是"拟人主义和人类本位主义"的,[⑥]人文学科中的宗教、哲学、艺术、音乐、戏剧、文学等学问都包含很浓厚的主观性的成分。[⑦] 相比之下,"社会科学"(social science)通常指研究社会现象及其规律的科学,它是一个以社会客体为对象,包括经济学、政治学、法律学、社会学等学科的庞大知识体系。

不同的人文社会科学研究的性质、研究使命、研究方法与成果体系都有所不同。我们通常有所谓"基础研究"与"应用研究"之分。其实,基础研究既包括理论研究,又包括对实践问题的经验科学(empirical science)研究。人文社会科学不能不从哲学层面的价值问题,追问人与社会存在中的"为什么"问题;但社会科学逐步从哲学中分离出来后,越

---

① 吴鹏森,房列曙.人文社会科学基础[M].上海:上海人民出版社,2000:1.

② Procter P. *Cambridge international dictionary of English* [S]. London: Cambridge University Press, 1995.

③ 林毓生.中国传统的创造性转化[M].北京:生活·读书·新知三联书店,1988.

④ 黄楠森.人学词典[M].北京:中国国际广播出版社,1990:517.

⑤ 张光忠.社会科学学科辞典[M].北京:中国青年出版社,1990:5.

⑥ 恩斯特·卡西尔.人文科学的逻辑[M].北京:中国人民大学出版社,1991:26.

⑦ 王云五.云五社会科学大词典(第一册)[M].台北:商务印书馆,1973:37.

来越呈现“脱哲学化”的倾向,①基于经验事实(empirical facts)的经验科学,②突出了经验的公共的可观察的一面,③研究的是“是什么”的问题,是对人类与社会发展过程中的各种现象的客观描述,旨在揭示人类与社会发展的客观规律;人文社会科学研究,尤其是社会科学研究,不能忽视基于现实思考的解决问题的方案的研究,那就是解决“怎么办”的问题,希望能够给人以解决问题的指导,或是提供技术规范。

**人文社会科学体系**

| 基础研究 | | 应用研究 |
|---|---|---|
| 哲学理论 | 科学理论 | 实践理论 |
| 为什么<br>(应当是什么) | 是什么<br>曾经是什么 | 怎么办 |
| 价值-规范陈述体系 | 事实陈述体系 | 技术-规范陈述体系 |
| 确立社会理想或价值 | 描述社会现象<br>揭示社会发展规律 | 指导社会实践 |

## 二、人文社会科学研究方法的发展趋势

1810年普鲁士教育部长洪堡(F.W.von Humboldt, 1767—1835)创办柏林大学时,就倡导教学与研究相结合,首次将科学研究引入大学教育,随着时代的发展,科学研究更成了研究生教育的重要任务。科学研究的任务是通过发现、思考、探索和创造,揭示事物发展的客观规律,探求客观真理。而科学研究的艰巨性、复杂性和长期性,客观上要求科学研究工作者除具备科学精神和相应学科的科学知识外,还必须掌握一定的科学研究方法。对于想踏上学术之路的研究生或是刚刚“登堂入室”的青年学者来讲,研究方法之重要性,不言而喻。正如俄罗斯著名

① 赖金良.作为经验科学的社会科学——兼论社会科学的“脱哲学化”问题[J].人文杂志,2006(5).

② 非归纳主义或归纳科学意义上的经验科学,既区别于人文科学基于体验意义上的经验,又区别于社会科学或自然科学中单纯的观察结果或实验室中生产出来的事实。

③ 陈嘉映.经验科学?[J].云南大学学报(社会科学版),2004(2).

生理学家、心理学家巴甫洛夫(И. П. Павлов, 1849—1936)所说:"初期研究的障碍,乃在于缺乏研究法。无怪乎人们常说,科学是随着研究法所获得的成就而前进的。研究法每前进一步,我们就更提高一步,随之在我们面前也就开拓了一个充满着种种新鲜事物的、更辽阔的远景。因此,我们头等重要的任务乃是制定研究法。"①

麦克米伦等人(J. H. McMillan & S. Schumacher)将"研究"定义为"为某一目的而收集、分析信息(资料)的系统过程"。② 这个定义道出了研究的两个基本过程:收集资料与分析资料。其实,我们通常讲"研究方法",也无非是收集资料的方法与分析资料的方法。不同学科、不同研究领域、不同研究主题的性质决定了应采用的研究策略与方法。与自然科学以严格可控的重复性实验不同,人文社会科学研究都涉及人,而人既是群体的又是个体的,既是历史的又是现实的,既是抽象的又是具体的,既是理性的又是情感的。理论性问题的研究,需要收集相关理论研究成果,加以系统的比较分析。实践性问题的研究,诸如研究市场行为的经济学、研究社会运行的社会学、研究权力配置的政治学等学科,所研究的社会现象,尚可通过调查、观察等方法予以客观描述,诸如研究价值与人的心理自由的人文学科,则更多地通过质性研究和体验。

传统的人文社会科学研究,囿于观念范围,以定性研究为主,借助逻辑推理方法,其价值取向是观念的,而非实用的。随着人文社会科学课题的日益复杂化、综合化、具体化,越来越需要应用量化方法,对相关资料、数据进行统计处理和系统分析。20世纪八九十年代以来,以数学方法为核心的量化方法在人文社会科学研究中的应用成为一股潮流。各种数学分支学科,如代数拓扑学、博弈论、泛函分析、统计学等,已直接用于经济学、社会学、政治学等社会科学的研究。经济学,作为应用数学方法最多的学科之一,已发展成许多与数学相关的学科,如数理经济学、经济统计学、经济计量学等。甚至在传统的人文历史学科,

---

① 巴甫洛夫.巴甫洛夫选集[M].吴生林,等,译.北京:科学出版社,1955:49.

② McMillan J H & Schumacher S. *Research in education: A conceptual introduction* [M].New York: Longman, 1997: 9.

也出现了计量历史学等与数理科学相关的研究。

定量方法的应用,招致强调体验、理解、意义与人文性的传统研究者的反对。在定量研究与定性研究的"范式战"过程中,将定性方法和定量方法结合起来使用的混合方法(mixed methods)①应运而生。人们认为,用两种方法比用一种方法能更好地理解研究问题。混合方法被定义为"一种把定性和定量方法用于问题类型、研究方法、数据收集和分析过程和/或推论的研究设计",②"调查者在一项单独的研究或调查项目中对定性数据和定量数据进行收集、分析、混合和推断的研究"。③混合方法研究的目的是"意义提升"(significance enhancement),其价值在于:(1)"三角互证",即把定量数据的结果与定性数据的结果进行比较;(2)"互补",即在一种方法的结果与其他方法的结果比较中寻求解释、例证、改进和澄清;(3)"发展",用某个方法的结果来丰富另外一种方法的结论;(4)"引发"( initiation),即揭示研究问题重构过程中似是而非的观点和矛盾,描述数据中出现的新观点;(5)"扩展",通过使用多种方法来扩大研究的广度和范围。④

## 三、研究由问题开始

研究由问题开始,中外诸多知名学者在总结他们的研究经验时,大

---

① 混合方法研究,被西方学者看成是继定性和定量方法之后的"第三条道路"(Gorard S & Taylor C. *Combining methods in educational and social research*[M]. London: Open University Press,2004.)、"第三种研究范式"(Johnson R B & Onwuegbuzie A J. Mixed methods research: A research paradigm whose time has come[J].*Educational Researcher*, 2004,33(7): 14 - 26.)、"第三次方法论运动"(Tashakkori A & Teddlie C. *Handbook of mixed methods in social and behavioral research*[M].Thousand Oaks, CA: Sage,2003.)和"第三种研究共同体"(Teddlie C & Tashakkori A. *Foundations of mixed methods research: Integrating quantitative and qualitative approaches in the social and behavioral sciences*[M].Thousand Oaks, CA: Sage,2008.)。

② Tashakkori A & Teddlie C. *Handbook of mixed methods in social and behavioral research*[M].Thousand Oaks, CA: Sage,2003: 711.

③ Tashakkori A & Creswell J W. The new era of mixed methods[J]. *Journal of Mixed Methods Research*,2007(1) : 4.

④ Greene J C, Carracelli V J & Graham W F. Toward a conceptual framework formixed-method evaluation designs[J]. *Educational Evaluation and Policy Analysis*, 1989,77(3) : 255 - 274. 参见:蒋逸民.作为"第三次方法论运动"的混合方法研究[J].浙江社会科学, 2009(10).

都会提到这一点。著名学者梁启超指出：能够发现问题，是做学问的起点；若凡事不成问题，那便无学问可言了。……所有发明创造，皆由发生问题得来。[①] 著名科学家爱因斯坦(A. Einstein，1879—1955)曾说，提出一个问题往往比解决一个问题更重要更困难，“因为解决一个问题也许仅是一个数学上的或试验上的技能而已，而提出新的问题、新的可能性，从新的角度去看待旧的问题，都需要有创造性的想象力，而且标志着科学的真正进步”。[②] 我们通常讲，做研究，要有“问题意识”。问题意识是一种思维的问题性心理品质，表现为人们在认识活动中，经常意识到一些难以解决的、疑惑的实际问题或理论问题，并产生一种怀疑、困惑、焦虑、探究的心理状态，这种心理又驱使个体积极思维，不断提出问题和解决问题。[③] 在波普尔(K. Popper)看来，“科学只能从问题开始。”科学发现从问题出发，科学理论的创新源自提出新的问题；产生原创性理论的问题有着特定的环境，即“问题情境”，问题以及与之相关的猜测和假设都可能具有普遍意义，但问题的出现或发现则要依赖于相对特定的情景；问题存在于(原有)理论与客观现实之间的矛盾(不吻合状态)，任何理论都有其解决不了的问题，一旦这样的问题被发现，就可能产生新的理论，所以，“应当把科学设想为从问题到问题的不断进步——从问题到愈来愈深刻的问题”。[④]相比之下，科克斯(R. Cox)虽然认同问题意识是理论的起点，但他更愿意将问题意识定义为在特定历史时期对某些问题或事件的意识，[⑤]问题是客观事实作用于某种特定环境中的主观意识的产物，问题与特定社会文化视角相适

---

① 梁启超.指导之方针及选择研究题目之商榷[M]//戴逸.二十世纪中华学案(综合卷1).北京：北京图书馆出版社，1999：119.

② 爱因斯坦，英费尔德.物理学的进化[M].周肇威，译.长沙：湖南教育出版社，1999：66.

③ 姚本先.论学生问题意识的培养[J].教育研究，1995(10)：40.

④ 卡尔·波普尔.猜想与反驳——科学知识的增长[M].傅季重，等，译.上海：上海译文出版社，2005：319.

⑤ 科克斯在与名词的“problem”相区别的意义上使用“problematic”，并将其定义为“a historically conditioned awareness of problems and issues”。参见，Cox R. Social forces, states and world order[M]// Keohane R. *Neorealism and its critics*. New York：Columbia University Press，1986：207.

应。[1] 由此看来，人文社会科学研究中的“问题”，可以是“新”问题，是随着社会变革与发展而产生的、以现有知识体系无法解释或解决的问题；可以是“老”问题，对那些已做大量研究的问题，可以以不同的理论、不同的研究视角、不同的研究方法加以新的诠释；可以是“老”问题的新变化，随着社会的变化，一些原本存在问题，其类型、特征、性质等，都发生了某些变化，以原有的研究成果难以解释。

“研究问题”的确定是一个复杂的思维过程，是一个由研究领域到研究主题再到研究问题逐步聚焦的思维过程，不仅要明确拟研究课题的边界条件，更要明确研究过程中拟解决或探索的问题是什么。研究领域一般是指研究课题所在的学术领域。研究“领域”与“学科”有着紧密的联系，但又有差异，日本社会学家富永健一认为，“领域”是指认识和系统化的对象的特定化，“学科”是指认识和系统化原理的特定化；一个对象领域可以由几个不同的学科从多方面进行研究，一个学科也可以研究各个不同的对象领域。[2] 如此说来，研究领域是拟研究课题的“对象范围”。在确立研究的“对象范围”的基础上，研究者需要进一步将研究视野聚焦，确立“研究主题”，即研究的主要方向和研究题目。一般来说，研究题目即确定了拟研究的“问题”，但同一个题目，研究视角和研究方法会有所不同，所以，还需要进一步收敛，聚焦“研究问题”，我们通常会问，某研究究竟要解决什么“问题”。“研究问题”确定过程，是一个由开放思维到收敛思维的过程。一般来说，我们确立了一个研究领域之后，需要通过文献检索，了解在这个领域，其他研究者都研究了哪些问题，进展到什么程度，提出了哪些观点，这些观点之间有哪些区别和联系，研究者只有做出文献综述的“谱系图”，才能进一步发现、聚焦自己拟研究的“问题”。

中国学术一直遭受“问题”贫困，[3]其实是“高质量问题”的贫困。超越对现实存在之缺陷的感性认识，从纯粹理智兴趣与逻辑思维出发，

---

① Cox R. Social forces, states and world order[M]// Keohane R. *Neorealism and its critics*. New York: Columbia University Press, 1986: 207－208,216－217.

② 富永健一.经济社会学[M].天津：南开大学出版社，1984：5－6.

③ 崔平.生活提问与逻辑提问——对“问题意识”健全结构的哲学分析[J]. 北京师范大学学报(社会科学版)，2007(4).

以一种价值中立的态度，自主而自由地探索人与社会存在的规律，不仅可以形成所研究的“问题”，提高“问题”质量，更是提高人文社会科学研究的整体水平的需要。当然，这取决于研究者研究素养的提升。

## 四、科学性与人文性的统一

“每个从事与人有关的研究的人都充分地认识到，人们无法为了‘客观的’探究而抛弃自己的人性；抛弃自己的人性，既是不可能的，在道德上也是不可取的。”[①]人文社会科学研究除揭示人文社会世界的本质与发展规律外，还提升出人文精神与科学精神。人文社会的问题既不是单纯的逻辑实证的问题，也不是单纯的语义分析的问题，而首先是历史观、价值观的问题，是社会批判、文化批判所依据、所坚守的理想与信念的问题[②]。作为知识分子的人文社会科学家，是“为理念而生的人”[③]。人类的经验事实是客观存在，但人文社会科学研究中对经验事实的选择，却与历史观、价值观有着紧密的联系。

基于人性的复杂及其丰富的展现形式，人文科学并不追求能普遍认同的发展规律，而是针对各种文化现象探索人性的深度和广度，描述各种具体的人性及其文化表现。正因为如此，人文科学的一个显著特点就是目标的求异性和成果的多样性。“所谓‘人文精神’，正是从各门‘人文科学’中抽取出来的‘人文领域’的共同问题和核心方面——对人生意义的追求。”[④]人文精神关注人的审美情感、道德理想、人格完整和终极关怀等文化价值。

在定量研究日盛的情况下，社会科学的人文性追求正面临被消解的危险。社会科学通过对人类文化与社会本质、发展规律的研究，在追求科学性的同时，仍需要通过语言、行为、文字、实物等来进行研究，从

① 格巴，林肯.自然主义探究的认识论和方法论基础[M].顾建民，译.夏孝川，校//叶澜，施良方.教育研究方法.北京：人民教育出版社，1988：291.

② 劳凯声.人文社会科学研究的问题意识、学理意识和方法意识[J].北京师范大学学报(社会科学版)，2009(1).

③ 刘易斯·科塞.理念人——一项社会学的考察[M].郭方，等，译.北京：中央编译出版社，2001：2.

④ 王晓明.人文精神寻思录[M].上海：文汇出版社，1996：207.

而探讨与人类生存、发展、幸福有关的价值与意义,探索包括生活的意义、价值、理想、信念、精神境界等在内的生命与人文意义,丰富人类的精神世界,提升生活质量,指导改造社会的实践活动。

"批判"是人文社会科学研究的根本特点之一,[①]康德(I. Kant, 1724—1804)确立了"批判"在哲学领域的合法地位,赋予"批判"以哲学意义上的理论内涵,主张对人的理性认识能力进行批判性的检讨和反省,并进一步认为一切事物都必须在理性面前接受批判。后世学者的批判思想,都源于康德所确立的批判精神。人文社会科学研究,通过拷问科学上和日常生活上所使用的那些原则,不断"拷问"时代的问题,深度挖掘问题产生的现实根源,直指问题产生的前提,在理论上和思维上予以澄清;同时,确立新的解释框架,并依此重新阐释已有问题,使问题能够在批判中获得新的生命活力。由此,批判不是简单的驳斥,不是一味的否定,批判是既克服也保留,是既继承也发展,批判意味着扬弃。人文社会科学研究的目的,不在于知识的传统,而在于思想的获得;不在于破坏性的摧毁,而在于建设性的重构,批判意味着合理重建和再塑传统。

## 五、历史与逻辑的统一

逻辑与历史统一的思想,首先是由黑格尔(G.W.F. Hegel, 1770—1831)提出来的,[②]但他把历史现象看作是逻辑过程中事先安排好的东西,认为先有逻辑,后有历史,逻辑和历史统一于"绝对精神"。马克思和恩格斯从唯物

---

① 从词源学角度讲,"批判"一词,德文为"kritik",英文为"criticize",均源于古希腊语"Krino"及其名词"Krisis",其原意是"区分"、"选择性地评判"、"分隔"并"加以筛选"。古希腊语境中,批判主要是用于文学批评;中世纪,批判主要是被用作医学名词,表示"危象"和"病情危急";到文艺复兴时期,批判的语义重新返回到古希腊的语境中,用于文学批评。参见,韦勒克.批评的概念[M].张今言,译.北京:中国美术学院出版社,1999:20-21.

② 黑格尔在《哲学史讲演录》中指出:"历史上的那些哲学系统的次序,与理念里的那些概念规定的逻辑推演的次序是相同的。我认为:如果我们能够对哲学史里出现的各个系统的基本概念,完全剥掉它们的外在形态和特殊应用,我们就可以得到理念自身发展的各个不同阶段的逻辑概念了。反之,如果掌握了逻辑的进程,我们亦可从它里面的各个主要环节得到历史现象的进程。"(黑格尔.哲学史讲演录(第1卷)[M].贺麟,王太庆,译.北京:商务印书馆,1981:34.)他在《逻辑学》中又说:"那在科学上是最初的东西,必定会表明在历史上也是最初的东西。"(黑格尔.逻辑学(上卷)[M].杨一之,译.北京:商务印书馆,1986:77.)

主义的基本立场出发,批判改造了黑格尔的逻辑与历史的统一的方法,使之成为科学的辩证逻辑的方法。人文社会科学研究中的逻辑与历史统一,包括:(1)使研究的逻辑进程与客观现实的历史发展进程相一致。正如恩格斯所说:"历史从哪里开始,思想进程也应当从哪里开始,而思想进程的进一步发展不过是历史过程在抽象的、理论上前后一贯的形式上的反映。"①(2)人文社会科学理论的逻辑进程与关于对象认识发展的历史进程相一致,人文社会科学各门学科的概念、范畴的发展与其理论的历史发展进程相一致。(3)思维科学的理论与认识史、思想史相一致,个体的思维规律与整个人类思维发展规律相一致。人类的发展与社会的发展是客观存在,人文社会科学的研究成果,包含了人类发展与社会发展的无数细节和偶然因素,是对历史的总结和概括。具体的人文社会科学研究,要放在历史发展的长河中加以考察,从而发现论题本身的规律性与现实独特性。坚持逻辑与历史的统一,需要辩证地处理历史方法和逻辑方法的相互关系。历史方法重在描述,依照对象发展的自然进程揭示其规律;逻辑方法重在思维,用概念、范畴、理论等形式概括反映对象发展的规律。因此,在人文社会科学研究中,逻辑分析要以历史发展为基础,历史描述要以逻辑联系为依据。

人文社会科学研究中的逻辑分析过程,是一个概念化、系统化、理论化的过程,这一过程贯穿人文社会科学研究的始终,从研究问题的概念化,到研究的内容的逻辑关系系统化,到成果表达的理论化,无不需要逻辑分析的支持。

## 六、坚守人文社会科学研究的规范与伦理

随着科学研究事业的繁荣以及人们在科学研究过程中的功利性追求的不断加剧,许多国家的研究组织都制定了研究规范,并加强研究规范、研究伦理教育。这里涉及三个相互关联的问题:研究规范、研究伦理、学术道德。

在美国研究诚信办公室(Office of Research Integrity,ORI)和美国国家

---

① 恩格斯,卡尔·马克思.政治经济学批判[M]// 中共中央马克思恩格斯列宁斯大林著作编译局.马克思恩格斯选集(第2卷).北京:人民出版社,1995:122.

自然科学基金会(National Science Foundation)的资助下,美国研究生院委员会(Council of Graduate School,CGS)启动的美国研究生负责任研究行为(Responsible Conduct of Research,RCR)教育计划就是一项在研究生院大学推行的旨在加强对研究生的科研诚信教育的示范项目。① 随着项目的开展,许多大学与研究院所对 RCR 教育的重要性的认识也不断提高,不少学校发展了 RCR 系列网络教程,积累了丰富的 RCR 教育资源。根据美国研究诚信办公室提出的 RCR 教育目标,RCR 教育的内容涉及九个方面:②

- 数据采集、管理共享与所有权(Data Acquisition, Management Sharing and Ownership);
- 利益冲突与履行承诺(Conflict of Interest and Commitment);
- 人体试验(Human Subjects);
- 动物实验(Animal Welfare);
- 科研不端行为(Research Misconduct);
- 成果发表与作者责任(Publication Practices and Responsible Authorship);
- 导师/学生责任(Mentor/Trainee Responsibilities);
- 同行评议(Peer Review);
- 科研合作(Collaborative Science)。

在我国,教育部社会科学委员会学风建设委员会组织编写了《高校人文社会科学学术规范指南》,科学技术部科研诚信办公室组织编写了

① 20 世纪 90 年代初,美国国家卫生研究所(National Institute of Health,NIH)要求所有承担政府资助研究项目的研究人员(包括研究生)必须完成基本的科学伦理道德的培训。1992 年,研究诚信办公室由科学诚信办公室与科学诚信审核办公室合并组成,该办公室的主要任务之一就是推进 RCR 教育。随后,ORI 先后资助启动了分别针对研究生、博士后、科学研究院以及管理机构的 RCR 教育计划。进入 21 世纪后,随着社会对 RCR 教育认识的日益明确,2001 年卫生与公共事业部下属的多个部门召开教育峰会决定成立了 RCR 教育协会(The Responsible Conduct of Research Education Consortium,RCREC)。协会的主要任务是发展 RCR 教育标准,确保标准的执行,推进研究机构之间的 RCR 教育的交流,评价 RCR 教育的成效。2006 年 RCREC 同应用与职业道德委员会(Association for Practical and Professional Ethic,APPE)合并组成 RCR 教育委员会。

② http://ori.hhs.gov/education/

《科研活动诚信指南》。[1] 关于“学术规范”,《高校人文社会科学学术规范指南》说:“学术规范是根据学术发展规律制定的有关学术活动的基本准则,反映了学术活动长期积累的经验。学术共同体成员应自觉遵守。学术规范是为了防范学术研究中可能出现的失误与偏差,为学术研究创造一个公平、公正、有序的环境,保障和推动学术研究持续、文明、健康的发展,增强学术共同体的凝聚力,保障学术共同体的和谐。”[2]为了规范我国的科学研究,中华人民共和国国家质量监督检验检疫总局和中国国家标准化管理委员会于2005年颁布《中华人民共和国国家标准·文后参考文献著录规则》(GB/T 7714－2005)。[3] 对人文社会科学研究工作者,尤其是初学者而言,从一开始就规范引文著录格式,养成一个良好的研究习惯,极为重要。

学术道德问题是近年来科研领域面临的极为严重的问题,为学界所诟病的学术不端行为(不正当的研究行为),是指那些学术共同体成员违反学术准则、损害学术公正的行为。《高校人文社会科学学术规范指南》列举了八种学术不端行为,对于所有从事人文社会科学研究的学者而言,都须引以为戒:

- 抄袭剽窃、侵吞他人学术成果;
- 篡改他人学术成果;
- 伪造或者篡改数据、文献、捏造事实;
- 伪造注释;
- 没有参加创作,在他人学术成果上署名;
- 未经他人许可,不当使用他人署名;
- 违反正当程序或者放弃学术标准,进行不当学术评价;

① 科学技术文献出版社,2009年版.

② 教育部社会科学委员会学风建设委员会.高校人文社会科学学术规范指南[M].北京:高等教育出版社,2009:3.

③ 中华人民共和国国家质量监督检验检疫总局,中国国家标准化管理委员会.中华人民共和国国家标准·文后参考文献著录规则(GB/T 7714－2005)[EB/OL].[2005－03－23][2011－05－18] http://www.chinaios.com/BZ-shuju/standshow.asp?table=gbtwo&id=16510

- 对学术批评者进行压制、打击或者报复等。[①]

以上所谈,是笔者在指导研究生过程中的心得,择其一二,挂一漏万。研究需要方法的支持,方法得于教育。基于此,笔者到华东师范大学研究生院工作以后,就与同事商讨,在研究生教育过程中开设供全体人文社会科学专业研究生选修的“研究方法”类课程;今适逢上海教育出版社近期推出“研究方法”类丛书,其用心,可谓异曲同工。这套“研究方法”类丛书,为教育、心理、社会学等社会学科的研究生和学术人员提供一系列社会科学研究规范、方法与技能方面的指导,包括研究方法和策略、文献综述、引注规范、学术写作策略等,对于人文社会科学研究的初学者,特别是人文社会科学的研究生而言,可谓“雪中送炭”。所选择的图书有一个共同的特点:实用、简洁。在实用性方面,作者都是在研究方法和学术写作指导方面有丰富经验的学者和教师,充分了解研究生在从事研究的过程中的问题和困惑,因而能够十分有针对性地提供建议;写作上着重讲述步骤和方法,较少理论阐述,充分体现了注重操作的特点。写作风格上,本套丛书倾向于简洁明快,用较少的篇幅指出要点,书中的要点提示、小结、自测表等也可以帮助读者快速掌握相关操作。

特向读者推荐。

① 教育部社会科学委员会学风建设委员会.高校人文社会科学学术规范指南[M].北京:高等教育出版社,2009:5.

# 致　谢

从着手准备、坚持写作到最终完成，有许多人为这本书的出版做出了贡献。出于这些原因和其他考虑，我要把这本书献给我的家人。

特别要献给 Viv——这本书是写给你的。

马丁·登斯库姆

于雷斯特城

# 目　录

# 导　言

## 一本写给项目研究者的书

社会研究已经不只是与专家和专职研究者等少部分知识精英有关的领域了。社会研究已经开始面向更为广泛的群体，他们把小规模研究项目作为自己学术课程或专业发展的一部分。他们：

- 没有很多钱用于投入研究；
- 需要在较短时间内（也许 6 个月或者更短的时间）完成研究；
- 必须亲自完成研究，没有其他人可以帮他们收集和分析数据。

本书的目的就是要为这些项目研究者提供实用的指导，为他们提供关于社会研究中关键问题的全景。我们试图给这些项目研究者提供一些易懂的重要信息，使这些信息能够快速、准确地切中问题的实质。本书在达到这些目的的过程中是基于以下几个前提。

1. 要想做出一项好的社会研究，需要了解一些知识，做一些工作，而这些内容都可以用一种直接明白的表达方式呈现。

2. 是否能做出一项好的社会研究，取决于是否关注了一些基本因素。如果忽视这些因素，研究就会受到质疑，研究结果的质量就会有问题。

3. 项目研究者可以在研究设计中就避免在这些关键因素上出错，同时可以借助自测表来进行研究。这样，研究者就能保证自己达到了“最低”要求，而没有忽视一些关系到研究质量的重要因素。

本书对于开展社会研究来说是很实用的。它不是要讲解特定的社会研究类型，并比较它们天生的优缺点，而是要鼓励项目研究者根据研究问题所处情境和开展研究的环境，选择最有用的策略和方法。

项目研究者的决定和选择是以社会研究的两种范式——两种思潮

流派为背景。一般我们称这两种范式为实证主义(positivist)范式和解释主义范式。实证主义范式运用自然科学研究模型探究社会世界。社会事实被当作与物理事实类似的东西来处理,它们被认为是独立存在的,我们可以科学地研究它们的属性。这种假设使得研究者可以采用客观的、超然的方式研究社会现象。这种研究取向一般关注社会世界中与现象的前因后果有关的事实和数字,倾向于采用量化数据和统计方法。与此相反,解释主义对这种社会研究者可以在一个客观的位置观察事物的观点提出挑战。解释主义认为社会事实是由人的想法和行动主观构建的某种东西。这就意味着社会研究者不可能完全客观。他们一直都是“局内人”——他们是被研究的社会事实的一个组成部分。从这种视角出发,社会研究的角色必须是解释社会现象,同时认识到研究者的思维将会或多或少地被自己的身份塑造,包括他们的经历,以及他们作为研究所处社会世界的一个成员的身份认同。这种研究的目的是探究人们的信念和他们的生活经验,这种研究取向倾向于采用质化数据(文本和图像)。

这两种范式基于对社会事实本质和相应探究方法的不同认识。无论采用哪种范式开展研究,都有最优方法可供借鉴。一般来说,两种范式互不兼容。它们形成一种相互竞争的状态,将社会研究者置于其中,必须以其中一种范式开展研究。

但是,这种关于社会研究范式的两分法很难付诸实践,也把事实过于简单化了。这种做法是历史遗留,但是仍在影响现在的社会研究。与其说这种两分法准确描述了社会研究领域的情况,不如说它只是我们描述和谈论社会研究取向时使用的方式。当我们想要概况不同的研究方式以及它们背后的假设时,这种两分法是个方便好用的术语。

不过探究社会研究背后的哲学基础并不是本书的目的,本书作者的另一本书《社会研究的基本规则》(*Ground Rules for Social Research*, *2010*)介绍了这些内容。而本书更关注实践。因此,《怎样做好一项研究》涉及社会研究者可以做,也确实已经在做的事情,那就是在个人项目中结合实证主义和解释主义的属性,超越传统范式的边界。第 10 章混合方法将展开说明这一点。所以,项目研究者最好了解他们的决定与这些传统范式有何关系,本书的基本观点是项目研究者在选择最有用的研究方法时,不应该受到这些范式的束缚。

# 第一部分

# 社会研究的策略

想要完成一项好的研究，并不是只有一种正确的做法，总会有多种选择和其他方案。在任何研究的任何阶段，研究者都需要决定、判断、斟酌，这样才能顺利地完成一项研究。其中一个最重要的决定就是选择研究策略，本书第一部分描述了可供选择的各种策略。这里没有列出所有策略，一方面是因为这超出了本书的范围，另一方面是因为未列出的策略可能更适合用于规模大、预算高、周期长的研究。本书主要关注那些适用于规模小、预算低、周期较短的研究策略。

## 什么是研究策略？

策略是指为了达成某个目标而制定的行动计划。在社会研究中，策略包含：

- 明确的研究逻辑和由此形成的基本理论；
- 要采用的行动计划（研究设计）；
- 明确定义的研究问题（具体的、可达成的目标）。

研究策略不同于研究方法。研究方法是收集数据的工具，比如问卷、访谈、观察和文档（这些将在本书第二部分说明）。方法就相当于科学家用的显微镜,医学工作者用的温度计和天文学家用的望远镜。它们是收集相关数据要用到的仪器,在研究中要起作用。

## 选择哪个策略

### 它合适吗?

研究策略本身并无好坏之分,也无对错之分,只有讨论如何使用它们的时候才谈得上好坏和对错。研究策略的好坏和对错只能结合使用它们的目的来评判,因此,我们必须思考策略是否有用,以及是否合适。从这种实用的视角考虑,选择任何一种策略之前都必须清楚了解使用这种策略的具体目的。我们只有知道研究试图达成什么目的,才能判断研究策略是否有用和合适。下表说明了如何根据研究目的选择第一部分列举的研究策略,这应该可以初步回答某种策略是否适用于某个研究。

**研究策略与研究目的**

| 研究策略 | 研究目的 |
|---|---|
| 调查与抽样 | 测量一个社会现象或者趋势的某个方面<br>收集事实用于检验一个理论 |
| 个案研究 | 了解在某个社会情境下运作的各个因素之间的复杂关系 |
| 实验研究 | 辨别某事物的原因<br>观察特定因素的影响 |
| 民族志 | 描述文化实践和传统<br>解释文化情境中的社会互动 |
| 现象学 | 描述特定类型人类经验的本质<br>从他人的视角理解事物 |
| 扎根理论 | 澄清概念或产生新理论<br>探究新的问题,提供新的想法 |
| 行动研究 | 解决具体问题<br>提供最优方法的指导 |
| 系统综述 | 达成有关某个问题的客观概述<br>评价项目或者干预的效果 |
| 混合方法 | 评价新的政策,估计它的影响<br>比较有关某现象的不同视角<br>综合其他策略的各个方面 |

> **要点提示：策略的选择是一个考虑匹配与否的问题**
>
> 研究者应该选择一个有助于达成研究目的的策略，而且能为自己的选择提供充分的依据。

## 它可行吗？

选择策略时要考虑到开展研究的一些问题。比如，研究者是否能够获取那些对完成研究至关重要的人、情境、事件以及文档，这一点非常关键。这里的问题可能是需要取得必要的授权，以便联系相关的人，进入场地或者查看文档；也可能是从一些人或者组织那里获取同意，让他们配合研究；又或者，研究者要有资源支持来获得特定的设备，或者去研究场地。不管是哪种形式，获得数据对策略的选择至关重要。

另一个要考虑的问题是在某个时间节点内完成研究。项目研究者一般都会面临时间限制的问题，如果选择了一个不能保证在限制时间内完成研究的策略，那就选错了。对于有些策略，我们可以很好地预测所需的时间，从而制定严格的时间计划（比如，调查、个案研究、实验研究）；另一些策略则没那么容易预测所需的时间（比如，扎根理论），或者某些策略需要很长时间（比如，民族志）。因此，这一点必须纳入开展研究的可行性考虑之中。

选择策略时，研究者还应该考虑研究的读者是谁，了解研究者身在哪个研究共同体。不同学科领域和专业对研究有不同的看法，在实践中，这意味着他们往往偏好某些研究方式，项目研究者对这些要心中有数。尤其是当某个小规模研究是用于获取某种学术资格时，研究者最好遵循所在学科的研究传统，并且要考虑到将对研究进行评价的导师或考官的研究习惯。

## 它符合研究伦理吗？

研究伦理是选择策略时最主要的考虑因素。在当代研究中，怎样强调它的重要性都不为过，因此本书在第 17 章专门针对研究伦理提供了实践指导,而这些指导是基于研究伦理的一些核心原则。首要原则就是,参与研究的人不应因此受害。这里的受害含义广泛,需要研究者充分考虑参与者可能因为参与研究而受害的各种可能。同时,应该避免选择包含太多潜在伦理风险的研究策略,因此在开始选择策略时应该先进行风险评估。

**自测表　选择研究策略**

选择策略时,你应该对下面这些问题有信心回答"是": ☑

| 需要考虑的因素 | | |
|---|---|---|
| **适合性**<br>使用它是否可以获得适合类型的数据? | • 是否清楚定义了研究目的? | ☐ |
| | • 研究目的和选择的研究策略之间是否存在明确的联系? | ☐ |
| | • 这种策略可以产生用于回答研究问题的答案吗? | ☐ |
| **可行性**<br>可以实现吗? | • 是否有足够的时间设计研究、收集数据、分析数据? | ☐ |
| | • 是否有足够的资源支付研究花费(比如差旅、打印)? | ☐ |
| | • 是否能获得必要的数据(人、事件、文档)? | ☐ |
| | • 研究的主要评价者喜欢这种策略吗? | ☐ |
| **伦理**<br>使用它可以让我在对待研究参与者时符合伦理规范吗? | • 我能避免研究给参与者带来任何伤害吗? | ☐ |
| | • 我能取得参与者的知情同意吗? | ☐ |
| | • 这种策略是否允许我在研究伦理规范下开展研究? | ☐ |
| | • 我能对研究期间获得的信息保密吗? | ☐ |

# 第1章 调查研究

什么是调查？·调查的类型·选择哪种调查？·邮寄调查·面对面调查·小组调查·电话调查·互联网调查·网络问卷调查·社交网站·Facebook 调查·研究总体·应答率·如何提高应答率？·无应答偏差·调查的优点·调查的缺点·补充阅读·调查研究自测表

调查(surveys)有多种形式，在社会研究中最常见的形式就是问人们问题。我们可以通过电话、互联网、邮政服务或者面对面的方式，与合适的被访者接触，以便从他们那里获得信息。问卷和访谈是常用的数据收集方法。调查也可以包括行为观察和文档分析。但是这些类型的调查在小规模社会研究中用得较少，因此本章重点关注那些问人们问题的调查类型。

## 什么是调查？

当调查某种事物时，这种事物是被“全面而仔细地观察”。这一点在自然研究领域，如地理调查、工程调查中非常清楚，这些调查需要绘制地形图和测量道路及建筑物的周边环境。和在自然研究领域一样，调查的原理在社会研究领域也得到了很好的应用。调查研究现已成为社会研究中最流行和最普遍的方法。社会调查与自然调查同样具有以下一些重要特征：

- 实证研究(empirical research)。“调查研究”在某种意义上含有“观察”的意思,因此,调查工作不可避免地带有实证研究的含义,它的含义是从相关的人和场景中有目的地寻找必要的信息。
- 具有特定时间点。调查一般是提供事物的一个快照,而不是在一段时间内跟踪事物的变化。在多数情况下,这种方法可以“把事物变成数据”,并且提供当前状态的信息。但是,研究者也有可能以调查为基础,跟踪一段时间内事物的变化,这种做法在小规模研究项目中并不常见。
- 覆盖范围宽广。为了综合观察事物,调查试图获得一种全景观察的视角,争取包含范围更广的人和事。这类调查倾向于铸造一张大网,足够包含所有相关人(或物),因此它们的规模一般比较大,参与人数比较多。这种调查一般与量化数据和统计分析相关,分析趋势、比例、人或事中某一特征的普及程度。
- 细致周密的调查。调查的另一个方面包括观察事物的细节。这就强调了有必要对相关的人和事做近距离观察。就像一个房屋调查会把主要精力放在检查某个建筑物的结构上一样,社会调查同样适用于深入但样本规模小的研究。这类调查倾向于选择数量比较少的参与者,采用质化数据、探索性研究,针对被研究的人或事物提出新的创想。

这些调查研究的特征没有提到具体的研究方法。因为调查是一种研究策略,可以使用各种数据收集方法,包括问卷、访谈、文档和观察。

**要点提示**

调查可以用于以下研究:

- 消费者偏好和顾客满意度;
- 投票行为(民意测验);
- 健康相关行为、饮食、吸烟和喝酒;
- 创新、项目、教育课程的评估;
- 电视节目和收视率。

## 调查的类型

根据与被访者沟通时使用的技术不同，调查可以分为不同类型：邮寄、面对面交流、互联网、电话，每一种类型的调查都提供了一套与被访者接触并从他们那里获得数据的方法（见表 1.1）。

**表 1.1　主要调查类型与相关方法**

| 调查类型 | | 收集数据的方法 |
|---|---|---|
| 邮寄调查 | 邮件 | 问卷 |
| 面对面调查 | 个人 | 访谈 |
| | 小组 | 问卷 |
| 电话调查 | 固定电话 | 访谈 |
| | 手机 | 问卷 |
| 互联网调查 | 电子邮件 | 访谈 |
| | 网页 | 问卷 |
| 社交网络 | Facebook | 问卷 |
| | Twitter | 问卷 |

## 选择哪种调查？

在决定采用哪种类型的调查时，研究者需要意识到每种方法都有其可能性和局限性。选择哪种类型应该基于哪种调查对具体的研究项目最有效。要牢记：

- 研究对象，以及是从横断面（cross-section）代表性样本那里获得数据，还是要聚焦在对研究问题有特定知识的人群。
- 可以资助调查的资源，以及在此限制下可以选择多大的研究总体、多大的样本，完成研究需要的时间，可以利用的设备（硬件和软件）。
- 调查涉及的地理区域，以及参与者是不是散布于该区域。
- 调查要用的收集数据方法，以及在使用问卷还是访谈方面是否有所偏向。

- 应答速度怎样，以及是否急需从参与者那里获得回应。
- 应答率和面临的压力，将回应调查需要的时间和精力最小化，即减轻“回应负担”’，人们才不会因为忙碌而拒绝参加。
- 与潜在的参与者接触，考虑是否有必要准备列表或者目录，这样研究者可以用它选择潜在的参与者。
- 是否需要进行面对面交流，研究可以在多大程度上受益于“亲自交流”。直接交流对接触参与者、建立友好关系和获得信任很重要。它同样有益于研究者非正式地检验参与者提供的回应效度，当参与者表达不清楚时，研究者也可以及时澄清不确定的地方。
- 是否需要进行间接交流，远程和非面对面的交流(比如，网络调查、邮寄调查、自我完成问卷)可以鼓励参与者公开、诚实地回答社会敏感问题(比如种族主义、性别歧视、恐同主义、政治、宗教等)。
- 被访者的能力与限制，他们是否有能力完成调查。如果调查中包含有些人不能填写的表格、有些人不能看到的屏幕、有些人不能听到的声音，那么，这样的调查显然会很困难。这不仅关系到应答率的实际问题，还存在很大的伦理问题，因为关系到社会融合，要保证某些群体没有因为被排除在调查之外而受到歧视。
- 回答的效度，需要避免“社会赞许性”因素，即被访者可能倾向于提供他们认为符合人们期望的、正确的或者让他们处于有利地位的答案。

**要点提示**

到目前为止，21世纪最大的发展就是承认所有调查方法都在继续使用，没有哪种方法有要消失的迹象。每种方法都有其优缺点，使得它们能够完成其他方法不能完成的事。(Dillman et al., 2009: 495)

## 邮寄调查

开展涉及很大范围的地理区域调查时，通过邮寄开展研究是效率最高和最有效的方法。邮寄网络让研究者得以向特定研究群体发放可自行完成的问卷，并可以通过姓名或地址辨别参与者身份。参与者如果获得一个印有研究者地址的信封，可以增加他们寄回完成问卷的可能性。这个过程非常简单、直接，也相对便宜。直到今天也仍是一种可行且常用的调查方法。

但是，在考虑使用邮寄方法时要考虑三个问题。第一，成本。打印、装订和邮寄费用可能会大幅增加，尤其是大规模研究。比如，提供印有回寄地址的信封会使邮寄费用翻倍。因此，没有充足经费的项目研究者要认真考虑相关的成本问题。第二，时间上的延迟。计划和准备需要花时间，在这一点上所有研究方法都一样，但是邮寄调查方法包括邮寄和回寄问卷，这样会产生另外的时间延迟。实际上，问卷寄出之后，数据收集还需要数周时间才能完成。第三，应答率的问题。邮寄调查的应答率通常比较低。

## 面对面调查

面对面调查是指研究者和被调查者之间直接接触，这种调查一般采用问卷或者访谈作为数据收集方法。最容易辨别的面对面调查就是研究者“在街头”询问人们是否愿意参加研究。在市中心，市场调研员面带微笑地拿着问卷向行人询问是很常见的。或者，研究者可以通过拨打人们家中的电话进行交流。有时这种方法“有风险”，因为这取决于接电话的人是否愿意并且花时间协助研究。其他时候，需要通过写信或者打电话提前安排。

不管通过哪种方式，面对面调查比通过邮寄、网络或电话收集数据的花费更高。访谈需要的时间和差旅费也很多。但是研究者能获得更深入的信息，而且面对面接触提供了证实资料真实性的直接方法。在面对面的情境中，研究者能判断对方是否在提供虚假信息，这在问卷调查和电话调查中是不可能或难以做到的。面对面调查中的应答率不是什么问题：一方面是因为面对面交流允许研究者使用人际交往技能说服

参见“定额抽样”，第 40 页

和鼓励潜在受访者参与研究;另一方面是因为在面对面调查中,研究者可以不断接触受访者,直到积累了足够多的受访者。

## 小组调查

与面对面调查一样,小组调查也需要研究者亲自参加。研究者前往特定地点发放并收集研究工具——一般是问卷。但是,与面对面调查不同,数据来自小组而非个人,并且一般是已经存在的小组。从研究者的立场来看,使用自然形成的小组比为了研究目的专门组建的小组更方便。比如,对年轻人的调查可以在学校向所有班级发放问卷——也许有 30 个或者更多人同时参加调查。同样的方法也可以用于工作小组、社区会议或者任何已经存在的与研究目的一致的自然小组。

这种方法一般不会同时调查上千人。出于实际操作的考虑,人数较少时小组调查的效果更好。在这种情境下,研究者更容易组织研究,也更容易利用自己和研究情境有关的个人知识。在时间花费方面,这种调查有优势,因为问卷的发放、完成和回收一般是在同一个情境中完成的。亲自参与、面对面的交流也意味着与邮寄调查、互联网调查或者电话调查相比,应答率会更高。但是,小组调查是劳动高度密集型的方法,可能会产生很高的差旅成本,这取决于研究开展的地点。

参见“整群抽样”,第 36 页

## 电话调查

电话调查主要适用于一对一访谈,它已经成为邮寄调查和面对面调查常用的替代方案。一个原因是有证据表明被访者在电话里的回答与回答邮寄问卷或面对面访谈时一样诚实(Dillman et al., 2009)。另一个原因是电话访谈更节约时间和成本。研究者不需要去到各个地方进行访谈——他们只需要拿起电话——使用电话也没有明显的数据回收延迟,因为被访者的回应是及时的。本地或者国内固定电话一般来说不贵,尽管拨打移动电话成本会明显增加。使用 Skype 或者类似的软件则为调查研究者提供了通过虚拟网络拨打国际电话从而免去电话费的方法。如果用计算机在线进行，Skype 也可以让访谈者通过屏幕与被访者进行面对面交流。

与邮寄调查一样，电话调查可以锁定特定的区域目标。研究者可以选择想要开展调查的地区，寻找相应地区的电话号码段。然后在选择拨打的号码时可以使用随机数字拨号，最终组成号码的数字由电脑技术自动随机生成。但在英国，移动电话的号码并不是按照地区分配的，这就意味着研究者无法预先知道某个移动电话的归属地，然后把它们纳入调查范围。人们放弃使用传统的固定电话，转而使用移动电话，而不是两者同时使用，这种情况下电话调查就面临挑战，很难获得可以代表总体的样本。

同时，移动电话还给电话访谈带来了新的方式：它们可以实现用短信进行问答。实际上，研究者可以利用移动电话开展问卷调查（不同于使用固定电话的访谈调查）。这样的调查需要设计得简短，适用于急需获得对某个情况的反馈信息时。这种情况可以是观众对一场表演的反应，顾客对一种商品或者服务的评价，或者对某一时刻进行的即兴民意测验。参与者向预设的短信地址发送回应，这种回应一般是很短的数字序列。

智能手机大大拓展了电话访谈的可能性。针对智能手机和平板电脑（如 iPad）而设计的调查可以包含图片和多媒体，这能让参与调查的过程更有趣。此类调查还可以用 GPS（全球定位卫星）追踪应答者的位置。

## 互联网调查

利用互联网开展调查可以有三种方式。第一种是直接用电子邮件联系调查对象。可以使用电子邮件联系潜在的回应者，如果他们同意参与研究，可以给他们发送一组问题。如果所有的问题都在同一封邮件里发送，那么这就是电子邮件问卷了。如果用问题开启研究者和应答者之间的对话，接着研究者得到一系列的信息，那么这就是电子邮件访谈了。多使用互联网调查没有什么坏处，它是一个简单、便宜而且快速的数据收集方法。虽然电子邮件交流仍然是进行在线访谈的可行办法，但电子邮件问卷已经基本上被网络调查取代了。如苏和里特(Sue and Ritter, 2012：xvi)指出，“免费而且方便的调查软件已经使电子邮件问卷不再受欢迎”。第二种方式是使用网络问卷调查，它由互联网的服务器支持，回应者可以通过访问主机网络站点，完成问卷。第三种方式是进入网上小组和互联网上已经存在的社交网络，利用已经存在的即时性通信服务或者论坛，比如聊天室或者讨论小组。

无论哪种形式，互联网调查都对项目研究者很有吸引力，因为：

- 它们节约时间：在发送问题或者回收答案方面没有延迟。
- 它们节约经费：在线调查不产生邮寄调查时的打印、装订和邮寄费用。虽然还是会产生在线发放问卷的费用(见下文)，但相对来说这个经费很少。
- 它们加快了数据处理过程：很容易收集数据。在线调查可以直接下载数据，无需转录文本数据或者人工输入量化数据。
- 它们覆盖区域广：调查不局限于特定地区。在线调查可以是全国范围或者全球范围的，调查地理距离很远的参与者并不增加时间或金钱的成本。
- 它们提供了环保的研究方式：在线调查可以减少纸张的使用，不需要差旅费。从这个方面来说，这种方式节约了树木，避免了污染。

最近有证据进一步表明，使用互联网调查研究得到的数据，其质量与传统方法获得的数据相比，并无显著差异。因为互联网已经是发达社会大多数人日常生活的一部分，并无证据表明由于使用了在线数据收集方法，而使得应答者在回答的类型和提供的信息量方面产生显著差异(Denscombe, 2006, 2008, 2009; Sue and Ritter, 2012; Tourangeau et al., 2013)。

## 网络问卷调查

互联网调查最常用的形式是网络问卷调查。它的流行是因为一些专门设计用于制作和发放在线问卷的计算机程序，社会研究者可以通过在线调查公司或者自己单位的计算机设备，用很少的费用或者免费使用这些程序。

网络问卷调查包含三个步骤：(1) 设计问卷；(2) 发放问卷；(3) 回收数据。

## 设计问卷

第一个阶段是编制问卷。网络问卷的好处在于它们有很多纸质问卷无法实现的功能。比如下拉菜单和强制完成问卷功能。它们还能进行图片和背景设计，让问卷看起来更吸引人，同时，在线调查公司一般会提供模板和案例来帮助调查者设计一份好的问卷。

参见“网络问卷”，第 189 页

## 发放问卷

一旦问卷设计完毕，下一个阶段就是发放问卷，开始调查。一般有几种选项(见表 1.2)。在小规模研究中，预算十分有限，最常用的选项是把问卷发给已经被选定的与研究项目相关的参与者。通过电子邮件、短信或者社交网站与参与者取得联系，邀请他们访问问卷所在的网页。还有一些成本更高的选择，包括通过宣传和广告吸引人们参与调查——比如，在网页上弹出窗口或者在社交网站上放置链接；也可以采用调查座谈组——由之前参与过调查又自愿再次参与调查的人组成，而调查公司会有偿向社会研究者提供合适的座谈组。

**表 1.2 发放网络调查问卷的选项**

| | |
|---|---|
| 密码保护 | 只有得到密码的人可以进入问卷 |
| 防止重复回应 | 防止同一个人因意外重复作答，或者有人恶意舞弊想要操纵调查结果 |
| 超链接 | 指向问卷的唯一网页地址 |
| 连接到社交媒体 | 在 Facebook 等网站放置问卷链接 |
| 电子邮件 | 用邮件列表方式给人们发送问卷 |

**小贴士**

这些情况下使用网络调查最好:

- 有调查总体的电子邮件地址列表,调查者可以锁定相关人群(也可以使用更系统的抽样技术);
- 可以使用调查自选,让与研究问题直接相关的人群进入调查。

当网络调查是邀请特定人群参与时,务必要保证内容简单、直接。调查软件为每一份问卷在主机站点提供了唯一网络地址(URL),这是任何回答问卷的人都要访问的地址。邀请参与者时最好把网页地址作为超链接放在信息里,人们需要做的就是点击链接直接进入网站来填写问卷。或者,也可以用链接生成二维码,任何持有智能手机或者平板电脑(并装有适当的二维码应用)的人都可以通过读取二维码进入调查问卷进行填写。

限制无关人员进入调查可以通过设置密码实现,在线调查公司一般都提供这种服务。使用密码可以让数据更安全,保证只有知道密码的人才能回答问卷。从研究者的角度来看,这可以作为一个安全设备,防止研究总体之外的人进入调查从而"污染"研究结果。

## 回收数据

每份问卷的答案可自动转换为数据文件,从所有完成的问卷中得到的合并数据都可以在线查看。有时结果以图的形式呈现,这对研究很有用。也可以单独查看每一份问卷的结果,除了列出每一个问题的答案,还可以查看有关每份问卷的更多信息——比如填写问卷的时长,提交问卷的时间。可以输出调查结果——这一点非常有用。可以直接下载数据到 Excel 表格或者统计数据包,这就意味着研究者不是把数据存放在远程服务器上,而是可以"拥有"它,在自己的电脑上进行想要的处理或者分析(见表 1.3)。但是,这一功能不是免费的,一般要求研究者把免费版升级到订阅版。

**表 1.3 网络问卷的回收选项**

| | |
|---|---|
| 数据展示 | 查看每个回答者的详细信息<br>查看调查发现的汇总<br>根据数据在 PowerPoint 文件中生成图形 |
| 数据下载 | 下载数据，保存在一个随时可读取的位置<br>输出图形到 Word 文档和 PowerPoint 文件 |
| 追踪回答者 | 调查追踪：查看、开始、完成、删除调查计数<br>邮件追踪：追踪回答者的网页或者邮件地址 |

**小贴士**

有关网络调查设计，与在线调查相关的研究发现，可查看一个有用的网站：http：//www.websm.org.

## 选择一家在线调查公司开展问卷调查

如何选择在线调查公司，这显然是一个关乎网络调查成败的重要问题。好消息是对于许多小规模研究的研究者来说，这个决定往往清楚明了。许多大型机构都有他们自己的软件，用于开展在线调查，或者可以取得许可使用专门提供在线调查服务的公司提供的调查工具。各个大学可能已经获得一些许可权，让学生可以使用必要的软件。健康服务机构、当地主管部门、政府机构、慈善机构和大型商业机构可能已经拥有这类调查软件，他们的员工可以用来做研究。因此，首先是查看你是否有资格使用所在机构现有的在线调查工具。如果已经有这种资格，就用已有资源。比如，有可能无需付费就可以使用这些调查软件，甚至在需要的时候还能在身边找到技术支持。

但是，如果你没有这样的渠道建立网络问卷，仍有可能以很低的价格使用专业软件进行在线调查，甚至有可能免费收集数据。因为有很多在线调查公司为了满足小规模研究的需求，会提供低收费版本。其中，入门版本（功能有限）一般是免费的。这些“试用”版让你探索软件，体验一下它提供的服务。因此，有时只用这些版本完成小规模项目也是可行的。但在实践中,如果是开展与硕士、博士学位有关的调查,可能需要升级到更高版本。但是,通过货比三家,还是有可能以每个月15—25英镑(23—40美元)的价格获得必要的在线调查服务。对于数据收集持续三个月的调查来说,总花费预计是45—75英镑。表1.4说明了选择在线调查公司时脑中需要牢记的重要因素。

**表1.4 选择在线调查公司时要考虑的重要事项**

| | |
|---|---|
| 合同 | 每个月的花费是多少?<br>有最低签约期吗?<br>想终止合同的时候能立刻停止付钱吗? |
| 数据安全 | 这个机构"可信度"如何?会倒闭吗?<br>对于服务器上的数据有什么针对安全和隐私的保护措施?<br>数据或者个人信息会与第三方共享吗? |
| 调查容量 | 有回答者数量的上限吗?(比如:50、100、1 000)<br>每份问卷的问题数量有限制吗? |
| 访问数据 | 可以下载数据吗?(免费版还是升级版?)<br>数据可以用什么格式下载?<br>对调查有时间限制吗?(比如一周)<br>数据访问和下载的次数有限制吗? |
| 数据控制 | 软件能够阻止回答者无意或者故意重复提交回答吗?<br>可以用密码限制对数据的访问吗?<br>能够防止计算机生成的大量数据提交吗?(比如,每个回答者进入调查时都要填写验证码,验证码的展示形式是机器无法识别的) |
| 设计属性 | 提供模板或者样本问题了吗?<br>软件允许你添加标志或者自行设置调查问卷的外观吗?<br>可以添加进度条让回答者知道问卷完成了多少吗?<br>在线调查公司坚持要在调查中插入广告吗? |
| 调查追踪 | 是否提供回答者活动日志?(查看、开始、完成、退出)<br>提供什么类型的回答者追踪?(比如回答者邮件地址、网页地址) |

## 社交网站

社交网站(SNS)提供了一个有趣而且快速发展的调查研究平台。尤其是他们提供了与潜在参与者联系的新方式,也提供了发放调查问卷的新途径(Wilson et al., 2012)。Facebook在用户数量方面名列前茅，在全球估计有 14 亿用户（2014 年数据）。从 2004 年上线以来，Facebook 发展迅速，已经成为了一种社会现象。同时，还有其他社交网站，包括 Twitter、MySpace、Friendster、LinkedIn、Google +、Bebo 和 Flickr。这些社交网站的共同之处有三点，每一点都对利用它们开展调查至关重要。

第一，它们都与信息有关。任何社交网站的核心都是某种形式的人与人之间的沟通。社交网站开发新技术，让用户更方便、更快捷地发送消息，这一点对社会研究者来说非常有价值。它为研究者提供了参与沟通的人们的丰富数据，这对许多研究者来说很有意义，更关键的是，它为研究者联系潜在参与者提供了快捷自由的方法。

第二，社交网站的用户通过交流网络连接。这提供了通向大量用户的入口，研究者可以通过人们的兴趣和他们提供的个人信息来辨别研究总体，从而联系这些人，邀请他们参与研究。

第三，交流的发生基于共同的兴趣或者共同的身份认同。消息不是随机发送的，也不是发送给某个社交网站的所有注册用户。消息是发送给“好友”“小组”或者“粉丝”的——发送给那些想要参与其中的特定人群。线索就蕴藏在名字里面：“社交”网络。这一点对研究者来说非常有用，因为可以将具有某种共同性的群体作为目标，这种共同性正是研究者想要探究的。这里已经准备好了一个“研究总体”（见下文），研究者很容易与总体中的人建立联系。想要联系那些平常很难自我认同和定位的人时，这一点也很有帮助。通过使用自己的人际网络，个人可以与潜在的回答者联系，不采用这种方法，研究者可能无法找到这些回答者。通过滚雪球的方式可以迅速联系到“很难找到”的研究总体。

参见“滚雪球抽样”，第 42 页

**要点提示**

使用社交网站和在线问卷进行调查研究会更快、花费更少，与以往相比需要的支持更少。这些方法更适用于对难寻找的总体进行滚雪球抽样。（Brickman-Bhutta，2012：57）

但是基于社交网站的调查也有局限性。首先,社交网站的用户不能组成总体所在国家的横断面数据(Couper, 2011; Smith, 2013)。这就意味着基于社交网络调查的研究发现不能简单直接地用于更广泛的总体。所以,最好在调查目的是收集特定类型人群信息时使用社交网站,而在试图收集更具有总体代表性的人群相关信息时不要使用社交网站。

其次,局限性是由于这些网站的社交本质,以及由此带来的调查问题的答案可信度问题。这里提出一个问题:"当回答者知道他们表达的观点可能会被网络上其他人看到时,他们会更倾向于提供'社会可接受'的答案吗?"另外,由于这种社交本质,他们会因为担心某些个人行为或者态度会被好友或其他社交网络使用者认为是"坏的",而不愿意暴露这些行为和态度吗?这个问题的答案在于需要确保社交网站用户的回答不被公开或者通过公共论坛与人交流。尽管邀请参与者可以利用网站的公共区域进行,但任何后续联系都应该通过一对一的私聊进行,而让潜在的回答者意识到这一点是非常重要的。

## Facebook 调查

大部分 Facebook 用户有很多"好友"——估计有 130—230 个,其中大部分人在 12—24 岁之间。这些好友以一种快速且有效的方式对有意思的话题"传播消息"。通过个人消息,研究者可以直接联系他们的好友,邀请他们参与研究。接着他们可以要求那些人把请求转发给他们的"好友",这就大大拓展了潜在参与者的总量。

贴在"墙"上的公共消息,提供了另一种"传播消息"和发出参与调查邀请的可能性。任何发送到个人用户"墙"上的信息都可以被其他"好友"看到,很显然这是向其他 Facebook 用户传播消息的有效方法。第三种方式,研究者可以利用"小组"联系相关的用户,也可以专为研究目的建立小组,或者用新成立的小组联系已有相关小组。

布里克曼-布塔(Brickman-Bhutta, 2012)的研究提供了利用 Facebook 开展调查的例子。她的目的是与已经停止积极信仰活动,不再去与教堂的天主教徒取得联系。这个研究总体是一种典型的“很难联系”的群体。但是Facebook提供了一种与他们取得联系的方法。她建立了自己的小组——“请帮助我寻找受洗过的天主教徒!”在小组页面她解释了这个小组的目的，并邀请人们加入这个小组，同时也请他们邀请任何“曾经是天主教徒”的“好友”加入小组。小组成立一个月后，她向小组成员发送了在线问卷的链接，通过这种方式，她在没有从其他途径获得清楚联系列表的情况下，从研究总体中获得了数量可观的回答。接下来，她联系Facebook上其他天主教小组的管理员，试图获得他们的支持。一些管理员提供的帮助多一些，一些管理员提供的帮助少一些。从这些小组获得的应答率很低的情况来看，人们通常在某一时刻加入一个小组，但之后很少或者永远不再回到小组页面。所以，作为第三种措施，她联系了自己网络中的“好友”，尽量增加参与者数量。总体来说，她的方法效果不错，用她自己的话说（Brickman-Bhutta，2012：58）：

参见“滚雪球抽样”，第42页

> 用了5天时间向Facebook小组中的潜在自愿参与者发放用时12分钟的在线调查，我回收了2 788份完成的问卷。在一个月的时间里，参与调查的总人数升至4 000人。平均经费成本低于1美分（每份问卷）——远远低于通过邮寄、电话开展的调查，即使通过邮件开展调查，费用也比这个高。

### 广告与应用

除了联系潜在回答者并要求他们参与调查之外，还有两种方法可以把Facebook之类的社交网站作为手机调查数据的基础。第一种是广告。基于用户提供的与自己有关的信息和他们使用社交网站的方式，Facebook掌握了用户的数据，这使他们可以有选择地把广告投放给具有特定人口特征（年龄、位置）的Facebook用户，尤其是投放给拥有特定属性（比如教育水平和工作职位）、特定兴趣（基于他们喜欢的网页或所属的小组）的用户，或者用关键词缩小范围，精确指向调查所需的人群。拉莫和普罗查斯卡(Ramo and Prochaska, 2012)使用这种广告招募居住在美国、年龄在18—25岁之间的年轻吸烟者,他们的研究佐证了这种方法的潜力。但是,获取1 548个年轻吸烟者使用的总花费是6 628美元(相当于4 100英镑或4 800欧元),每一份调查完成的成本是4.28美元(相当于2.65英镑或3.10欧元)。虽然比许多其他调查方式更便宜,但这仍是一笔不小的花费,因此可能超出大部分小规模项目研究者的承受能力。

第二种可能是开发一个可以在Facebook上使用的应用(App)。应用包括游戏、民意测验、小测试和粉丝页面(fan pages),让这些应用作为链接出现在用户的主页上。因此,或许有可能专门为调查开发一个应用——就像"我的性格"应用做的那样(Kosinski et al., 2013)。这是一个由心理学家设计的在线性格调查,吸引了超过450万用户。但是开发这样的应用需要很多技术支持,相对于大多数小规模研究者能够获得的资源来说,成本也太高了。

## 研究总体

开展任何形式的调查时,对于人群、事件和其他与研究相关而且能够提供有价值数据的事物,研究者都要清楚它们的类型。在这个语境下给"总体(population)"指定一种特定含义并无价值。总体并不是指生活在一个国家的所有人,而是指所有被研究的事物,它是指一个研究总体。所以,如果调查是为了研究苏格兰的护士,那么调查总体就是指所有在苏格兰工作的护士(而不是苏格兰的所有人口)。相似的,如果研究是针对威尔士运输行业工会成员的调查,那么"总体"这个词就是指威尔士所有属于该工会的运输业工作人员。

### 联系研究总体成员

不管研究者想要找到所有调查总体,还是像第2章讨论的那样,从总体中抽取样本,如果没有计划联系研究总体中某些成员的方法,就没法开始调查。问题从"谁"转移到"怎样",这要求研究者提前思考如何与调查的潜在参与者建立联系或者进入合适事件和获取合适事物的实际问题。事实上,调查研究者需要一个与研究总体的“连接点”。在实践中,一般可以把含有姓名、地址、地点、会员号、工作职位、活动安排、物品目录作为这样的“连接点”,这些“连接点”让研究者知道从哪里可以找到研究总体的成员。这样的信息举例如下:

- 邮政地址列表(比如特定行业的办公地址);
- 姓名列表(比如基于电子注册的当地居民列表);
- 可以寻找特定人群的合适地点(比如可以寻找零售消费者的商场);
- 电子邮箱列表(比如一个公司的员工或者某项服务的客户的邮箱地址);
- 目录里面的电话号码(比如特定区域的人或者公司);
- 在线小组(比如特定兴趣小组或者特定类型的人)。

参见“抽样框”,第33页

## 研究总体的参与

研究总体并不一定愿意或者有能力参与调查。为一项调查制订计划的时候,要仔细考虑这个问题:“被认为是潜在参与者的那些人同意合作的可能性有多大?”这取决于:

- 相关人的类型(比如忙或者不忙);
- 受邀参加的人的能力(语言、文化水平、年龄、弱势群体);
- 调查的话题;
- 调查进行的环境(什么时候,在哪里);
- 调查进行的方式(面对面、网络、邮寄、电话)。

参与的后果也要考虑。在调查的计划阶段,很重要的一点是思考参与调查是否会给研究总体成员带来任何形式的伤害,是否会给他们带来压力或者过多的不便利。换言之,研究者必须考虑邀请人们参与的调查研究是否存在伦理问题。

参见第17章“研究伦理”

## 应答率

研究者很少能从所有受邀参与调查的人那里得到回应。一般情况下,在最初联系的人当中,他们只能获得一定比例的回应,这是做调查的基本事实。一个调查能够从最初联系的人中成功获得回复的程度被称为“应答率”,用百分比表示。所以,如果一个研究者发放了 200 份问卷,收到 110 份完成并返回的问卷,那么该调查的应答率就是 55%;如果发放了 200 份问卷,完成并返回 100 份,应答率就是 50%。

规划一项调查时,对应答率进行预估是一件重要的事情,在决定要联系多少人参与研究时要考虑到预估应答率。如果你认为应答率大概为 40%,而你的分析需要 200 份完成的问卷,那么你显然需要发放 500 份问卷——这是相当大的规模。

## 如何提高应答率?

一般来说,好的调查目的是获得高应答率。应答率越高,对调查越有利。因此,设计调查时需要尽可能地考虑这一点,调查研究者需要采取措施鼓励人们参与调查,同样重要的是要防止可能会阻止人们回应的情况出现。没有绝对的方法能够保证高应答率,但是以下因素对应答率有显著影响,计划小规模调查时应该考虑。

### 锁定适合的人作为调查对象:应答者选择

高应答率取决于采用准确的总体列表/抽样框。广撒网可以覆盖很大数量的潜在应答者,但是其中许多人不会回应,因为题目与他们无关。如果他们真的回应了,从他们那里得到的数据也可能不适用于该研究。一个研究的人群定位(或事物)越准确,应答率可能越高。

### 跟进无应答:提醒

提高应答率的典型做法是“跟进”无应答的情况,给调查研究者的标准建议是他们应该在设计调查时就设置一些策略，以便再次联系第一次无应答的人。还要采取的措施是如果可以，研究者需要重复提醒两到三次，并且有证据清楚地表明在任何形式的调查中这种做法都可以提高应答率。(Dillman et al., 2009)

除此之外，还有两个关于通过跟进提高整体应答率的问题要牢记。第一，这个过程会导致时间延迟。调查有严格的时间限制时，比如在规模非常小的研究中，这种做法可能带来进退两难的局面。第二，匿名的问题。如果问卷回答完全是匿名的，无法追踪某一个回答者，也就不可能分辨谁回答了，谁没有回答，因此，定位单个的无应答者是不可能的。

### 给予提前通知：提前邀请

在各种类型的调查中都发现提前通知有利于提高应答率。当潜在应答者提前知道调查，他们同意参与调查的机会就会增大。这取决于联系他们是通过邮寄、电子邮件还是当面的方式。在线调查中如果有电子邮件列表，可以用来提前通知应答者，这对提高应答率会有利。

### 让应答者对话题感兴趣：凸显话题

话题凸显时应答率更高，这意味着话题必须抓住潜在应答者的注意力。不夸张地说，话题必须吸引人。针对某个特定兴趣小组成员的调查，当然不存在这类问题，因为参与小组的人已经被精确定位了，而且我们知道他们对话题感兴趣。在其他无法保证这种兴趣匹配的调查中，研究者有责任竭尽全力让话题有趣。他们需要用积极、热情、正面的方式表述话题——尽其所能让应答者感兴趣。

### 表明参与"有用"：应答影响

如果人们感到他们对调查的贡献有所影响，能真的"有用"——特别是同意参与调查能带来一些直接的、个人的益处的话，他们就会更有动力参与其中。了解了这一点，调查研究者就应该(在可能的时候)表明参与调查可能对应答者有什么好处。研究者应该尽可能地让潜在应答者知道他们的回答是多么有价值,他们对调查的贡献可以对利益相关的事情起到什么作用。举个例子,如果潜在应答者知道他们提供的信息将用于改进他们接受的某项服务或者购买的某件产品,他们就会更愿意参加调查。

## 确立研究的合法性:赞助支持

如果调查被视为是合法研究,应答率就会提高。在一开始联系潜在应答者的时候,研究者需要表明调查是有因可循的,调查的开展有可靠的组织作保障,因为潜在应答者需要一个信任的基础。对于小规模研究项目来说,尤其是为了获取大学学位而进行的研究,这意味着要向潜在应答者保证调查是真正研究项目的一部分,并且会以恰当的方式进行。大学的名字、对保密性的保证、研究者的详细联系方式都有利于让潜在应答者更相信调查的合法性,并因此认为它值得关注。

## 减少应答负担:让事情简单便捷

请求某个人参与调查也意味着要求他付出时间和精力。这种"应答负担"可能会成为阻碍潜在应答者参与调查的主要因素。如果对应答者要求太多,他们就会感到沮丧和恼怒,没能完成问卷、放下电话或者删除信息,应答率就会因此而下降。意识到这一点,调查研究者的任务就是让应答负担最小化,只设置必要的题目,提问的方式要尽可能简单明了。

## 提供完成进度信息

许多接受了访谈或者问卷调查的人最终并没有完成调查。当他们对于需要付出的时间和精力感到沮丧和恼怒时,就会停止参与调查。很显然,这样的中途退出会降低应答率,调查研究者要尽其所能防止这种事情发生。解决这个问题的方法之一是在一开始就明确、公开地说明可能会花费的时间。当决定是否要参与研究时,人们很自然地想知道:访谈会持续多久?问卷有多少页?因此,聪明的做法是让人们提前知道他们需要花多长时间。

在完成访谈或者问卷的过程中，人们可能还想知道：还有多少？如果用的是纸质问卷人们可以看到还有多少，他们很容易检测自己完成问卷的进度。但是使用在线问卷时，结束时间可能没有那么明显，使用“进度条”是一个提高应答率的有效方法——让人们知道他们完成了多少，还剩多少才能完成问卷。类似的，在访谈过程中，聪明的做法是再次跟应答者口头确认他们的进度，即还有多少才能完成。

## 提供激励：奖励或者反馈

物质激励可以提高应答率。不同于因为话题本身或者研究发现的可能效果而产生的动机，物质奖励可以鼓励人们参与调查。使用邮寄调查的市场调研公司可能会附上一小笔“感谢费”；在线调查可以用购物币或者各种各样的票券作为应答奖励。设置巨额现金奖品或者免费假期的抽奖活动适用于多数调查。但是，这样的物质激励当然要花钱，甚至花很多钱。所以大规模商业研究项目倾向于使用这种方法：费用由赞助者和客户买单。而小规模研究者一般很难找到使用这种增加应答率的方法所需的资助。

小规模、低预算的研究能够承担的激励方法是反馈。可以通过提供研究报告或者研究结论汇总来激励回答者。事实上，提供的可以是信息而不是实物奖品——那些直接从他们参与过程中获得的，而且对他们有用、让他们有兴趣的信息。无论是否被回答者采用，这样的反馈都不错，表明了研究者想要给回答者提供某种回报的态度。

**小贴士：提前计划，最小化无应答率**

记住，应答率受到以下因素影响：

- 人们的空闲时间；
- 调查多大程度上在回答者能力范围内；
- 所讨论话题的社会敏感度；
- 潜在应答者的偏见与偏好；
- 表达观点的社会氛围和自由。

### 应答率与互联网调查

人们会担心互联网调查存在应答率低的问题,这种担心一般来自人们对使用电脑的不放心或者无法连接互联网。但是随着时间的推移,有些证据会表明这样的担心大部分毫无根据(Sue and Ritter, 2012)。事实上,对不同调查方式(邮寄、电子邮件、网络)的直接比较表明,邮寄调查和网络调查在应答率方面基本没有差异(Hoonakker and Carayon, 2009)。

### 可接受的应答率

没有明确的数字可以判断多少是可接受的应答率。因此,在这个问题上没有可以严格遵守的规则,完全取决于当时的情况。没有提前通知的大规模邮寄调查应答率会很低——很可能远远低于10%。根据俱乐部或者协会会员名单发送的调查会得到更高的应答率——可能高于70%。由研究者和受访者之间的联系人安排的面对面访谈调查会得到非常高的应答率——可能高达100%。这都取决于联系了谁,如何联系以及联系的目的。

考虑到这些因素,更有效的做法是在相似的调查之间比较,依此判断应答率是否可接受,而不是寻找一个普遍适用的分界线来判断调查结果是否可接受。在方法、规模、目标群体、研究主题、是否提前联系以及其他相关因素方面相似的调查,才是用来判断应答率是否可接受的参照指标。

**小贴士**

参考相似类型调查的应答率,并据此设置你的目标。

## 无应答偏差

应答率之所以重要,是因为如果调查应答率很低,研究结论就会缺失那些选择不应答的人的数据。从某一个层面来说,这会让研究者感到失望，因为应答者少就意味着数据少。但是研究者需要担心的不只是潜在数据在总数上的缺失，而是(低)应答率可能导致无应答偏差。如果应答情况呈现某种模式，即没有完成调查的人与完成调查的人有明显区别，就会产生这种偏差。这样调查所得的研究发现会系统性地过度代表(over-reperesent)了倾向于回答的人，或者，系统性地过低代表(under-represent)了倾向于不回答的人。这会对调查结果的公正和客观有直接影响。

一般而言，无应答偏差有两种来源。第一是无联系偏差。如果调查设计系统性地偏好某一类型的人(或物)，而减少其他类型，结果就会产生偏差。举例来说，如果研究者通过住宅地址联系住户进行访谈，把到访时间安排在 9:00 am—5:00pm，就无法联系到所有成员白天都上班的家庭。为了避免这种情况，研究者不仅要在白天联系，还要在晚上联系。

第二是拒绝的无应答偏差。如果调查设计不鼓励人们回答，而是系统性地阻碍某些特定类型的人，且不阻碍其他人，就会产生无应答偏差。以上提到的影响应答率的社会因素在这种情况下很重要，因为调查的话题、参加调查的负担、需要花费的时间等都决定了有些类型的人会退出调查。

### 无应答偏差与互联网调查

无联系产生的无应答偏差通常发生在互联网调查中，只有能够连接互联网的人才能参加调查。换句话说，互联网调查系统性地排除了没有互联网的人。尽管现在在发达国家中使用互联网的人越来越多，但要知道在人口统计方面还是存在以下差异：

- 社会阶级，富裕阶级比贫穷阶级更有可能接触互联网；
- 年龄，年老群体比年轻群体更少使用互联网。

不同国家的互联网使用情况也不同：大多数互联网使用者在美国、欧洲、亚太地区，而贫穷地区的人参加互联网研究的可能性更小。

互联网调查的另一个无应答偏差的潜在来源是网站的访问者。这里的问题是访问网站的人不太可能组成总体的一个横断面。这个问题涉及聊天室、新闻小组和网上访谈。这种情况下，那些最终参加了调查的人可能不代表广大公众，只是代表在线而且对特定话题有兴趣的人。

英国广播公司(British Broadcasting Corporation,简称 BBC)的“英国大型阶级调查”就体现了这种危险。BBC 在英国进行了有关社会阶级的调查。这次网络调查在国家电视和广播上进行了广泛宣传,因此收到了很多应答。在 2011 年 1—7 月完成了 161 400 份在线问卷,但是最终的“样本”远远不能代表人口总体。正像萨维吉(Savage, 2013: 224)等人所说:

> 这个调查有很强的选择偏见,应答者主要是教育背景良好的社会群体。我们指出这个问题时一个 BBC 记者告诉我们:“是的,看起来这里主要是典型的 BBC 新闻观众群。”

尽管应答人数很多,但在线调查的总体代表性很差,BBC 不得不从另外的调查中获取更多数据。这一次他们把任务外包给一个调查公司,使用配额抽样和面对面调查联系了 1 026 位受访者,从而获得了全国代表性样本。

## 检查无应答偏差

开展调查时,研究者需要问自己一个重要问题:无应答者与应答者有什么系统性的差异或者相关模式吗?当然,为了回答这个问题,研究者需要对被定为目标群体却没有应答的人有一定了解。这很困难,因为研究者还要努力获得一些有关无应答者的数据来评估他们是否与应答者有任何影响研究结果的差异。比如,他们在以下方面有差异:

- 他们是谁?(年龄、生理性别、社会性别、社会阶级、宗教、主张)
- 他们相信什么?(主张、政治观点)
- 他们做什么?(活动、生活方式、购买行为)

**小贴士**

研究者应该采取切实可行的措施,弄清楚在与调查有关,可能会导致无应答偏差的方面,应答者与无应答者是否有差异。

## 调整研究发现

如果发现调查在应答人群和无应答人群之间存在不平衡,这里有一个解决办法：调整研究发现。需要强调的是这种数学技巧与大规模调查有关，一般不用在小规模研究中。当研究者对于预期应该纳入研究的应答者比例有十足把握时才使用这种方法。比如，一个关于消费者态度的综合调查得到 5 000 个回答，其中有 20% 来自 25 岁以下的人，如果全国人口总体数据显示这个年龄人群实际占人口总数的 30%，研究者可以用数学技巧把这个群体对研究结果的影响力从 20% 提高到 30%——反映调查应该具有的总体代表性。当然，对于其他年龄组，也应该根据其在更大的人口总体中所占比例决定他们的影响力。

## 调查的优点

### 成本与时间

调查是一个效率高且相对花费较少的数据收集方法。尽管大规模调查成本高，但在小规模调查中，研究者的时间可能是唯一主要的成本。与实验、人类学策略相比，调查可以用更短时间、更低成本获得更多数据。并且，研究者可以很快获得结果，因此可以规划一个比较短的时间，这在计划研究和交付成果时很有用。

### “真实世界”数据

社会研究的取向之一是强调基于对真实世界的观察获取数据。调查的主要思路正是研究者走出去，观察，然后研究的过程。调查就是“直接从最真实可靠的来源”获得信息。

### 可以用于大规模和小规模研究

在大规模调查中，覆盖面广是一个优点，能够从代表性数据推广到更广泛的总体。在小规模访谈调查中，研究者可以根据所有相关人和物的数据建立数据库，也许还可以选择性地纳入不常见或者极端的“异常值”，这些“异常值”可能会提供特别有用的信息。

### 可以收集量化和质化的数据

调查手段可以用在不同的方法中,比如自我完成问卷,这可以产生大量的量化数据,用于统计分析。但是,调查也适用于产生质化数据,尤其是和访谈之类的方法联合使用时。

## 调查的缺点

### 倾向于关注数据积累和数据描述而非理论

有一种危险是"让数据自己说话"。调查的重点是收集经验数据,而缺乏对数据蕴含的相关议题、问题或者理论进行充分解释。但是这一点是可以避免的,好的调查研究肯定会专注于数据分析。

### 深度或者细节

大规模调查产生的数据在涉及的主题方面可能会缺乏深度和细节,这几乎是不可避免的。这种调查收集数据时一般是以牺牲深度换取广度,尤其是使用量化数据的时候。但是小规模质化访谈调查可以产生丰富而又细致的数据,但代价是参加调查的人数会大大减少。

### 低应答率

低应答率可能会导致调查的无应答偏差,而调查的应答率一般很低,获得满意的应答率对研究者来说是个很大的挑战。在大规模调查中这个问题更加凸显,因为潜在参加者是随机挑选的,研究者与这些潜在参加者没有个人联系。通过邮寄或者电子邮件,研究者的请求很容易被忽视。在通过个人联系挑选参加者的调查中,应答率会高一些。

调查需要与"很难联系"的研究总体联系。容易通过已经存在的列表或者目录辨别和联系研究总体时,调查很容易开展。而不能通过这些方法定位研究总体时,即他们"很难联系"时,调查研究者需要花更多时间,可能还要使用一些创新方法来与潜在被试取得联系。

## 补充阅读

De Vaus, D. (2014). *Surveys in Social Research*, 6th edn. London: Routledge.
Dillman, D. A., Smyth, J. D. and Christian, L. M. (2009). *Internet, Mail, and Mixed-mode Surveys: The Tailored Design Method*. Hoboken, NJ: Wiley.
Schonlau, M., Fricker, R. and Elliot, M. (2002). *Conducting Research Surveys via E-mail and the Web*. Rand Monograph MR-1480-RC. Available at: http://www.rand.org/pubs/monograph_reports/MR1480.html.
Sue, V. M. and Ritter, L. A. (2012). *Conducting Online Surveys*. Thousand Oaks, CA: Sage.
Tourangeau, R., Conrad, F. and Couper, M. (2013). *The Science of Web Surveys*. Oxford: Oxford University Press.

**调查研究自测表**

开展调查时,你应该对下面这些问题有信心回答"是": ☑

1. 调查的类型与研究的风格匹配吗(大规模/小规模,量化/质化,解释性/描述性/探索性)? ☐
2. 是否对研究总体有清晰定义? ☐
3. 是否有现成的总体列表/抽样框吗? 可以用它来联系潜在参与者吗(如果适用)? ☐
4. 是否对调查的成本有预估? 这些预估放进研究"预算"了吗? ☐
5. 是否需要开展先行调查,确定可能存在的问题? ☐
6. 是否有合适的措施使无应答最小化从而得到最佳应答率? ☐
7. 潜在的参加者是否会收到调查的提前通知? ☐
8. 是否会采取跟进以提高应答率? ☐
9. 是否努力避免了应答偏差? 在可能的情况下,是否查看了应答者和无应答者之间的显著差异? ☐
10. 伦理——是否考虑调查可能会给参加者带来的后果? ☐

# 第2章 抽样

代表性样本和探索性样本 · 概率抽样和非概率抽样 · 抽样框 · 概率抽样技术 · 非概率抽样技术 · 应该用哪种抽样技术? · 样本容量 · 抽样的优点 · 抽样的缺点 · 补充阅读 · 抽样自测表

抽样的基本原则是，不需要收集研究总体所有成员的数据就能够产生足够精确的研究结果。特别是对于调查研究者来说，这是一个很有吸引力的属性。这意味着他们可以减少收集数据的总量，也不用牺牲太多研究结果的精确性，且节约时间和金钱。

## 代表性样本和探索性样本

调查研究者从总体中选择样本时，他们会做两件事中的一件。要么是获得代表性样本，要么是获得探索性样本。不同样本意味着不同的方法，与不同的社会研究相关联。

代表性样本与大规模调查相关，与量化数据相关。代表性样本包括总体的横断面，它在成分方面与总体相匹配，可以使用以下选择程序：

- 包括所有相关因素/变量/事件；
- 匹配总体的比例。

通过从代表性样本中获得的信息，研究者可以得出有效结论，说明研究总体的情况是怎样的。

探索性样本一般用于小规模研究，使用的是质化数据。探索性样本用于研究未被开发的主题，发现新的想法或者理论。样本为研究者提供引发洞察力和获得信息的途径。出于这个目的，研究者并不总是需要获取精确的总体横断面数据。有时候横断面数据可以实现，但在选择探索性样本时，研究者更倾向于选择有趣、极端和不寻常的可以说明研究主题的样本。

**小贴士**

研究者需要非常清楚自己的意图，是使用代表性样本还是探索性样本。

## 概率抽样和非概率抽样

为了达到不同研究目的，有两种不同的选择样本方法。研究者可以用概率抽样作为基础从总体中选择样本，或者采用非概率抽样。

概率抽样是从研究总体中随机选择。之所以叫概率抽样是因为它以统计学理论中事件的"正态分布"为基础。方法背后的理论是，得到代表性样本的最好方法是保证研究者对选择哪些人或物进入样本绝对没有影响。换句话说，样本应该是从研究总体中完全随机选择出来的。概率抽样最适用于了解总体（数量、特点）的大规模研究，一般使用量化数据。

采用非概率抽样时，研究者在选择过程中要谨慎做出决定。在研究者发现很难依赖随机选择样本，或者随机选择不能达到令人满意的效果时，就应采用非概率抽样。之所以这样，原因有很多，但是最主要的是：

- 研究者感觉不可能在研究中找到足够多的例子；
- 研究者没有研究总体的充分信息，不足以采用概率抽样。也许研究者不知道组成研究总体的是谁，有多少人或事件；

- 也许很难联系到那些用传统的概率抽样技术选中的样本。比如，有关吸毒成瘾或者无家可归者的研究，就没办法使用常规的概率抽样。

另外，非概率抽样仍然可以达到产生代表性样本的目的。但是，为了节约成本，选择样本时要考虑方便和使用、学习现有的好的实践，而不是严格遵循随机选择的原则。同样的，非概率抽样可用于意在产生探索性样本而不是代表性总体横断面样本的研究。这样的研究需要使用非概率抽样，因为研究者对人或事物的选择是基于他们的专业知识、经历，或者是因为他们的不常见、异于常规(见表 2.1)。

参见“研究总体”，第 20 页

**表 2.1　抽样方法**

| | | | |
|---|---|---|---|
| 概率 | 随机选择 | 代表性样本 | 数量大 |
| 非概率 | 研究者影响下的选择 | 代表性或探索性样本 | 数量小 |

## 抽样框

抽样框提供了选择样本的基础。这在研究者想要用概率抽样时尤其重要，不过它对非概率抽样同样具有价值。抽样框包含有关研究总体的信息，一般以名字或者地址列表的形式呈现，列表包括要从中选择样本的总体成员。有时合适的抽样框很容易找到，比如涉及正式组织的研究经常利用会员列表、邮件地址和雇员记录等作为合适的抽样框，这样的抽样框包含要研究总体的所有成员，他们的信息已经因为其他的行政原因被保存下来。涉及特定行业和职业的研究可以找到这样的东西，比如交易行名录、商业目录和专业委员会会员名单，这些东西可以作为合适的抽样框。另外，针对普通公众的调查可以利用电子注册名单或者邮编地址文件(Postcode Address File，PAF)——由邮局提供的邮编和邮寄地址列表，这种列表涵盖了 99% 的私人住宅地址。商业公司会提供商业、学校、医院、慈善团体和其他组织的列表，不过要收取服务费。但是,这样的列表可能只包括某些特定类型和地区的组织。这可以满足小规模社会研究项目的需求,因为列表不会太长,费用也相对较低。

参见“研究总体”,第 20 页

## 抽样框中的偏差

使用任何不完整或已过时的抽样框都是危险的。私人地址名单不会使研究者找到那些无家可归和流落街头的人。选民登记册不包括那些未满 18 岁的人,也不包括由于各种原因没有登记投票的人。遗漏的东西可能会与实际存在的名单上某些事情的重要方面有所不同,而忽略他们,就有可能导致抽样偏差。选民登记册还可能包含某些不应该存在的内容,这同样会对研究造成损害。登记册中可能会包含一些已经不在的人的姓名,比如,已搬家或去世的人。除非选民登记册按常规定期仔细更新,否则有可能是过时的,包括了不该有的项目。无论哪种情况,其对研究的影响都可能很大。如果抽样框系统性地将应该有的事情排除在外,或系统性地包含不该有的东西,样本几乎不可避免地会出现偏差。

## 互联网调查与抽样框

一般来说,互联网的本质导致用它相对较难找到良好的抽样框。这是因为互联网上的地址、身份和联系点与“真实”世界的邮政地址和电话号码非常不同。在网络空间,地址和身份可能是非常临时性的,无法为研究者提供任何有价值的背景信息。人们经常有不止一个邮箱地址,使用不止一个互联网服务供应商(Internet Service Provider,ISP),也不能保证某一个地址只有一个人在使用。尽管这样,还是有一些特定类型的邮件列表很适合在使用互联网调查时被用作抽样框。主要是研究关注某种正式组织中的人时使用,因为组织的行政工作基本上都会要求对其成员有完备的记录,比如,在职雇员、在校学生、俱乐部成员、慈善组织义工。这样的邮件列表能够提供可知的人群,因此可以作为很有价值的抽样框。

参见“互联网调查”,第 11 页

**要点提示**

一个良好的抽样框应该是:

- 相关的:包含的事情应直接与研究主题相关联;
- 完整的:应该囊括所有相关的项目;
- 准确的:应该排除所有不相关的项目;
- 最新的:应该不断地补充和更新,并清除抽样名单上的多余项目。

## 概率抽样技术

### 随机抽样:每个人或事物有同样的几率被选中

随机抽样常常被描绘成能够产生有代表性样本的理想模型。这是因为使用随机抽样时,选中一个人或事物完全是偶然的。随机选择保证了研究者没有影响样本的可能因为研究者的影响可能会带来偏差。

领会“随机”这个词的含义非常重要,实际使用时,随机并不是指可以毫无章法或者“想怎样就怎样”地选择。如果研究者在处理抽样技术时,按照广义或者口语中“随机”的意思去使用这个词,就是很严重的错误。出于研究目的,“随机”这个词实际上对选择人或者事物有非常严格的限制。从统计的观点来说,随机意味着“每一个个体应该有同等且已知的几率被选择进入样本”。

要获得随机样本,需要:

1. 有一个已知总体,从中选择样本。研究者需要对将要从中产生样本的总体的组成有所了解(比如总数、他们是谁、他们在哪里);

2. 一个抽样框,它能提供总体中所有条目的列表,可以借助某个唯一标识符(比如姓名、地址、工号或者生日)选择其中的一些;

3. 一个随机选择的过程,它为选择特定个体进入样本提供基础。出于研究目的,它可以使用随机数字生成器——网上有可以免费使用的程序或者可以通过合适的计算机软件包获得。

**要点提示**

随机抽样就像抽奖。它背后的原则是没有人可以影响选择结果。选择只受一个因素的影响——纯粹偶然。

## 系统抽样：每n个个体有一个被选中

系统抽样与随机选择的原则非常相近，但是在系统抽样中，研究者用系统的方法选择个体——从合适列表中的每n个个体中选择一个。从数量为250个的总体中选择50个样本，就是在每5个个体中选择一个。从数量为490个的总体中选择70个样本，就是在每7个个体中选择一个。n取决于要求的样本容量，以及它与总体中个体数量的比例关系。从列表中的哪个位置开始选择都是一样的。但是，研究者应该能够确定，在与研究主题相关的方面，列表中的个体没有特定的顺序或者分布规律，因为如果有特定顺序或者分布规律，就会违背随机选择的原则，导致系统选择的样本结果有偏差。

## 整群抽样：总体中的群体

整群抽样不是使用随机方法抽取单个人或者单个事物，而是使用随机方法抽取特定的群体或者组。在每个群体中，所有人/事物都进入样本。这种抽样技术的优点正如它的名字所示，群体包含着聚集成群的个体——一般是在同一个地点或者区域。聚焦于这些群体后，研究者可以节约大量的时间和金钱，在那些涉及广阔地区的研究中，这些时间和金钱要用于往返各个研究地点。所以整群抽样常常被市场研究员和其他需要开展调查但经费有限的研究者使用。

但是，使用整群抽样有两个重要条件。第一，群体必须事先存在，一般是以组的形式。第二，每一个群体都能够反映总体的异质性。意思是，在每个群体中，研究者都可以找到一个缩小版的总体，把群体所有成员纳入样本后，研究者就能够获得代表性样本，从这个样本中得出的研究发现完全与研究总体的情况一致。

### 多层抽样：从样本中抽取样本

多层抽样包括按照不同阶段选择样本，每个样本都是从之前选择的样本中挑选。基本原则仍然是随机选择，唯一不同的是，多层抽样不是一次性抽样而是多次抽样。按照原则来说，多层抽样可以包含任意层数，每一层都包含一个从前一层抽取的样本。

多层抽样与整群抽样的区别是整群抽样会涉及每个群体中的所有事物或者人，而多层抽样只从群体中选择部分作为样本。以下情况下，多层抽样非常有用：(1) 研究者怀疑已选择的群体包含的个体不能提供研究总体的横断面数据；(2) 如果选择群体中所有的个体，成本会太高。

### 分层抽样：基于总体中的子群抽样

分层抽样同样与随机选择的原则密切相关。但是，它引入了一些研究者对选择过程的影响，这样就稍稍偏离了纯粹随机的抽样。分层抽样把研究总体分成几个子群体(层次)，然后从每个子群中使用随机抽样技术选择需要数量的事物/人。在选择过程中使用分层的原因是要确保总体中的重要部分能够以适当的方式有代表性地出现在样本中。比如说，这种方法让研究者所选样本中的男女数量一样，或者在样本中不同年龄组之间保持适当的平衡。使用分层抽样有两个重要条件。第一，子群必须具有足够的同质性，它们之间要有共同之处，这样才能把它们分为清晰可辨的子群。第二，对研究问题关系密切、重要的因素应该有所了解。

**案例 2.1**

**概率抽样技术**

表 2.2 展示了实际操作中概率抽样技术的不同形式。为了展示方便，这里的数目都比较小，但这很有用，因为它突出显示了在小样本容量研究中使用概率抽样时可能出现的问题。但是，在实践中，样本容量需要大得多，这样概率抽样才能得到足够精确的结果。

在这个表格中，样本总体是 27 个人。我们想象一下，他们是一个足球俱乐部的成员，我们想要选择 9 个人作为我们研究的样本(要记住，现实中数目可能比这里展示的大 100 倍)。抽样框由成员姓名列表组成，姓名按照字母排序，每个名字都被分配了一个号码。按照原则，这些信息足够我们产生一个纯粹随机样本或者系统随机样本了。抽样框还包含了两个信息——地点和性别，这些信息让我们可以使用整群抽样和分层抽样。

随机样本可以通过随机数字生成软件来选择（简化版软件可以在网上找到，或者标准数据分析软件会包含这个功能）。我们使用软件产生一个数字列表——由1—27之间的9个数字组成。姓名编号与列表中数字吻合的人被选择为随机样本。注意在这个列表中有7个男性和2个女性。再次运行随机数字生成器，会产生不同的数字，这一次很有可能会得到差不多数量的男性和女性。涉及的个体数量非常小时，这种影响会被放大，但是样本容量增加到1 000或者更多时，使用不同随机数字带来的影响就会基本消失。

系统样本可以通过在列表中每三个人选择一个的方式产生。这样研究者会得到偶然选中的9个人，而他们只是碰巧被选中。当然，需要假定列表的顺序没有任何偏差。注意，在这个系统样本中，有9个男性，没有女性。但是，如果选择的起点变换一下，比例就会完全改变。可以对比一下从001号开始进行系统选择（3个男性，6个女性）和从002号开始进行系统选择（6个男性，3个女性）在男女性别比例方面有什么变化。

对于整群抽样来说，选择基于随机挑选的3个群体，将群体中所有个体纳入样本。在这个案例中，群体的选择是基于地点。如果地点B、H和I是随机挑选的，样本就包含了在这几个地点的9个人。这里的假设是地点本身并不是产生样本偏差的重要因素。

分层抽样的目的是样本对总体有足够的代表性。这个案例中，使用分层抽样可以保证样本中男性和女性的比例具有代表性。我们从抽样框中知道总体样本（足球俱乐部成员）中男女的比例是2∶1。为了使用分层抽样，我们需要把成员列表按照性别分开。这就是表格右边呈现的抽样框——男性和女性分开。然后，可以生成6个随机数字用来从列表中选择男性，生成3个随机数字用来从列表中选择女性。通过这种方式,研究者能够保证获得一个比例合适的样本,这个样本是从足球俱乐部成员的特定子群中随机选择的。

**表 2.2 四种概率抽样技术展示**

| 抽样框 | | | | | | | | 分开的抽样框 | | |
|---|---|---|---|---|---|---|---|---|---|---|
| 列表号码 | 姓名 | 地点 | 性别 | 随机 | 系统 | 整群 | 分层 | 列表号码 | 性别 | 姓名 |
| 001 | 艾哈迈德 | A | 男 | · | | | · | 001 | 男 | 艾哈迈德 |
| 002 | 阿什顿 | F | 男 | · | | | | 002 | 男 | 阿什顿 |
| 003 | 柏恩邦 | C | 男 | | · | | | 003 | 男 | 布拉德福德 |
| 004 | 布拉德福德 | E | 女 | · | | | | 005 | 男 | 昌 |
| 005 | 昌 | B | 男 | | | · | | 006 | 男 | 戴维斯 |
| 006 | 戴维斯 | A | 男 | | · | | · | 009 | 男 | 伊维苏 |
| 007 | 迭戈 | H | 女 | | | · | | 012 | 男 | 戈尔德贝尔格 |
| 008 | 杜瓦尔 | E | 女 | | | | · | 013 | 男 | 古普塔 |
| 009 | 伊维苏 | I | 男 | | · | · | | 015 | 男 | 琼斯 |
| 010 | 福楼 | A | 女 | | | | · | 017 | 男 | 马尔什 |
| 011 | 格哈特 | I | 女 | | | · | | 018 | 男 | 默顿 |
| 012 | 戈尔德贝尔格 | D | 男 | | · | | | 019 | 男 | 奥莱利 |
| 013 | 古普塔 | B | 男 | | | · | | 020 | 男 | 奥弗屯 |
| 014 | 约翰逊 | G | 女 | · | | | · | 021 | 男 | 拉赫曼 |
| 015 | 琼斯 | B | 男 | · | · | · | | 023 | 男 | 席尔瓦 |
| 016 | 柯赫德 | I | 女 | | | · | | 024 | 男 | 滕斯托尔 |
| 017 | 马尔什 | D | 男 | | | | · | 026 | 男 | 韦伯 |
| 018 | 莫顿 | G | 男 | | · | | | 027 | 男 | 威廉姆斯 |
| 019 | 奥莱利 | H | 男 | · | | · | · | 004 | 女 | 布拉德福德 |
| 020 | 奥弗屯 | C | 男 | · | | | | 007 | 女 | 迭戈 |
| 021 | 拉赫曼 | G | 男 | | · | | | 008 | 女 | 杜瓦尔 |
| 022 | 罗宾逊 | C | 女 | | | | | 010 | 女 | 福楼 |
| 023 | 席尔瓦 | E | 男 | | | | | 011 | 女 | 格哈特 |
| 024 | 滕斯托尔 | F | 男 | · | · | | · | 014 | 女 | 约翰逊 |
| 025 | 沃特曼 | F | 女 | | | | | 016 | 女 | 柯赫德 |
| 026 | 韦伯 | H | 男 | | | · | | 022 | 女 | 罗宾逊 |
| 027 | 威廉姆斯 | D | 男 | · | · | | · | 025 | 女 | 沃特曼 |

# 非概率抽样技术

## 定额抽样：按照特定的标准选择

定额抽样被广泛应用于市场调查中，它的运行原则是简化的分层抽样。定额抽样有特定的分类（或层次），在样本中包含这样的分类具有重要意义，根据总体中这些分类的比例来选择满足定额的个体。但是分层抽样与定额抽样有一个明显差异：就是定额抽样在选择每层所需数量的人和事件时是使用一种不太严谨的随机抽样方法。事实上，定额抽样使研究者在一定程度上决定谁可以被选进样本。样本可能是基于“便利”原则而获得的，正如市场调研员在街上拦住某人进行询问那样。被选中的人可能是合适的，但被选中也可能是因为正好遇上了，而不是从已知总体中随机选择的。这种抽样的差异可能会使统计人员不满意，但不会给研究人员增添太多的麻烦。关键是，与分层抽样一样，定额抽样的优点是能够保证在样本中所有类别的比例与他们在总体中所占的比例一致，而且毫无浪费。因为定额是事先设定好的，没有哪个人或者事物最后会变成“超出要求”而不能被纳入研究的。所以定额抽样在节约成本方面具有特别的优势，尤其是在用于面对面的访谈时。

**案例 2.2**

**定额抽样**

一个大商场里的商店可能想知道顾客对他们提供的设备（比如停车场、洗手间、餐厅）感受如何，以及这个商场是否有特别之处吸引他们前来。在商场里进行面对面访谈的定额样本可能要包含200名男性和200名女性，在每个组内，针对5个年龄组都需要40个定额，这五个年龄组是12—18岁，19—30岁，31—45岁，46—64岁，65岁及以上。那么访谈的定额样本可能是40个12—18岁的男性，40个12—18岁的女性，40个19—30岁的男性，40个19—30岁的女性，等等。访谈者可以去合适的商店，一直进行访谈，直到每个组都满足了这个定额。

## 目的抽样：为了研究主题挑选

目的抽样运行的原则是基于已知属性来精心挑选(也就是不用随机选择)相对较小数量的案例,通过聚焦这些案例我们可以获得最佳信息。在目的性抽样中,样本是为研究主题而挑选的,选择基于：

- 相关性：与研究的议题/理论的相关性；
- 知识：对于主题的特有知识或者经验。

目的抽样适用于下述情况：研究人员已经了解一些有关的具体的人或事件,从而作出有意的选择,因为这些样本被认为有可能提供最有价值的数据。实际上,他们被选中是因为一个特定目的,并且此目的反映了被选中的人或事件的特别性质和他们与调查主题的相关性。

使用目的抽样可以保证一个代表性强的事物或者人被纳入样本。这样使用目的抽样的时候,在某种程度上可以产生"代表性样本"。基于之前的知识,研究者可以精心选择样本,目的是保证全范围的事物或者人(比如所有年龄组,所有民族)都被纳入样本。这一点对小规模调查研究非常有用,在这类研究中只靠随机抽样可能不够把代表总体的群体纳入样本。

目的抽样尤其适合制造"探索性样本"。选择最具有经验或者专业知识的人,这些人提供高质量的信息和对研究问题的洞见,通过这种方式可以获得最佳信息。目的抽样让研究者专注于一个人或者事件,这样的人或事件可以让研究者确信对研究有决定性的要素已包含在内。这些可能是极端的个案、罕见的个案或者有决定性的个案,而不是普通的个案。迈尔斯和休伯曼(Miles and Huberman ，2014)称这种特殊个案为"局外人",认为把他们引入研究可以探索其他可能的解释,通过查看基于主流研究发现的其他解释能否对特别、非主流的个案有解释力,这种方法可以测试这些解释。

**案例 2.3**

**为了关键信息的目的抽样**

一个关于在线银行诈骗的研究一开始可能会找一些在识破和防范诈骗方面起到关键作用的个人。开在主要街道的银行有专家团队专门负责在线安全，研究者可以与这些团队取得联系并安排访谈。在线银行诈骗案的受害者可以提供特别的视角，研究者甚至要努力把诈骗犯本人也纳入研究，让他们提供更多对此问题的看法。

## 理论抽样：选择样本帮助生成理论

使用理论抽样时，个案的选择是遵循一种发现的途径，这种发现是“扎根于”事实证据的理论发展。在每个阶段，新的证据被用来改造或确证“理论”。然后，这样的理论为下一步的研究提供适当的案例。样本不断形成并持续增长，直到研究者收集了足够的与要发展的理论相关的信息。

参见第 7 章“扎根理论”

### 案例 2.4

**理论抽样**

在一项关于中学教师对课堂控制的研究中可能会使用课堂观察和对教师深入访谈的方法。在早期田野工作中，研究者会注意到课堂上出现的嘈杂声。这种嘈杂声尤其重要，是课堂（失去）控制的标志。基于这些，理论抽样可能需要更进一步的观察和更深入的访谈，来比较并检验最初的“理论”——也许要寻找有嘈杂声却未失控的情况作为个案（比如音乐课或体育课）。

## 滚雪球抽样：参与者向研究者提供其他潜在参与者

使用滚雪球抽样时，样本就是在由一个人推荐下一个人的过程中滚动形成。例如，开始这项抽样时，可能只涉及几个人，每个人都可以提名另外两个人参与该研究。然后研究者与这两个被提名者取得联系，希望将其纳入样本。然后这些样本又会提名更多的人进入样本，样本容量就像滚雪球般地增大了。

滚雪球抽样(snowball sampling)是一种有效的建立合理样本的抽样技术,尤其适用于小规模的研究项目。第一个优势是利用一个人提名两个或更多人的累积效果,可以相当快捷地获得足够数量的样本。第二个优势是研究者接触的每个新样本都是经别人提名的,研究人员可以利用提名者作为某种引见,以增强诚意和信誉,而不是生硬地去接触每一个新人。滚雪球抽样在没有任何类型的抽样框让研究者识别和联系合适参与者的时候尤其有用。出于这个原因,滚雪球抽样一般和基于小规模探索性样本的质化研究相结合,它的使用与目的抽样和理论抽样完美融合。研究者可以要求被研究者提名符合某些选择标准、符合研究计划和特征条件的人,如年龄、性别、种族、学历、居住情况、健康状况或业余爱好等。

**案例 2.5**

**滚雪球抽样**

一项关于"低龄"抽烟者戒烟的研究可能使用滚雪球抽样最有利。没有针对这些人的抽样框,也没有明显或简单的方法辨识这些人。所以,研究者可以寻找直到找到一个这样的人。这个人可能会认识其他同龄人,他们以前吸烟但在16岁之前戒烟了。假设这个年轻人愿意合作,可以要求他/她再找两个已经戒烟的人。然后,又可以要求这两个人找另外满足样本需求的人,一直持续下去,直到形成了一个滚成大雪球的样本。

### 方便抽样:便利

方便抽样的样本选择建立在研究者的便利和容易实现的基础上。关于方便抽样,有些要点需要注意。坦率地说,便利这个要素很可能影响了绝大部分研究的抽样程序。由于研究人员掌控有限的金钱和时间,出于便利的考虑也是非常合理的事,当有两个或两个以上的样本可供选择时,研究者就应选择最方便的。如果有两个或两个以上的团体同样适合作为研究样本,如果选择那个离得最远的,并且没有很好的理由，那将是不理智的。但是，方便抽样做到极致，就是把便利作为选择样本的主要依据，而不是辅助依据。选择样本的标准是事物获得的便利性，方便抽样的主要优势是快速、便宜和简单。

**案例 2.6**

**方便抽样**

有一个学生想要开展针对消费者对软包装饮料偏好的调查，这个学生可能选择课程中所有学生作为样本，因为很容易找到这些人，而且说服他们完成关于这个主题的问卷相对比较简单。另外，也可以使用面对面访谈，该研究者可以收集到餐厅中学生的相关数据。这些参与访谈的人组成了"方便样本"。

**注意**

便利本身不提供入选样本的人或事件是否正确的理由。当面临同样可行的选择时，便利可能是一个合理的切实可行的标准，但就研究本身的质量而言，便利不应该成为研究者选取样本的一个因素。以便利为原则来选择事物有悖于科学研究的严谨性，它代表了一种偷懒的工作方法。好的研究对样本项目的选择不是基于容易获得的原则，而是基于与研究主题的相关性和调查的需要。由于这个原因，实施方便抽样很难与好的研究划等号。

## 应该用哪种抽样技术？

从以上的抽样技术描述中我们可以看到，调查研究者有 10 种基本选项可供选择，每种技术采用不同的方法选择人或物作为样本。正如图 2.1 所示，抽样技术位于一个连续统的某个位置。在连续统的其中一个极端，选择技术完全排除研究者的影响（随机选择），在另一个极端,选择抽样技术完全取决于研究者(方便抽样)。在两个极端中间,各种抽样技术在不同程度上遵循随机选择原则。这些抽样技术不仅在选择样本的依据方面居于连续统的不同位置,他们的位置同时也和抽样的目的、所收集数据的类型、样本容量以及需要花费的资源总量相对应。因此,抽样技术的选择取决于是否能够满足研究者的需要,以及研究者打算要开展的研究类型。在选择抽样技术时,研究者需要考虑以下五个核心问题:

1. 我的目的是产生一个代表性样本还是探索性样本?

2. 采用随机选择和精心选择能够在多大程度上服务于这个目的?

3. 质化数据和量化数据,哪个更适合回答我的研究问题?

4. 现在是否有合适的抽样框,我能够获得这个抽样框吗?

5. 关于研究可以获得的资源(时间和金钱),哪个抽样技术既切实可行,又能产生相关信息?

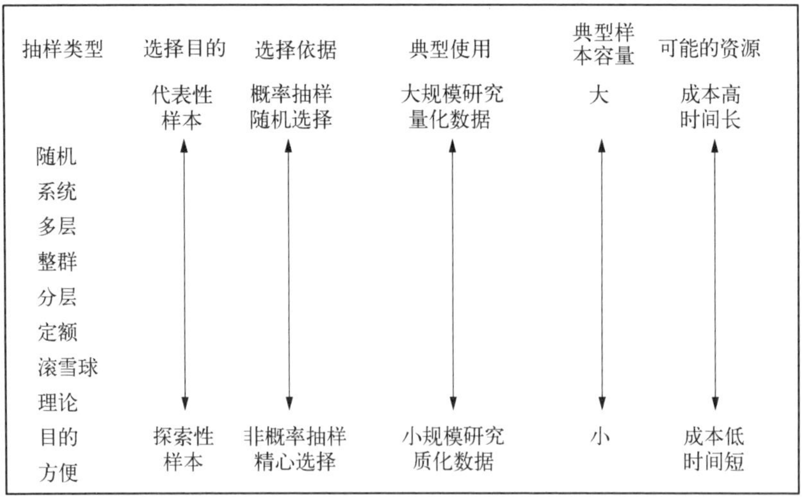


图 2.1　抽样策略

## 样本容量

有三种方式计算样本容量:统计的方式、实用主义方式和积累的方式。统计方式一般被认为是合适的方式。但是,我们也看到,统计方式更适合用于大规模调查和概率抽样技术。这种方法适合用于民意测验和政府调查,这些研究涉及非常大的总体,成本很高。小规模调查倾向于使用更实用主义的方式。部分是因为成本,部分是因为很难达到用统计方式计算最小样本量所需的条件。市场研究者常使用实用主义方式,基于多年的实践经验预测样本容量,鉴于给定资源的限制,这样的做法很有用。第三种方式一般用于小规模、质化研究。采用积累方式时,研究者持续增加样本容量,直到获得了足够信息,并且再增加样本无法带来任何好处时停止。

## 抽样目的:代表性还是探索性?

决定采用哪种方式时,研究者需要在脑中牢记对样本种类的要求。需要获得代表性样本时,样本容量要很大,需要获得探索性样本时,样本容量可以相对比较小。对于每种样本都有不同考虑,针对样本容量的任何讨论都需要反映抽样运行的不同前提。

在代表性样本中,对于调查规模有一个"大即美"的立场。它的原则是:案例越多,样本产生偏差的可能越小。样本很大时,研究者能够确保:

- 所有与研究问题有关的方面都能反映在样本和研究结果中;
- 在样本分布和被研究总体分布之间能够获得一种平衡。

每个元素都增强了样本的代表性,反过来,这种代表性让研究者更有信心将基于样本的研究结果进行推广。

使用探索性样本时,研究规模偏小。有两个原因。第一,与代表性样本相比,探索性样本中的每个人或物将得到更为深入和细致的研究。这一点没有绝对规则,但是探索性样本的大小反映了研究者想要进行比代表性样本更为深入的探究。第二,探索性样本容量不是用精确性来衡量,而是根据样本是否能够提供丰富的信息来衡量。这意味着如果研究者能收集到足够的信息,那么样本容量就足够了。

**注意：预计应答率**

要对两个语境下的样本容量进行区分，一个是一开始联系的人数，一个是最终实际应答的人数。对研究重要的是最终实际应答的人数。研究者需要预测可能达到的应答率，预留无应答空间。如果需要100个人的样本，而预计应答率是30%，一开始联系的样本容量需要达到334。

## 统计的取向：大规模调查使用概率抽样获得代表性样本

如果调查是大规模的，而且使用概率抽样，就可以用精确的方法计算需要的样本容量。这是基于统计原理和事件的正态曲线分布得来的。不需要过多深入统计原理，计算合适的样本容量需要考虑以下四个方面：

- 总体容量。需要说明的是数字很小时，总体容量很重要，但是像表2.3所示，当总体超过5 000时，总体的容量对样本容量就不再产生影响。

**表2.3　样本容量和总体容量(概率抽样)**

| 总体容量 | 需要的样本容量[1](在95%置信水平上) | | |
|---|---|---|---|
| | 5%误差幅度 | 3%误差幅度 | 1%误差幅度 |
| 50 | 44 | 48 | 50 |
| 100 | 80 | 92 | 99 |
| 250 | 152 | 203 | 244 |
| 500 | 217 | 341 | 475 |
| 1 000 | 278 | 516 | 906 |
| 5 000 | 357 | 879 | 3 288 |
| 10 000 | 370 | 964 | 4 899 |
| 100 000 | 383 | 1 056 | 8 763 |
| 1 000 000 | 384 | 1 066 | 9 513 |
| 10 000 000 | 384 | 1 067 | 9 595 |

注释：[1]指的是最终可用的应答者。

● 估计精确度。社会研究者需要确信他们的估计与实际的数据很接近(比如说总体),一般可以容忍 3%—5% 的误差幅度。更精确的结果,比如 1% 的误差幅度,就需要更接近总体容量的样本容量,除非总体容量超过 5 000。某个具体项目可以接受的误差幅度被称为置信区间。

● 置信水平,确信样本可以产生对总体有代表性的结果。社会研究者知道总是存在一种可能,样本可能是极端的、不寻常的,他们希望能非常确信研究结果不是基于这样的极端或者不寻常样本。在实践中,他们期望 95% 的置信水平。他们希望在 20 次机会中,发生这种事情的概率低于 1 次。

● 总体差异:差异越小,需要的样本容量越大。对于具体测量的属性值(比如投票意愿),问题在于总体是平均分配(几乎是 50 : 50)还是有重大分歧(比如 70 : 30)。研究者可以通过现有研究回顾或者先行调查,事先(在正式开展调查之前)对情况有所了解。如果没法获得这方面的信息,需要假设总体是平均分布的,因为这是决定需要多少样本容量时的"最差情况"。软件默认是在最保守的情况下处理数据。

考虑了这四个方面之后,就可以计算出需要的样本容量。有一个公式可以用于计算,但是研究者不需要担心有关的数学知识,因为网上有很多免费的软件应用可以提供这种计算,按一个按钮就可以了。在网上搜索"样本容量计算器"就会发现很多这样的软件(见图 2.2)。有一些软件需要输入差异(或者"应答分布")数据,有一些则不需要。

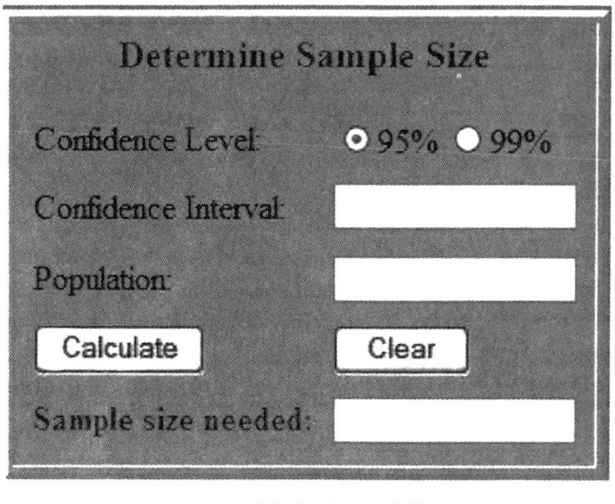


图 2.2　样本容量计算器

如果不确定,在框里输入 50%。不向使用者询问差异的时候,软件会做出上面所说的最差情况假设。但是,所有样本容量计算器都会非常清楚地展示根据研究者需要的不同置信水平和误差幅度,样本容量分别是多少。置信水平越高,精确度越高,样本容量就越大。

精确度与样本容量

统计估计和样本容量引起了一个有趣的现象。一旦达到了某个特定的样本容量,样本的精确度就不会再提高了,增加样本容量的回报开始减少。这与我们的常识相违背,我们通常认为结果的精确度取决于总体中有多少比例的人被纳入样本。常识可能会让我们觉得将总体 25% 纳入样本的抽样会比只纳入 10% 的抽样得到更好的结果。统计学会告诉我们当总体容量很大时,增加的 15% 样本不会提升精确度(见表 2.3)。

## 实用主义取向:小规模调查使用非概率抽样得到代表性样本

在实践中,社会研究常常使用相对较小规模的调查——介于 30 到 250 个之间——当估计需要的样本容量时,这样的调查倾向于采用非概率抽样技术。有三种处于实用考虑的原因。

第一,资源的问题。在真实的研究中,可用的资源永远是一个影响研究者决定样本容量的因素,研究没有无限制的时间和经费。实践中,研究必须受制于能够花在调查中的时间和金钱,能够真正负担样本容量为 1 000 或者更多的个人和机构很少。那些用研究拿学位的项目研究者尤其不可能采用非常大的总体和样本。

第二,研究总体的本质问题。许多社会研究可调查的总体可能很小。比如说,英国的工作组织一般是员工数少于 250 人的中小企业,任何针对个人工作的调查都要采用相对小的规模。社会研究想要探究的群体、时间和地点都是这种情况。尤其是项目研究者,他们想要聚焦于数量很小的本土化人群或者事物。

第三,实用主义取向认为,如果使用得当,非概率抽样技术可以产生满足研究目的的足够精确的数据。应该指出,统计学有办法应对小样本,处理小样本对数据精确性的影响。但是,实用主义视角倾向于采用非概率抽样。这是因为使用定额抽样技术开展研究比使用随机抽样技术更便宜。但是,也有人不断在争论,针对小样本容量使用非随机抽样技术是否会损失数据的精确性。实用主义取向认为追求精确程度需要结合增加的成本来考虑。目的是在资源可行的前提下,达到为研究目的服务的足够精确度。实际上,商业研究公司建议潜在客户,在一定的经费前提下,他们可以提供某个程度的精确度;如果要达到更高的精确度,则费用会增加。结果是,客户要和商业研究公司达成共识,在可行的资源范围内,结果是否能够达到足够的精确度。

**要点提示:实用主义取向的样本容量**

在实践中,资源的竞争因素带来的复杂性和精确度意味着,有关样本容量的决定应该依赖经验和良好的判断力,而不是依赖严格的数学公式。(Hoinville et al., 1985: 73)

实用主义取向背后有关样本容量的良好判断力是基于 4 个重要因素。这些因素无法提供统计取向得出的具体数字,但是他们确实能够提供指导,帮助研究者决定什么样的样本容量是合适的、可接受的。

- 与其他相似的调查进行比较。研究者的文献综述应该能够看到其他研究者在可比较的条件下进行的调查,这些调查中的样本容量可以为研究者提供一个起点。
- 样本不能少于 30 个人或者事物。可以肯定的是,在没有特别关照统计程序的情况下,对少于 30 个的样本进行统计分析是个错误。
- 允许数据中能分离出一部分作为样本。开始看起来很大的样本容量可能会产生一个很小的次群体,作为数据分析的对象。比如,一个包括 100 个人的样本用于调查收入和职业地位,可能需要根据年龄、性别、种族、婚姻状态和其他资质,同时根据他们是否全职、兼职、失业、照顾孩子、退休等,对这个样本进行群体划分。这个样本调查需要用 5 * 5(5 个个人特质和 5 个职业特质)的列联表(cross-tabulation),也就是把样本分成 25 个次群体。如果样本均匀分布,这就意味着每个次群体只有 4 个个案,这个数量很难让研究结果足够进行推广。当然在实践中,我们知道样本不会是均匀分布的,有些次群体可能根本不能代表样本。因此研究者需要在计划样本容量时提前考虑,以保证有足够的样本分成这样的次群体。样本容量越小,分析应该越简单,这样数据才会分成比较少的次群体。

- 对限制的认识。要特别注意,研究结果在多大程度上能够推广。对限制有所认识和考虑,样本容量的限制就不会使研究结果失效。

## 积累的取向:小规模调查使用非概率抽样得到探索性样本

在一些社会研究中,一开始调查时无法准确预估样本容量。在研究过程中样本容量增加,直到研究者已经为达成研究目的积累了足够的信息。这种积累的取向采用的是非概率抽样技术,比如目的抽样、理论或者滚雪球抽样,经常用于以下研究:

- 相对较小规模(样本容量在5—30个);
- 使用质化数据;
- 不能事先判断研究总体;
- 想要产生探索性样本而不是代表性样本。

积累的样本容量取向也许在扎根理论方法中表现最为明显,它使用的是理论抽样。这里的研究是一个"发现"的过程。研究者像一个侦探去追踪一条线索。在跟进各个线索时,线索把研究者指向某个特定方向,然后抛出新的待回答问题。有时候线索会把研究者带入死胡同。尽管如此,研究者最终需要不断追求他的研究,直到回答了这些问题,解释了所有事情。这种情况的结果就是一开始无法预测样本的容量和组成。

参见第7章"扎根理论"

**小贴士:积累的取向和样本容量预估**

在研究一开始不能精确地确定样本容量,不代表着研究者对最终会有多少个体进入样本一无所知。事实上,对研究者来说切实可行的做法是,使用积累的取向大概确定他们要积累多少样本,尽管他们想追求一个临界点,在这个点上他们知道已经收集到了足够令自己满意的信息。精打细算地考虑可利用的时间和资源,阅读一些相似的研究,可以在研究开始前有一个合理的判断。

## 抽样的优点

### 节约时间和成本

与研究总体中所有人或者事物相比，抽样的主要优点是它减少了收集数据的时间和成本。

### 提供足够精确度

抽样不会为研究结果带来重大精确度的损失。尽管对于研究结果的精确水平和置信水平会有一些妥协，对于大多数社会研究项目来说，这些都在可接受的范围内。

### 不同研究目的使用不同技术

有一系列的抽样技术，它们可以满足大多数社会研究者的需要。其中一些技术适合于实证型研究的需要，它们关注量化数据。另一些抽样技术变得适合于解释型研究的需要，它们更偏向质化数据。一些技术擅长获得代表性样本，另一些技术擅长获得探索性样本。

## 抽样的缺点

### 抽样误差

总是会有抽样误差的可能，研究者要考虑到这些误差。依靠研究总体中一部分个体得到的研究结果不可避免地会遇到一种情况，那就是对同一个研究总体中另一个样本进行研究时，会得到稍微不同的结果。从统计学上来说，这种差异可能是可以接受的，但它的重点在于使用样本就会产生不确定性。研究结果在多大可能性上是正确的，误差的边际在哪里，这一直都会成为研究中的问题所在。

### 样本偏差

样本偏差是一个常见的问题。研究者需要小心避免在选择谁进入样本(抽样框)和谁会参加研究(应答偏差)时产生偏差。

### 抽样框的可行性

寻找合适的抽样框可能是个挑战,特别是使用概率抽样时。

## 补充阅读

Barnett, V. (2002). *Sample Survey Principles and Methods*, 3rd edn. Chichester: Wiley.

Daniel, J. (2012). *Sampling Essentials: Practical Guidelines for Making Sampling Choices*. Thousand Oaks, CA: Sage.

Emmel, N. (2013). *Sampling and Choosing Cases in Qualitative Research: A Realist Approach*. London: Sage.

Fowler, F. J. (2009). *Survey Research Methods*, 4th edn. Thousand Oaks, CA: Sage.

**抽样自测表**

进行抽样时,你应该对下面这些问题有信心回答"是": ☑

1. 样本选择是否基于概率抽样? ☐
2. 研究中是否使用了某种特定的抽样技术?它明确归属于某个研究方法论吗? ☐
3. 选择的抽样技术是否适合于所使用样本的研究目的(代表性样本还是探索性样本)? ☐
4. 是否找到了合适的抽样框(如果目的是使用概率抽样技术)? ☐
5. 根据所选抽样技术的标准,样本容量是否合适? ☐
6. 如果样本容量小于 30,它带给统计分析的影响在研究中是否说明? ☐

# 第3章 个案研究

什么是“个案”？·个案研究方法·个案研究的目的·选择个案·你能将个案进行推广吗？·个案研究方法的优点·个案研究方法的缺点·补充阅读·个案研究自测表

个案研究聚焦于某个特定现象的一个（或者几个）案例，意在通过该案例提供对事件、关系、经验或者发生过程的深入解释。目的在于从特殊看普遍。个案研究取向广泛应用于社会研究，尤其是小规模项目中，在实践中它已经成为质化研究的类别，而非量化研究。

## 什么是“个案”？

适合用于个案研究的内容必须有一些可识别的特征，使得我们可以脱离情境对它进行研究。如果个案没有结束点、没有边界、是无限的，那么它应该归属于其他社会现象，不能作为“个案”。基本上来说：

- “个案”需要是一个自成一体的实体；
- “个案”需要有清晰的边界。

如表3.1所示，有很多社会现象符合这个要求，这些都可以用个案取向进行研究。

表 3.1 个案的类型

| 类 型 | 例 子 |
| --- | --- |
| 事件 | 罢工、街头骚乱、仪式、音乐节 |
| 组织 | 商业组织、医院、学校 |
| 政策 | 新的健康干预措施、养老金改革方案 |
| 地点 | 购物商场、夜总会、事发现场 |
| 过程 | 在职培训、招聘程序 |

## 个案研究方法

### 关注一个或者几个案例

个案研究方法最主要的特征就是它只关注被研究事物的一个案例。有时候研究者使用两个或者更多案例,但是从原则上来说,个案研究关注的范围很窄。因此个案研究取向与其他大型研究非常不同。只关注一个而不是更多案例,这背后的逻辑是从这一个案例身上得到的洞见可以获得更大范围的启发,而不需要采用覆盖大量案例的研究策略。

### 深入研究

能否得到有价值的洞见取决于是否能够对事物进行深入的研究。当研究者决定把所有的精力都集中在一个案例上面,很显然有更大可能探究更多细节,表面化的研究仅通过表象无法获得这些细节。

### 关注关系与过程

个案研究关注社会情境中的关系与社会过程。这样做是因为研究者不仅对情境中"是什么"的问题有兴趣,他们同时也对解释"为什么"会这样有兴趣。成果、效果和结果都有意义,但是个案研究真正的价值在于它提供了一个进入丰富细节的机会,可以揭示给定情境的复杂性。比如,在A公司进行的个案研究,可能会揭示它的人员流动性很高。在某种程度上,这个事实本身就很有趣,但是个案研究取向的力量在于它允许研究者探究能够揭示这种高流动性的关系和过程——事物之间的互动性，比如招聘政策、员工发展项目、工作的本质、工资水平和劳动力的社会背景。

**要点提示**

个案研究是一种对单个情境中呈现的动态进行理解的研究策略。（Eisenhardt，1989：534）

## 整体的视角

社会情境中的关系与过程是相互联系的，要想解释在某个个案研究情境中事情为什么是这样，就有必要对情境中各个方面的相互联系进行理解。个案研究取向在这方面很有用，因为它不是处理“孤立因素”，而是采用“整体的”视角看待发生的事情。它把个案作为整体来处理，这样就能发现各个方面如何相互作用。

## 多种方法

个案研究取向允许研究者使用各种类型的数据（质化或者量化），以及各种研究方法（观察、访谈、文献、问卷）。它不仅允许使用这些，而且实际上它还鼓励研究者这样做，以获得整体的视角。任何适用于探究关系和过程的方法都可以用。

**要点提示：个案研究策略**

使用个案研究取向是一种策略性的决定，这个决定关乎研究的规模和范围，但并不意味着必须使用某种方法。实际上，个案研究取向的优势之一就是允许使用各种研究方法，方法的选择取决于环境和情境的特殊需求。

## 自然情境

成为研究基础的个案一般是已经存在的东西。它不是为了研究目的人为生成的情境。不像实验,在实验中研究设计就是要控制变量,这样才可以测量某种成分的影响。个案是“自然发生”的现象。在研究项目之前这种现象就存在了,研究结束之后,这种现象继续存在。表3.2详细说明了个案研究的特征。

**表3.2 个案研究的特征**

| | | |
|---|---|---|
| 一个情境 | 而不是 | 很多案例 |
| 研究的深度 | 而不是 | 研究的广度 |
| 特殊性 | 而不是 | 普遍性 |
| 关系/过程 | 而不是 | 效果与成果 |
| 整体的视角 | 而不是 | 孤立因素 |
| 多种来源数据 | 而不是 | 一种研究方法 |
| 自然情境 | 而不是 | 人为情境 |

## 个案研究的目的

个案研究可以用于多种目的。最主要的,它们被用于发现信息(用归纳的逻辑)。个案研究取向使研究者可以深入了解情境的错综复杂性,对事物进行详细的描述,比较不同的方案,或者对探索情境的某个方面进行说明。

信息也可以用于探测个案研究情境中所发生事物的背后起因。这样,个案研究可以提供新的有价值信息:(1)信息本身就有价值;(2)信息蕴含着新的探索方向;(3)信息可以解释个案中各个方面如何相互关联。

除了常见的提供信息,个案研究也可以被用于检验理论(用演绎的逻辑)。这里个案的目的是让研究者看到在真实情境的实践中,一个理论所预测的事情是否真的会发生。这样使用时,个案可能:(1)试图通过展现理论如何在现实中发生作用,从而加强理论的价值;(2)检验一个特定的理论是否在个案情境的特定条件下产生了作用。

个案研究很有可能持有多种目的。表3.3列出了使用个案研究的多种可能方式,但我们不能因此认为某个个案研究一定遵循其中的一种目的。

表 3.3 个案研究的目的：六种可能

| | |
|---|---|
| **为了发现** | |
| 描述 | 描述个案情境中发生了什么（比如：事件、过程和关系） |
| 探索 | 探索个案情境中的关键议题（比如：问题或者机会） |
| 比较 | 比较情境，了解相似之处和不同之处 |
| 解释 | 解释事件的起因、过程或者情境中的关系 |
| **为了理论** | |
| 例证 | 把个案研究作为例证，展示一个特定的理论如何应用于现实情境 |
| 实验 | 把个案研究作为实验测试，变换特定的因素（或者变量） |

## 选择个案

个案研究取向一般要求研究者从多种可能的事件、人物、组织中做出选择。研究者需要从研究所涉的许多例子中挑选一个（或者几个）例子：从上千个可能的学校中选择一个学校做个案研究；从全国许多所眼科诊所中选择一所诊所；从全国上百个提供本地公共运输服务的公司中选择一个公司。无论对象是什么，个案研究一般要求研究者从大量可能性中有意识地、深思熟虑地选择个案。

这个过程中很重要的一点是，要意识到个案不是随机选择的：选择是基于它们已经被了解的那些属性。与经典实验和大规模调查使用的随机原则非常不同的是，个案研究是根据事物的突出特征精心挑选案例的。

### 与主题的相关性

一个合适的个案应该具备与研究者想要探究的实践问题或者理论议题相关的特征。这个选择标准对于个案研究能否成功至关重要，研究者所做的决定应该清楚而且站得住脚，这个决定将成为个案研究方法论的关键部分。比如，研究兴趣在“汽车行业的小公司”，为个案研究选择任何一个特定组织的前提都应该是“规模”。如果用员工的数量定义规模，那么就应该提供所选公司的员工数量，同时进行对比：(1) 这个数量与小公司的定义(理论)相比如何；(2) 这个数量与汽车行业其他公司相比如何。这些细节很重要，因为它们能够证明某个特定的公司适合作为被研究事物(小公司)的例子，这样从个案研究中得出的结论才有推广的可能。

## 个案研究的类型

典型事例(typical instance)

典型性是选择个案时最常用的依据。这里用到的逻辑是，被选择的案例与其他那些可能被选择的案例是相似的，因此该研究的成果可以应用在其他地方。因为个案研究与其他事例相似，所以研究成果可以推广到所有同类事物。

极端事例(extreme instance)

与选择典型事例不同的是，一些个案的选择可能是由于它与典型的情况形成鲜明的对比。对此最好的解释是选择明显比常规大得多或小得多的一些机构。在一个国家的地方机构中，研究者可能会选择一个很小的机关做个案研究，这样做的逻辑是，与选择一般大小的地方机关相比，选择极端事例更容易看出某个因素(规模)的影响作用。在极端的案例中，可使某个具体因素的效果凸显出来。

理论检验(test-site for theory)

具体的案例也可以依据该案例与先前某个理论的相关性来选择。这一点是殷(Yin，1994)所强调的。用雷德(Layder，1993)的观点来说，个案研究的目的既可以是“理论构建”，也可以是“理论检验”。因此，选择某个个案的依据就可以是，该个案包含了意义重大的关键因素，而且，如果理论是正确的话，研究者应当可以预期特定的结果。

最不可能的事例(least likely instance)

根据理论检验的思想，可以通过观察研究结果是否会发生在预期最不可能的事例中，以此检验理论的有效性。例如，一个研究者想检验“学校老师认为自治力很重要”这个理论，就会故意选一个这种自治力最不被看重的地方：一个在开放的教室进行小组教学的学校。如果在这种最不可能的条件下也有证据支持这个理论，那么这个理论在其他地方也就都是可信的了。

## 现实条件的考虑

尽管研究者们不应以现实条件作为个案选取的基本原则或唯一标准，但忽视这些因素则是相当幼稚的，在现实的研究领域中，这些因素确实与个案的选择有关联。

便利性问题

在实际研究中，由于时间和资源的限制，个案的选取有必要考虑是否方便的问题。面对两个同等合适的选择，研究者有理由选择路程最少、花费最小以及最容易获得的那个。重要的是，便利性只有在决定从两个同等合适的选择中选取其一时才起作用。根据"最直接""最容易"或"最便宜"等原则来判断个案选取的合理性，并不是个案研究自身唯一的标准，事实上，如果只用这个标准，那么它必然会导致一个糟糕的研究。正确的运用方法是，把它作为其他标准的辅助。

内在的趣味性

如果个案本身很有趣，那么它就能提供有吸引力的研究发现，研究成果会被更多的人接受，并且研究过程本身也将是一次令人兴奋的经历。该领域的有些专家甚至认为内在的趣味性本身就可以成为选择个案的依据(Stake, 1995)。这正好击中了人们争论问题的核心：是如斯戴克(Stake, 1995)所主张的那样，根据个案自身的原因来选择这些个案；还是因为它们揭示了其他东西而选择这些个案。同时，由于这一问题尚有争议，如果初学者或项目研究者把内在趣味性作为个案选择的唯一标准未免有些不理智。绝大部分的社会研究者不会因为要根据个案自身的原因选择案例而把案例的内在趣味性看作唯一的选择依据。也许这对记者来说是可行的，但严格意义上的社会研究仅有这些是不够的(Ragin and Amoroso, 2011)。因此，明智的做法是把个案内在的趣味性看作是一个附加的标准，在需要从其他方面都同等适合的案例中做进一步选择时再加以运用。

### 没有真正的选择余地

有时候,研究者在选择合适的案例以供研究时并没有太大的余地。他们的选择或多或少受到环境的限制,这种情况通常发生在下述两种情境下:

研究是指令性的

在个案的选择上,指令性研究留给研究者很小的选择余地。研究的资助者规定了研究必须同特定的组织或活动相联系,研究者本身没有多少灵活性可言。在这种情况下,研究者没有选择个案的真正权力。

独一无二的机会

有时候,事件的发生给研究者提供了独一无二的机会。当然,并不是说事件本身独一无二,它们只是某类事件中的一些案例。真正独一无二的是研究这些事件的机会。那些不能计划或创造的情境使他们成为"一次性的机会"。在某种意义上,这些情况可能会是社会灾难,如战争、饥荒或自然灾害。在现实的层次上,唯一的机会可能反射出事件不可预测的或罕见的本质。例如,罢工可能就是这种事件,可以通过对个案的深入研究来说明。但是研究者在选择他们要研究的案例时权力很小,只能在这些事件发生时集中精力去研究它们。因此,在遇到这类个案时研究者没有真正的选择机会。

## 你能将个案进行推广吗?

在进行个案研究时,研究者可能会遭遇一种质疑,那就是从个案得到的研究结果能够推广到多远。研究者也许会被问到如下问题:

- 个案有多大的代表性?
- 虽然研究成果有意义,但它是否仅仅在案例所属的特定环境中才适用?
- 你怎样从对一个案例的研究中得出一般性的结论?

这些都是合理的问题。它们反映了社会研究成果推广中的关键问题(Denscombe, 2010),我们不能忽视这些问题,或者侥幸认为研究报告的读者会忽略这一点。事实上,对于任何决定选择个案研究方法的研究者来说，事先考虑这些问题都是一个很好的训练。

## 分析性推广

解决这一问题的一种方法是，强调单独的个案研究不应该被视作调查样本的一部分。个案研究并不是作为“蛋糕中的一块来揭示整个蛋糕的内容”。相反，从个案研究中得出的结论是用于形成理论的。个案研究的要点在于分析情境并形成一定的概念、命题或者假设，这些概念、命题和假设可能会解释发生了什么，以及为什么在特定环境中会发生这样的事情。从这个角度来看，每一个个案研究都是一个单独的实验研究，正如殷（Yin，2009：15）所说的：

> 个案研究，像实验研究一样，是为了推广到理论命题，而不是推广到总体或者宇宙万物。在这个意义上，个案研究像实验一样，并不代表一个“样本”，在做个案研究时，你的目的是拓展和推广理论（分析性推广），而不是计算频率（统计性推广）。

从这个角度来看，我们不能把个案研究得出的结论看作是最终的、绝对的结论。像实验研究一样，这些研究发现应该被视作暂时的、需要通过其他研究来证实它们的有效性。从另一个角度来看，也可以把这些研究发现当做一个过程的一部分，在这个过程中，我们不仅要验证这些研究发现的准确性，也要依据扎根理论的精神，用这些研究发现来改进之前研究得出的观念和理论（Eisenhardt and Graebner，2007）。但是，无论从哪种视角来看，个案研究都是研究的一个起点，它提供了一种描述性和探索性的基础，并在这个基础之上形成理论。从这种分析的意义上来说，个案研究的发现是可以被推广的。

参见第 7 章“扎根理论”

## 可转移的研究发现

分析性推广意味着把个案研究当作一个更大范围的研究项目的一部分，在这个研究项目中，个案的价值取决于它与其他的个案研究或者其他类型的研究之间的关联。但是,在小规模研究项目中,个案研究一般不会成为某个正在进行的研究项目的一部分,他们很有可能只是"一次性"的。这就要求我们在看待个案研究所发现的问题上采取不同的理论框架。我们不应该把它们作为研究的起点,而应该把它们本身作为研究的目的,从中得出的研究发现本身就是我们获得的最有价值的成果。

在这种情况下,理解推广的理论框架是:这些研究发现能在多大程度上"转移"到其他情境。这里的关键问题是,那些阅读个案研究的读者能够在多大程度上把自己的阅读所获应用于其他情境。

这种研究发现的可转移性是基于一个事实,即虽然个案在某些方面是独特的,但它仍然只是更大范围内某一类事物的一个案例而已。换言之,它们只是同类事物中的一个(Hammersley, 1992; Ragin and Becker, 1992)。个案研究成果在多大程度上能推广到同类事物中去,取决于这个个案与其他同类事物的相似性有多高。为了评估个案研究发现是适用于其他同类事物,还是仅适用于被研究的案例,必须给读者提供一些必要信息,让他们可以基于这些信息作出判断。所以个案研究报告要包含足够多的细节,让读者可以对比被研究个案与同类事物,并依此判断研究发现的适用性,这一点非常重要。需要提供的细节包括:

- 事物(组织、事件、过程)的类型;
- 个案的细节(详细的事实和数字);
- 与同类事物的对比(比如:大小、位置、频度)。

**将个案与同类事物中的其他案例进行比较**

比较要求包括下面这些因素的细节:

| | |
|---|---|
| 物理性定位 | 地理区域、乡镇、建筑、房间、家具、装饰 |
| 历史性定位 | 发展与变迁 |
| 社会性定位 | 管辖地区、种族、社会阶层、年龄、性别以及参与者的背景信息 |
| 制度性定位 | 组织的类型、组织的规模、官方政策与程序 |

**案例3.1**

**可转移的研究发现**

在一个有关小型初等学校的个案研究中,“个案”是大范围内所有小型的、属于初等教育部门的学校之一。这个个案研究的发现是否可以转移到其他小型初等学校,取决于这所学校与其他同类型(小规模、初等)学校在一些关键属性方面有多大的相似性。这些属性包括学校的服务范围、学生的族群背景以及教师的流动情况。研究发现是否可以从这所学校转移到其他小型初等学校,将取决于是否可以在其他学校找到这些方面的相似性。这就意味着研究者必须获得其他学校在这些关键属性方面(服务范围、学生族群背景和教师流动情况)的数据,以此表明这个案例是否适用于其他案例。

## 个案研究方法的优点

### 适用于小规模研究

个案研究方法能很好地满足小规模研究的需求,它只聚焦于一个(或者几个)研究场所。

### 采用整体的视角

聚焦于特定案例可以让研究者采用一种整体的视角(而不是基于孤立因素),深入研究社会现象的细微复杂之处。

### 便于采用多种方法

个案研究方法允许运用各种具体的研究方法,不仅如此,它还或多或少地鼓励使用多种方法和多种来源的数据,以便通过仔细观察掌握复杂的现实。

### 利用自然情境

个案研究方法非常适合于那些无法人为操控的研究环境。因为这种方法是在自然情境中进行研究,研究者不需要控制和改变关键因素或者变量。

### 灵活的研究取向

理论建构和理论验证研究都可以用个案研究方法达到不错的效果。

## 个案研究方法的缺点

### 研究成果的推广

个案研究方法最容易受到批评的一点是研究成果推广的可靠性。个案研究的研究者需要注意减少大众的疑虑,并说明所研究的个案与同类事物在多大程度上相似或相反。

### 定义个案研究的边界

在技术方面,个案的边界很难有一个绝对的、明确的界定。因此,在个案研究中要决定哪些数据可以采纳,哪些需要排除在外是件困难的事。

### 进入个案研究的情境

进入个案研究情境是研究过程的必要部分。如果没有获得许可研究就无法进行。在个案研究中,获取的文档、接近人物或进入情境时有可能会带来伦理问题,比如保密性的问题。

### 聚焦于过程而不是结果

个案研究聚焦于过程而不是可测量的成果。从这种意义上来说,这种方法有时被认为只能产生"软"数据,因为它使用的是质化数据和解释的方法,而不是量化数据和统计程序。因此,个案研究有时被认为只能用于提供对事物的描述性解释,而无法提供分析或者评价。这些偏见未必站得住脚,但个案研究者需要意识到它的存在,并通过小心地处理细节，保证严谨性来应对这种偏见。

## 补充阅读

Simons, H. (2009). *Case Study Research in Practice*. London: Sage.
Stake, R. (1995). *The Art of Case Study Research*. Thousand Oaks, CA: Sage.
Swanborn, P. (2010). *Case Study Research: What, Why and How?* London: Sage.
Thomas, G. (2011). *How to Do Your Case Study: A Guide for Students and Researchers*. London: Sage.
Yin, R. (2014). *Case Study Research: Design and Methods*, 5th edn. Thousand Oaks, CA: Sage.

**个案研究自测表**

在进行个案研究时，对下面这些问题你应该有自信回答“是”： ☑

1. 研究是否基于“自然发生”的情境？ ☐
2. 是否说明了选取个案的标准，这些标准是否站得住脚？ ☐
3. 所选个案是否是某种社会现象中的独特案例(如某个事件、某类组织)？ ☐
4. 个案的重要特征是否已经详细描述，并将这些特征与其他同类事物的特征做了比较？ ☐
5. 个案本身是否是完整独立的整体？ ☐
6. 是否说明了个案的边界？是否考虑了边界背后的含义？ ☐
7. 是否认真考虑过研究的推广性问题？ ☐
8. 研究是否适合使用多种方法和多种来源的数据？ ☐
9. 研究是否对关系和过程给予了适当的关注，并提供了整体性的视角？ ☐

# 第4章 实验研究

什么是实验？·什么时候用实验？·实验的类型·关于人的实验——观察者效应·因果关系与变量·控制方法的运用·使用控制组·盲法实验·真实验与准实验·实验研究的优点·实验研究的缺点·补充阅读·实验研究自测表

## 什么是实验？

实验是一种控制条件下的实证研究，旨在考察具体因素的性质及其之间的关系。开展实验的关键在于分离个别因素并观察它们所起的作用。实验力图发现与研究对象相关的新的关系、特性，或检验现有的理论。

这个定义建立在实验的最理想化状态上，但它确实抓住了这个概念的本质，指出了在社会研究中做实验的三个核心要点：

- 控制。实验包含了对主要的操控。研究者需要辨别哪些因素是非常重要的，然后将它们引入实验或从实验中排除，以便观察它们的结果。
- 实证的观察和测量。实验依赖于对变化进行的细致的实证观察，这些变化由潜在相关因素的引入而产生。实验也包含对被观察到的变化进行精确的测量。
- 确定原因。从环境中引入或者排除因素，使研究者能精确指出哪种因素导致了结果的发生。

## 什么时候用实验？

选择实验作为合适的研究方法，需要满足以下五个条件。

第一，实验不是探索性研究，它必须作为解释性研究的一部分。也就是说，实验的重点在于解释事情“为什么”会发生，以及它们之间是“怎样”产生联系的，研究用于解释两个或者两个以上因素之间的关系。

第二，研究应该基于所研究问题的一套确定性知识。所研究的因素不能是空穴来风，而应该基于已有的相关知识。研究者应该精心挑选与研究相关而且重要的因素。因此，实验不适合描述性研究或者探索性研究，在这些研究中，重点在于发现哪些因素是重要的。

第三，在前一点的基础上，现有的研究知识应该允许我们用假设的形式提出研究问题。正像布朗等人（Brown，Cherrington and Cohen，1975：10）指出的：

> 假设的形式有两种功能。首先，它能对实验者关于已有研究的知识进行总结，得出一个可以用实验来处理的预测。其次，它为将要进行的研究指明方向……它提供了挑选变量的方法。

第四，实验中所用的观察与测量技术意味着它们一般用于量化数据而非质化数据。因为实验依赖于对变量的控制，依赖于对实验中产生变化的仔细测量，实验产生的数据是可以用于统计分析的数据。

第五，实验设计需要控制被研究因素。“自然情境实验”（下面将会说明）不在此列，在其他实验研究中，研究者需要具备相应的能力、权力和资源，以便操控相关变量。

**要点提示**

实验适合于解释性研究，这种研究利用确定的理论辨识相关变量，以假设的形式提出研究问题，用研究设计产生量化数据，研究者可以操控变量、施加控制。

# 实验的类型

## 实验室实验

实验室是为了研究而设立的场所，一般是封闭的空间(建筑物或者场地)。实验室实验的目的是为实验相关的特定因素收集数据。研究者一般会使用特定的设备或者仪器，以获得所研究现象的详细数据。

实验室实验本质上是“在现场的”而不是“在田野中”的。研究者为了研究将人或者事物带入实验室，而不是在原地对事物进行研究，这正是实验室的本质所在。它的优点是：(1) 可以对变量进行严格控制，分离影响因素；(2) 可以精确而持续地进行观察和测量。但是，实验室实验在精确性和持续性方面的优势，需要与一个劣势权衡考虑，即实验室实验是在人造的条件下进行的。实验的人造环境可能会影响人的反应，我们判断实验室实验的质量时，应该是依据它在多大程度上复制了外界环境，即真实生活中自然发生的条件。

## 田野实验

田野实验是在实验室之外进行的。他们发生在“田野中”，比如工厂、办公室、学校和医院。这些场景不是为了研究目的人为创造的，但是研究者确实可以对特定的关键变量进行操控，专注于测量某个特定的被引入这个场景的新因素。这个新因素一般是以新程序、新规则的形式出现，或者是采取某项新政策或者新项目之后的特定倡议。田野实验包含了对新因素的系统评估，目的是为了发现引入这个新的变量是否会引起预期的变化。田野实验的一个经典案例是霍桑研究，在这个实验中，研究者改变了工厂的工作环境，目的是探究灯光亮度等事物是否会引起生产率的改变。

参见“霍桑研究”，第 155 页

## 随机对照试验

随机对照试验(Randomized contrdled trials，简称 RCTs)是一种田

野实验，这种实验通过比较实验组和控制组测量特定实验干预的影响。在实验中，随机分配能够保证各组之间无差异，因此，随机对照试验被认为是医疗和健康领域研究设计的基本标准。在这些研究中，研究者对药物和其他干预措施进行试验，随机对照试验是循证运动支持者喜欢的方法，对他们来说它是开展研究的最科学方法（Higgins and Green，2011）。

## 自然情境实验

自然情境实验是研究者利用日常生活中自然发生的事件和环境进行的实验，在研究过程中，研究者有机会观察特定变量所带来的影响，并对特定现象进行解释。

然而，如果研究者为了在更自然的状况下获得数据而走出实验室进行实验，那么，他们一定会为控制各种变量而付出很高的代价。像天气预报员那样，这些研究者倾向于依赖观察环境中所发生的事情，他们对这个环境施加的控制很少，甚至没有。在实验室之外，社会研究者几乎不可能为达到社会实验的明确的目的而处理好各种事情。社会学家不可能为了进行诸如贫困这样的实验而控制人们的收入水平；同样，健康教育者也不可能为了研究未成年少女的吸烟水平而对此进行操纵；经济学家也不可能为了研究经济萧条的后果而制造经济危机。像这样的环境是不可能被制造的，这样做不可行，也不道德。研究者只能利用“自然发生”的实验——在这种情境中借助自然发生的事，来观察和测量分离变量的影响，而不能创造人为的环境或者施加人为的干预。

## 回溯性实验

回溯性实验从“影响因素”开始。在这种情况下，研究的起点是“结果”，然后研究者开始推论是什么原因导致了这个结果。思路就是从结果背后找寻原因。比如，研究者可能问，“监禁后释放会影响一个人的收入吗?”这样的研究设计需要研究者与一些曾经进过监狱的人进行联系。自变量——监禁——不是研究所能够或应该操纵的。它是一个既成事实，先于实验又与实验毫无关联。然而，将研究对象与在其他方面跟他相似但没进过监狱的人相比较，我们就可以推断这个因素是否对因变量——收入——有直接的作用。

## 关于人的实验——观察者效应

与针对动物、化学品或者自然物质的实验不同，当实验与人有关时，通常会出现以下三个问题：

- 人会对自己被观察这个事情做出反应；
- 参与实验的人可能会伤害他人；
- 实验可能包含与现实世界不符的人为设置情境。

人类有自我意识，这是他们与动物、化学品或者自然物质的区别。当人类意识到自己是研究的焦点时，很有可能会做出与平常不同的行为。他们可能会因为自己的行为被研究者审视而感到焦虑，从而以某种方式改变他们的行为，这叫做“观察者效应”。另一种情况是，他们可能很享受被关注的感觉，以充满热情的方式作出回应，但当他们没有意识到自己获得关注时，也许不会有这样的热情，这叫做“光圈效应”。如果参与者知道了研究的真正目的，他们还有可能因为研究目的而改变自己的行为方式。他们也许会试图帮助研究者，做出自认为研究者期待的反应，或者是完全相反的反应，这被称为“自我实现预言效应”。通常情况下，当参与者了解或者以为自己了解实验的目的时，就会产生这种效应。

参见“霍桑研究”，第 155 页

**要点提示：观察者效应**

当人们意识到自己在被观察时，他们会改变自己的行为。观察者效应即他们感觉到自己正在被研究——意识到这一点——然后用不寻常的方式做出反应。

实验者可以采取一些措施避免产生观察者效应。比如，他们可以从单向观察镜后面进行隐藏式观察。如果人们没有意识到自己正在被观察，那么他们的行为就不会受到影响。再比如，研究者可以掩盖真正的研究目的，避免参与者在与研究相关的因素方面改变自己的行为。他们可以欺骗参与者，让他们以为研究是有关另一件与研究主题毫不相干的事情。但是所有与观察者效应有关的解决方案——秘密观察或者掩盖目的——都会引发研究伦理问题，需要三思而后行。

耶鲁大学的斯坦利·米尔格拉姆（Stanley Milgram）在1961—1962年间所做的一系列的实验为我们提供了一个范式，这一范式描述了在社会研究中该如何进行实验室实验（Milgram，1974）。这些实验设计得很聪明，实验者让参与者相信自己正在对其他人使用不断加强的电击，实验者告诉他们被电击者也是这项有关“学习”的实验参与者。事实上，看起来在接受电击的人是研究团队的人，他们根本没有遭受真正的电击——但是研究对象并不知道这一点。这项实验以科学为名号，让被研究者相信他们确实在对其他参与学习实验的人使用危险的高压电击。这项实验制造了一个骗局，说是要研究学习的本质——实际上它是在研究对权威的服从——研究者实际上是在一个单向观察镜后面偷偷地观察被研究者。这一点已经足够引起伦理问题。但是真正让这个实验备受指责的是它对参与者的影响。对其中一些人来说，参与这项研究使他们很有压力、烦躁不安——他们觉得自己对别人施加了足以致命的电击（Perry，2013）。这些实验告诉我们的是，与人有关的实验绝对不能忽视一个事实，那就是它是在跟有感情、感觉的人打交道，永远不能为了研究目的牺牲参与者的康乐，无论这个研究结果多么“有用”。

参见第17章“研究伦理”

**要点提示**

因为人类有感觉、有权利，所以有些对动物和化学品做的事不能对人类做。

还有一个针对人的实验的问题是，在实验条件下观察到的反应是否可以在真实世界里重现。这关系到实验的生态效度。很明显，这个问题主要与实验室实验有关。在实验室实验中,环境和任务都是为了研究目的创设的,所以结果是人为的而不是自然的。但是,当我们讨论实验和研究发现的价值时,这个问题就与所有类型的实验有关。这个问题是:实验进行的研究是否能够得出同样适用于人们日常生活行为的结论?

## 因果关系与变量

实验普遍关注的是确定导致研究中的事物发生变化的原因。但是通常情况下,两件事情同时发生或者先后发生,并不足以说明它们之间是相关的。尽管知道这样的一种关系是有用的,但是实验通常要了解哪一种因素是原因。这就需要区别因变量和自变量,明确什么是自变量,什么是因变量,并能通过构建实验、产生结果,以表明两者之间的区别,这对研究者而言是非常重要的。

- 自变量是对因变量产生影响的一种变量。它的大小、数目、结构、体积或者自身存在的任何属性,不受其他变量的影响。自变量的变化会影响因变量。
- 因变量是随自变量变化而变化的因素。它的确“依赖于”自变量的变化,但因变量产生的任何变化都不会影响自变量。

**案例 4.1**

**吸烟**

吸烟和肺癌的发生率是相关的。两者都是变量并且相互关联:吸烟越多,肺癌的发生率就越高;吸烟越少,肺癌的发生率就越低。吸烟增加了患肺癌的可能性,但肺癌不会增加吸烟的可能性。在这个例子中,明显存在自变量和因变量,吸烟是自变量,肺癌是因变量。

## 控制方法的运用

做实验的目的是为了表明因变量(例如,人群中肺癌的发生率)由于自变量(社会中吸烟的盛行)的变化而产生了变化。为了证明这一点,研究者需要确定是由于吸烟而不是其他因素(例如:饮食或运动量)导致了我们所观测到的肺癌发生水平。这就要求实验者控制类似吸烟、饮食、运动和其他可能影响肺癌发生率的因素,以保证在所有这些因素中,吸烟是唯一可能与人群肺癌的发生率水平相联系的因素。有很多实验可以达到这一目的,每个实验都涉及控制方法的使用。

### 引入新因素

分离某个变量所产生的影响,最直接的方法就是在保持所有其他相关因素不变的情况下引入该因素。在这种情况下——“所有情况都相同”——才能确定新因素的影响,同时推论出任何观测到的变化都是由新因素引起的。因为新因素的引入是发生的唯一变化,因而它能够对其后发生的任何变化承担责任。然而在实践中,研究者在这个方面有两个难题。第一,确保其他变量不发生变化是极其困难的。第二,变量通常是相互联系的,一个变量的改变可能通过很多其他变量而产生一系列的变化。

### 从实验中排除因素

研究者会发现在实验中排除某个因素要比引入新因素更容易。例如,在儿童的多动症和饮食关系的研究中,研究者可能有意从被试食谱中排除所有的人工(食品)色素,然后观察儿童的行为变化。如果其他因素保持不变,从逻辑上就可以推断出任何可观察到的变化都是由于这个因素的缺失而引起的。

### 保持因素恒定

在社会科学中,大量的主要相关变量都以属性的形式呈现,我们不能通过将它们从环境中一并排除来达到平衡。类似收入、体重和年龄等都是不能排除的属性。然而,我们可以通过“保持因素恒定”来控制它们。为了防止这些因素对实验结果产生不必要的影响,研究者可以设置一定的环境,使被试都具有同样的收入或体重。这样,所观测到的实验结果可以被认为是由收入和体重之外的一些因素造成的。

## 使用控制组

引入控制的标准方法就是使用控制组。具体操作是：

> 尽可能找与实验组相似的一组被试,除了实验干预之外,对它们进行完全一样的处理。控制组提供了测量实验干预影响的基准。(Brown et al., 1975: 235)

使用控制组的方法是根据一个简单的逻辑：如果控制组和实验组在实验一开始是一样的,将一个特定的变量引入实验组,而不引入控制组,那么当实验结束时,实验组和控制组之间的差异一定是由那个被引入的变量引起的。毕竟,它是两组之间的唯一差异。

所以,实验一开始就要有两个配对组(或配对样本)。把一个因素引入实验组,同时保证控制组没有任何人为引起的变化。增加新的因素之后,实验者可以观察两组情况,要相信两组之间的所有区别都已归因于人为引入的那个因素。在这里,重要的不是实验组发生的变化。因为随着时间的推移,无论是否进行实验,某些变化是一定会出现的。时间对所有人来说都是不断推进的。但是,如果两个组在最初尽可能地相同,那么一个组的任何变化也会同时出现在另一个组。因此,我们是测量在时间 2,就是实验结束时控制组跟实验组之间的不同,而不是测量时间 1 到时间 2 所发生的变化。我们观察到的所有区别从逻辑上可推断出是由实验中人为引入的因素所引起的(见图 4.1)。

### 分配到组

使用控制组就否定了对两组之间差别进行其他解释的可能。但是只有我们能确保分配到控制组和实验组的被试没有差别,也就是说,只有确保实验开始时两组是相同的,才能做到这一点。保证这一点的一种方法是随机分配到组。如果实验被试的选择是基于随机原则,就可

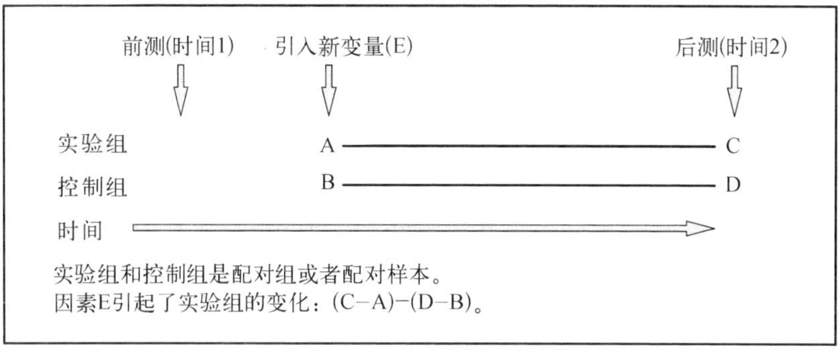


图 4.1　实验与控制组的使用

以保证各种因素不会对实验结果产生影响。这里的原则是，当我们随机选择足够数量的参与者，任何由“干扰”因素带来的影响对于整个研究的结果来说都不再构成威胁。

另一种保证控制组与实验组相同的方法是，在已知的相关因素方面实行成组匹配。在这种情况下，研究者会通过建立相关因素匹配的组，来保证两个组在一些因素上是均衡的，比如年龄、性别、职业和种族。当然，这种分配是基于配额制而不是随机分配，但是对于小规模研究者而言，这是更适合的方法。不管用什么方法，最关键的是研究者能够匹配两个组，让它们在除了将要引入的变量之外没有任何差异。

参见“随机抽样”，第 35 页

## 盲法实验

使用控制组不能排除的因素是，参与者知道自己被分配在哪个组了。观察者效应这时候就会影响知道自己在实验组的人，他们可能预期自己会获得一些控制组没有的新经验。为了避免这一点，实验设计需要使用一些手段，防止参与者知道自己在哪一组，以及自己是否会真的接受一种新的“干预”。

一种方法是使用“盲法实验”。在医学研究中实验者会使用安慰剂——一种看似真实但并无疗效的治疗。看起来所有人都获得了同样的对待，这样参与者就不知道自己是在实验组还是控制组。只有实验者知道哪些人接受了干预(在实验组),哪些人接受的是安慰剂(在控制组)。这样可以有效避免用参与者的预期来解释因引入干预而观察到的任何变化。

## 真实验与准实验

想要达到真实验的标准,研究设计需要让研究者能够辨识引起实验中任何变化的原因,而且重要的是,能排除任何其他对结果的可能解释。这就需要能够否定所有可能解释变化的其他因素。一个真实验需要通过四个方面达到这样的标准。研究设计必须:

- 包括前测和后测,在引入所研究变量之前和之后都进行测量;
- 使用控制组进行比较;
- 随机分配人或者事物到控制组和实验组;
- 引入(或者控制)一个想要观察其影响的变量。

这个基本的实验设计被称为前测后测控制组设计,一般用下面的方式表示:

A组R———— $O_1$ ———— X ———— $O_2$

B组R———— $O_1$ ———————————— $O_2$

注:R表示随机分配到组,X表示引入新因素或者干预,O表示观察,下标1和2是指观察的时序

有大量的研究设计师基于这些基本要素来设计实验,实际上这些实验是以下五个基本要素的不同组合:

- 什么时候进行测量和观察(前测/后测);
- 参与比较的组有多少(两组设计,多组设计);
- 控制组是不加"干预"还是接受与"实验"组不同的干预;
- 如何分配到组,是否随机;
- 引入新因素的数量。

使用前测和后测是测量任何变化的依据,使用控制组也是为了研究者可以对实验组和控制组进行比较。再加上完全随机分配到组,这些做法研究者可以让排除一大批潜在的因素,根据逻辑推断某个特定

因素就是引起所观察到的变化的原因。

准实验用于描述那些以经典实验室实验精神为主导的，但是因为现实条件限制无法满足其中一些关键条件的研究设计。在实验室外进行“田野”实验时最常发生这种情况，因为田野实验的环境意味着很难对所有相关变量实施控制。在实验室之外研究者可能会发现：

- 他们无法把人随机分配到组。这就导致实验必须使用“非匹配”分组；
- 他们不能使用控制组作比较；
- 他们不能同时使用前测和后测，在引入所研究变量之前和之后不能都对被试进行测量。

库克和坎贝尔（Cook and Campbell，1979）认为准实验设计在以上所提到的缺点中不能超过一点。它可以使用非匹配分组，或者缺少控制组，或者缺少前测——但是如果有两个及以上的条件它们没有达到，实验就无法找到原因。如果只是其中一项没有符合，准实验还是有用的。如果不能达到真实验要求的所有条件，可以把准实验作为一个备选方案。当然，我们要始终意识到准实验的限制，而且在用准实验找原因时应该特别谨慎。库克和坎贝尔特别警告过基于准实验研究设计得出没有保证的因果推断的危险，尤其是分组没有采用随机选择的情况：“尽管对于启发新观点很有用，它们一般还不足以用作因果假设的检验，因为它们无法排除大量其他的可能解释”（Cook and Campbell，1979：95）。

## 实验研究的优点

### 可信度

包括一些社会科学家在内的很多人，都把实验的运用看作是研究中最科学的方法，因此也是信度最高的研究取向。它的地位与“硬”科学相关，具有客观性和研究结果的无偏差性。

### 可重复性

在实验室实验、随机对照试验和回溯性实验中,其他研究者可通过重复相同程序来检验实验。但是,在田野实验和自然实验中,重复实验的可能性很低。

### 精确性

实验研究的本质保证了对数据的测量具有高度的精确性和一致性。

### 原因和解释

实验对相关变量进行控制,这就使得研究者可以找出被观察事物变化的准确原因。

## 实验研究的缺点

### 人为设置

对实验室实验有人提出质疑,实验情境创造的条件是否与行为/决定发生的"真实世界"的情境具有可比性,实验情境是否会鼓励迎合人为设置的反应。

### 欺骗与伦理问题

进行实验研究,我们就会考虑一些伦理上的问题。首先,实验的成功是否取决于对研究被试掩盖它的真实目的?如果是这样,就会引起在社会研究中进行欺骗的伦理问题。其次,如果研究设计使用控制组,是不是会对被试造成有利或不利的影响?这都有可能。对实验组和控制组不同的实验干预是否会产生不利的比较结果?如果结果有很大不同,这会给研究者带来伦理上、实践上或政治上的问题。

### 相关变量的控制

实验方法的核心在于对相关变量的控制。但是,这一点很难实现。

并且，即使在实践中有可能控制相关变量，也要考虑伦理问题。

### 原因与影响

实验研究聚焦于可观察的影响因素，这对于因果关系相对简单的事情效果更好。它可能会忽视间接原因（de Vaus，2001），因此不太适用于研究引起复杂社会现象的深层原因（Pawson and Tilley，1997）。

### 随机分配到组

如果随机分配到实验组和控制组无法实现，就会产生两组是否真的“匹配”的问题。研究者需要保证没有自我选择的因素，两组构成是“相当的”。

## 补充阅读


de Vaus，D.（2001）. *Research Design in Social Research*. London：Sage，Chapters 4 - 6.

Dunning，T.（2012）. *Natural Experiments in the Social Science: A Design-Based Approach*.Cambridge：Cambridge University Press.

Milgram，S.（1974）. *Obedience to Authority: An Experimental View*. New York：Harper Collins.

Thyer，B. A.（2012）. *Quasi-Experimental Research Designs*. New York：Oxford University Press.

Webster，M. and Sell，J.（2007）. *Laboratory Experiments in the Social Sciences*. Burlington，MA：Amsterdam Press.


**实验研究自测表**

在进行实验研究时，下面这些问题你应该有自信回答“是”：☑

1. 是否确定了关键变量？☐
2. 是否对因变量和自变量进行了清晰的区分？☐
3. 对自变量的操控是否可行？☐

4. 是否有一个可以被检验的清晰假设或者命题? □
5. 是否对过程和结果进行了详细的记录(目的是对设计进行评价和重复实验)? □
6. 如果使用了控制组,它与实验组是否在各个关键方面都相互匹配? □
7. 被试是否完全了解自己所参加的实验的性质,是否考虑了"观察者效应"问题? □
8. 如果研究者没有完全了解自己所参加的实验的性质,是否会在实验结束后进行说明? □
9. 实验情境创设的条件是否与被试行为/决定发生的"真实世界"情境具有可比性? □
10. 对被试的实验干预是否符合研究伦理? □

# 第5章 民族志

什么是民族志？·外来者、外来的和常规·互联网生活·生活史·进入田野环境·描述与理论·反思性问题：民族志研究者作为他们试图去描述的世界的一部分·把研究者的“自我”放进民族志研究·民族志的优点·民族志的缺点·补充阅读·民族志研究自测表

## 什么是民族志？

民族志(ethnography)一词按其字面意思是，对不同的人群或文化的描述。它作为一种研究方法，源自早期社会人类学家的研究。他们的研究目的是就独立的小部落的文化和生活提供详细的和长期的报告。在某种程度上，这些部落被看作是“濒危物种”，社会人类学家意识到在那里的文化在被与工业社会的接触中污染或同化，或者逐渐衰退直至消亡之前，有必要对它加以了解和勾勒。

一个局外人，戴着太阳帽，穿着卡其色的短裤，来到某一遥远国度的长满棕榈树的海岛上，在海岸搭起帐篷，研究当地人的生活。这个形象主要通过一些社会人类学家的作品而具有了传奇色彩，如马林诺夫斯基(Malinowski，1922)和米德(Mead，1943)的研究，他们所关注的问题和使用的研究方法为今天的民族志研究奠定了基础。

民族志这个词语来自早期人类学,后来又受到一些经典田野研究(Whyte,[1943] 1993)的影响,现在具备以下特点:

- 它要求研究者花费大量时间身临其境,融入研究对象的群体中以研究他们的生活和文化。民族志研究者需要跟他们一起生活,而不是从抽离的视角观察他们的生活。长期的田野工作让研究者可以进行一场发现之旅,随着时间的延续,对所见事物的解释会自然产生。
- 日常生活的常规被看作是有价值的研究资料。世俗和普通的社会生活就像那些特殊的事件和仪式一样有用,都很容易引起我们的注意。
- 研究对象如何看待他们的世界,这是民族志研究特别关注的。与研究者对情境的分析非常不同,民族志研究者通常致力于研究这样一些问题:作为研究对象的一个群体或一种文化中的成员如何理解事物,如何赋予已发生事件的意义,以及如何感知现实。
- 强调关注文化各种特质之间的联系,避免孤立地看文化的某一方面,把它从所在的宏观背景中抽离出来。通常倾向于整体研究,强调过程、关系,以及各组成部分之间的互动和相互依存。
- 有一种共识,那就是民族志研究者对被研究的文化或者群体的最终解释不只是一种描述——而是一种建构。它不是直接的"再现",不是对情境的文字记录,而是精心的建构,这需要特殊的写作技巧(修辞学),且必然要依靠民族志研究者自身的经验。

**要点提示:民族志的整体视角**

"民族志研究被接受的主要条件之一是它必须要研究一个社会的全部,包括社交、文化和心理等方面,因为这些是交织在一起的,如果不考虑其他方面,则不可能单独理解其中任何一个方面。"(Malinowski, 1992: xvi)

## 外来者、外来的和常规

早期人类学家常常研究与自己社会不同的社会中的群体。研究者的目的是解释他们在进行田野工作的“原始”社会中所发现的文化和生活方式，通过比较和对比，为解读自己所处的社会带来新的视角。在这方面，民族志与人类学的方法有相似之处，但它并不是将注意力局限于遥远国度的偏僻部落。事实上，近年来民族志最受欢迎的发展是它在研究“我们自己的”社会中的生活方式、认知和信仰方面的应用。

在早期，“在我们自己的社会中”进行研究的民族志倾向于研究人数相对少的群体，从某种意义上来说，他们是主流社会中的非主流。而人类学的立场则被用于研究异常的小团体和古怪的文化。就如研究遥远国度中的“土著人”一样，这样的群体也很快吸引了研究者的注意。他们的生活方式不同于研究者和读者的日常生活经验，看起来比较离奇、疯狂，甚至异乎寻常，因此他们激发了研究者的内在兴趣。研究的焦点在“离经叛道”的群体，比如流浪汉、酗酒的人、有毒瘾的人、宗教人士、街上暴徒以及其他类似的人群。今日的民族志仍保留了这种对于奇异和特别的仪式、社会生活不寻常特点的兴趣。比如最近一个有关华尔街投资银行家的民族志研究，探究他们作为有着极高金融野心的人，日常生活、信仰和文化如何(Ho, 2009)。但是，社会生活中一般、世俗、正规和普遍的方面也同样被看作是民族志研究的有效主题。近年来，研究重点更多地聚焦于社会生活的常规和主流层面，例如：班级生活(Woods, 2012)和在建筑工地的生活(Reimer, 1979)。

## 互联网生活

互联网不仅仅是一个物理网络或一项电子技术，它使网络空间的存在成为可能。它形成了一个适合特定人群聚集的网络世界，这一点吸引了一些民族志研究者的注意。对他们来说，互联网引发了一种社会现象，我们需要对这种现象进行研究和解释。沿着这种逻辑，目前已经出现了以下研究：

- 促进互联网的产生和广泛应用的文化、社会和技术层面的条件；
- 互联网及其特定设备的使用者的个人属性。

还有学者对互联网特别感兴趣，因为他们将其看作是一个社会存在的全新面貌，其中聚集的群体有自己的特色文化、互动方式和人际沟通模式。对“网络文化”和“网络社区”的兴趣使得民族志研究领域中出现了海因(Hine, 2000)所说的“虚拟民族志”和科济涅茨(Kozinets, 1998, 2010)所说的“网络民族志”。在这些研究中，民族志聚焦于网络空间的文化。

## 生活史

从某种意义上来说，生活史研究取向就像“个人民族志”。它适用于对个人或社会成员进行深入的研究。其目的是描述特定人群的生活，了解他们的经验如何随时间而改变，并且将这些经验与他们所处的文化、社会或历史背景相联系。在20世纪20—40年代，芝加哥大学的社会学家对个人、团体和社区进行了详细的经验研究(Bulmer, 1984; Denzin, 1970)，以此为生活史研究方法的显著发展奠定了基础。这些民族志研究追溯了一段时间内的变化和发展，尤其关注被研究者的经历。近年来这种方法还与女权研究(Devault, 1990)和个人的职业研究(Woods, 1993)及健康研究(Haglund, 2004)联系在一起。

如同传记一样，生活史可以基于一个人生活的自始至终，也可以是生活中的一部分，或是大部分而非全部。

大多数生活史研究中主要贯穿两个主题，都与民族志紧密契合。一是研究提供关于个体生活的“深度描写”，包括一些精确细节，以使得读者可以了解一个人复杂的和多层面的生活。二是个人对事情的理解作为生活史的重要部分，正如马歇尔和罗斯曼(Marshall and Rossman, 2011: 151)所说：生活史研究方法“可以通过描述一个人在生活中的自身感受、观点和看法，来讲述他的发展史，从而理解一种文化”。

与此稍有不同的是，一些生活史是叙述性的，主要目的是以人物传记为方式，发掘人们正处于或者曾经处于的文化、历史和社会环境中的新事物。在此情况下，研究尝试提供对一种特殊文化或一个群体的生活方式和信仰的洞察。其理论基础是我们可以从曾经生活在那里，或者当时生活在那里的人身上获得一手经验，以此了解当时的情况如何。

还有的研究者将生活史作为一种更为分析性的研究方法。他们倾向于根据事情发生背后的更广泛的社会结构来解释生活史。问题是，生活史能否以研究者看待事物的方式来叙述一个人的生活，或者是否有必要引入其他来源的信息以证实或质疑一个人对自己生活的描述。邓津（Denzin，1970：238）认为：

> 生活史必须包含被研究者之外其他人的报告。生活史方法的使用者不仅要对研究方法采用三角论证，还必须对视角进行三角论证……除非引入了其他人对被研究者讲述内容的看法，观察者无法对被研究者提供的解释进行评估。

尽管强调的重点不同，但生活史研究的共同点是：这种研究方法对个人生活进行深入研究，目的是把握他们的经历和想法，把这些经历和想法与他们所在的文化、社会和历史背景联系起来。

生活史研究一般通过深度访谈来收集资料，还可以利用二手资料来完成，利用公共档案材料、个人档案材料、日记、信件和其他形式的文件资料构建生活史。与大多数民族志研究相比，在收集资料方面，它的不同特点是要经历一个相对长的过程，生活史并不是很快就能完成的。

参见“叙事分析”，第 307 页

通常在社会科学家的耐心指导下，研究对象在几年内写下或者用磁带录下他们的生活情节。而对研究对象生活的深入观察、对其朋友的访谈、对其信件的阅读和照片的观察都是支持他们所说的最好的佐证（Plummer，2001：14）。

也许有关生活史方法的最有趣的问题并不是如何收集资料，而是如何选择资料提供者。正如普拉莫（Pulmmer，2001：133）所说：“谁被从数以百万计的总体中挑选出来？谁将成为重要研究和社会科学的不朽人物?”显然,他们必须是“信息富有者”——拥有相关的经验、极好的洞察力和引人入胜的故事。研究者通过“选择抽样”的过程来寻找愿意将自己的生活对好奇的研究者开放的人。他们会到某些适当的场所去寻找,并在头脑中清楚地知道哪类人会有具启发性的和充实丰富的生活史。然而,生活史研究的经典案例告诉我们,是否能找到“合适”的人——能够提供珍贵生活经历的合适人选,这大部分取决于运气。

## 进入田野环境

深入人们中间,进入他们的场所,并参与到事件中是民族志研究成功的关键。对于田野研究者来说,不能假定这种进入是理所当然的,研究者需要着手争取。为了做到这点,他们需要进行一些政治、伦理和实践意义上的协商。

### 自然主义

为了呈现完全而详细的描述,民族志学者将避免自己作为观察者出现在田野而干扰到情境。他们希望保存事情的自然状态。这正是自然主义成为民族志重要观点的理由。民族志学者对自然主义的关注源于他们在自然状态下研究事物的愿望——不受研究工具闯入或实验式研究设计的干扰。进入现场并在自然的生存环境中直接观察事件,这就是民族志研究的核心。

参见“参与式观察”,第 227 页

### 隐蔽式研究

有时候,民族志学者有可能在人们毫不知情的情况下开展田野研究。研究者可以扮演情境中的某个角色,以此掩盖自己身份。研究者可以转入地下以秘密的方式开展研究。这对民族志研究来说有好处:(1) 它保护了情境的自然性;(2) 它回避了是否要获得准许再进行研究的问题。但是,它也会带来另一个问题。采用隐蔽研究意味着研究者不能获得被研究者的“知情同意”,这会导致严重的伦理问题

(Humphreys，1975)

## 守门人

民族志学者并不总是进行隐蔽式研究。可以说，大多数民族志实际上都涉及研究者的角色在一定程度上的开放，这就是公开研究(overt research)。在这种情况下，伦理问题就不再是唯一的关注点。另外，民族志学者面临这样一种可能情况，他们的研究角色有可能会破坏情境的自然状态。最重要的是，公开研究角色将很有可能使得研究者需要接触“守门人”(gatekeeper)，守门人是帮助研究者进入必要的田野研究情境的关键人物。

确定能够给予准入许可的关键人物，并与他们进行协商，成功地介入人群、场所和事件中，这是民族志研究的一个首要条件。除此，田野研究就无从开展。在非正式的环境中，这些担保人将为研究者的真诚身份(bona fide status)做担保。他们利用非正式的身份及其与研究对象的关系，来促进与研究者、研究对象或团体的接触，并加强信任(Whyte，[1943]1993；Polsky，2006)。

但是，获得进入田野的准许之后，仍然不能忽视担保人和守门人的作用。事实上，他们仍然持续性地对研究产生影响。他们的影响在以下方面一直存在：

- 关于进入田野所建立的最初协定(影响最终研究结果的本质)；
- 在研究的初始无法预见需要接触的人和需要进入的场所。

因此，守门人的影响不仅仅是能否接触到研究对象。如伯吉斯(Burgess，1984)所言，进入是田野研究的持续过程，因为研究通常在一段时间内进行，而且也许更重要的原因是进入需要寻求新的人群、场所和事件作为新的调查线索以纳入到研究中。由于田野研究，尤其是民族志研究的调查重点在不断变化和发展，因此研究者不太可能在研究之初就确定研究的精确本质和需要进入的程度。进入，就获得守门人的许可而言，是有必要更新和重新商议的，它应该被看作是建立一种“进入关系”，而不是一劳永逸的事情。

当然，守门人是否批准研究者进入田野取决于被研究的人物、地点和事件在多大程度上属于一个正式的环境。在教育领域中,校长对进入学校有正式的管辖权,可以禁止或允许研究者接触教师和学生,而在非正式的环境中,守门人的角色是不同的。怀特在他的研究中对此做了生动的阐述(Whyte,[1943]1993),守门人的角色更接近于是研究者真诚身份的担保人。怀特描述中的守门人“多西”(Doc)没有正式的管辖权,无权批准或者拒绝研究者进入田野,他利用自己在群体中的地位为怀特的研究提供了可能性,让怀特可以与被研究者接触,同时他也扮演了担保人的角色,帮助研究者与被研究者建立一种信任关系。这一点很重要,正像哈默斯利和阿特金森(Hammersley and Atkinson, 2007)所说,“进入”并不是简单的身体的出席或缺席问题,开展研究不能只关心是否获得进入的许可。进入人物、地方和事件意味着允许研究者进入这些人物的世界。进入现场只是一个方面,“进入”还意味着研究者被信任,可以诉说他自己的想法并分享内部知识。

## 描述与理论

### 深描

民族志包括了对研究者在田野中所观察事物的一手资料进行描述。但是,如果要从民族志的视角证明这样的描述是有用的,这些描述就不能只是浮光掠影,而是要包含足够深入和详细的内容,让人对所研究的情境有真正的了解,“深描”这个词一般用在这样的语境下。“深描”(Geertz, 1973)的目的是根据特定行动或者事件所处的文化环境对他们进行描述。重点不只是描述“是什么”,而是解释这种现象的本质如何与它所处社会环境的其他方面紧密相连。为了说明这是什么意思,格尔茨(Geertz, 1973)本人举了“眨眼”的例子,简单地描述这个动作本身就是“浅描”。描述动作本身是重要的,但是如果我们想要理解这个动作的含义,我们需要“深描”,深描能够提供这个人做出眨眼动作的意图,以及不同情境下这个动作的符号意义。只有这样,我们才能理解这个动作是抽搐、示好、调情、狡猾的阴谋或者其他。

## 个别的和普遍的取向

一方面，详细描述本身就是对知识有价值的贡献，另一方面，我们也可以认为详细描述在为创造更有普世性的理论做贡献，这些理论是有关研究对象的文化、生活方式、信仰或者事件。个别的取向采用的是第一种立场。这种策略认为民族志研究的目的就是对事件或文化进行详细地描绘——就它们本身进行描述。从这个立场出发，不需要担心这个情境是否有代表性，它对于其他事件、不同类型的文化或者构建更为普世的理论是否有所启发。任何民族志描述都被视作独立的“一次性”研究，对它的评价是依据它描述的深度和复杂度。不要试图从描述中获得超出特定情境的东西，并把它用在其他问题上。

参见第 6 章“现象学”

但是，普遍的取向则认为一堆独立的描述没有什么价值。它认为如果每一个民族志研究都产生一个一次性的、孤立的信息片段，那么就无法建立任何有关人类社会的可以推广的知识。普遍的取向认为民族志研究应该要有意识地发展更普世的、更理论化的结论，并把这些结论应用到某一个民族志研究范围之外：它应该有助于产生理论，甚至可以用于检验理论。比如波特（Porter，1993）认为民族志研究应该用于检查一个理论是否在“真实生活”中仍然成立。

因此，个别取向的研究者认为民族志的主要目的是对真实生活情境提供丰富和详细的描述，描述它是什么样的。普遍取向的研究者则把民族志田野研究视作检验理论的手段，通过检验理论在小规模情境之外是否成立来发展理论。而中间观点，一种实用主义的观点则认为“‘个别的’和‘普遍的’取向并不是相互排斥的，我们可以同时拥有丰富细致的描述和可推广性”（Woods，2012：268）。中间立场的提倡者热衷于坚持民族志研究的个别化研究方面，因为它提供宝贵而独特的资料——基于在自然发生情景中的直接观察，对具体情况的详细描述。但是他们也认为有必要从研究中得出超出被研究的特定事件、风俗或者人群的启示性结论。用哈默斯利（Hammersley，1990：598）的话说，“描述必须密切联系特定事件的具体事实，但同时描述也要揭示人类社会生活的普遍特性。”

**小贴士：民族志的推广**

为了让民族志研究同时满足对特定情境进行详细描述的需求，以及超出被研究情境的启示性研究发现的需求，民族志研究应该做到：

- 把自己的研究发现与相似的民族志研究的发现进行比较；
- 考虑自己的研究发现与现有的相关理论和对人类社会行为的理解，是否有关联或者相冲突；
- 结合研究者自己文化中的信仰和重要事项解释主题的重要性。

## 反思性问题：民族志研究者作为他们试图去描述的世界的一部分

民族志研究者对反思性问题及其影响他们认知(对想要描述的文化或事件的理解)的方式非常敏感。令他们关注的是，用来理解所研究的文化或事件的概念性工具不是(也永远不会是)中立的、被动的发现手段。

作为研究者，我们赋予发生的事件意义，并用语言进行描述，这是对我们的文化、社会背景和个人经验的再现。在田野观察中，理解将所观察到的事物并不是从“白板”开始的一个发现过程，而是以研究者已知道和确信的为基础的认知过程。我们只有学会以自己的文化和经验为基础性的概念性工具，才能理解这个世界。我们无法置身事外找到一个客观、中立的有利位置以看清“事情的本质”。在某种程度上，我们只能依“我们所看到的”来描述事实，这种描述是由我们的，而非被观察者的文化塑造的。

令民族志研究者感到疑惑的问题是：“当我只能用自己的方式来处理事情，用自己的概念性工具来理解发生的事情时，我对文化或事件的描述在多大程度上是以参与者的视角来叙述的?”宽泛地说，研究者对任何特定生活方式或者信念的解释都是基于研究者自己对事件的解读，民族志研究者对这一点很谨慎。即使是撰写民族志时，他们对于声称自己是客观的这一点仍然持有深深的怀疑。民族志研究的成果本身通常被撰写的人认为是具有创造性的作品——解释、编辑和写作技巧，以及他们对所研究情境事实的反思都是有创造性的(Woods, 2006)。不可避免的是，这种解释是片面的——一个编辑过的、有删减的版本——有民族志研究者的原因，也有被观察的文化或者事件的原因。这并不新鲜，马林诺夫斯基(Malinowski, 1922: 4)在很多年前已经提到了这一点：

> 在民族志研究中，原始信息材料和最终的权威结果报告之间往往有很大距离，原始信息材料是研究者自己观察到的、土著的状态，那是部落生活的万花筒。从首次踏足这片土著海滩，到首次试图与这些土著居民接触，再到最终写下研究结果，民族志研究者必须在这个艰难的过程中不断地跨越这些距离。

参见“对研究进行说明”，第 354 页

## 把研究者的“自我”放进民族志研究

民族志研究的特点之一是研究过程中研究者“自我”角色的重要性。研究者的身份、价值观和信仰成为研究过程中的一个固定组成部分，影响最终的研究结果，这是无法排除的。

因此，民族志研究要求研究者对自身有一定程度的反思。他(她)需要思考：与个人经验、个人信仰和社会价值观等相关的背景性因素如何塑造自己对事件和文化的解释方式。

但是，民族志研究者要做的不只是反思。在某种意义上，这是一个私人活动。尽管反思很必要，但如果要支持研究结果就需要更多公开的描述。研究者需要使读者深入了解其个人可能对事件或文化的解释产生的影响，需要对个人进行公开的说明，以展现研究者个人的角色。研究者需要对自我有一个公开的解释，这种对自我的解释的详细程度取决于研究主题的性质，使用研究方法的类型，以及民族志的读者群。显然，这里有一个判断程度的问题，对研究者个人问题的细节描述应该挖掘到怎样的深度，读者需要知道多少细节，才能合理地评估研究者个人可能对研究产生的影响。

**小贴士：对研究者的“自我”进行反思**

民族志研究需要研究者反思自己的经历、价值观和经验会对研究的性质产生怎样的影响。这种“对自我角色的公开解释”可以放在方法论的部分，也可以放在研究报告的前言或者引言中。以下几点因素可以提供一个大概的反思指引：

- 与主题有关的个人信仰(政见、价值观、立场)；
- 研究领域的个人利益(既得利益、历史或者事件)；
- 与研究主题有关的个人经验(影响自我或者其他与研究者关系密切者的事件)；
- 与主题有关的个人专业知识(资历、经验)。

为了解释个人的信仰、利益、经验和专业知识可能对研究结果产生的影响，研究者可能需要展现以下个人信息：

- 年龄；
- 性别；
- 种族；
- 社会背景(阶级、家庭、环境)；
- 教育背景和资历；
- 工作经历和技能。

## 民族志的优点

### 直接观察的详细数据

作为一种研究策略，民族志是基于田野中的直接观察，而不是借助二手数据或者被研究者的陈述。它包含了与相关的人和地点直接接触的经验研究，提供了相对丰富、详细而有深度的资料，可以应付复杂而微妙的现实。

### 与理论的联系

民族志是发展理论的手段，也可以用作检验理论。

### 全面性

民族志提倡全面的解释，这种解释聚焦于事件背后的过程和关系。它把事物放在情境之中而不是孤立地提取某些特定因素。

### 有关事物的新看法

民族志研究有一种对照和比较的特点，这个特点鼓励研究者透过表面看问题，看到它们与其他文化和生活方式的关系。文化和生活方式被人认为是“人类学意义上的陌生事物”。

### 行动者的视角

民族志研究特别适合用于了解一种文化的成员如何看待事物——就好像是通过他们的眼睛看事物。民族志研究是用“行动者”的视角进行描述和探究。

### 自我意识

在课题选择、研究过程和得出研究结果或结论中，民族志对研究者个人的角色有公开和明确的认识，承认研究者个人对社会知识的内在反思。

### 生态效度

民族志有很强的生态效度，研究行动应该对环境有相对较小的影响，保留事件的“自然”状态。

## 民族志的缺点

### 方法中的对立

在民族志研究中有一种对立，它源自对自然和反思的双重关注。

民族志通常尝试去调节存在于以下两者之间的内部矛盾:(1)“唯实论者”想要提供有关事件或者文化自然状态的全面而详细的描述,而(2)“相对论者”意识到社会知识具有反思性,而研究者“个人”不可避免地对整个研究产生影响。

### 独立的描述

民族志研究有可能形成一系列“画面”,它们是共存的但又是独立的故事。有争议的一点是,民族志有一种内在的倾向,就是随机分布这些基本的画面,而不是构建起一个前面内容为后面内容服务的完整结构。如果要避免这种随机性,民族志研究就需要一个连贯的理论框架来指导,或最终建构一个这样的理论。

### 讲故事

民族志研究有能力提供详细的描述性解释,但代价是它不能发展出一种分析的洞见或者对理论的立场做贡献。讲故事可能变成唯一的目的,从而导致非理论的、非分析的和不重要的研究结果。

### 信度

民族志研究的本质导致研究者很难为了检验研究结果而重复它。对情境的解释常常取决于某一个研究者的记录,研究者对事件的解读对此影响很大。

### 伦理

与其他研究方法相比,民族志研究极有可能面对侵犯个人隐私和从研究对象那获得知情同意等伦理问题。

### 进入

民族志研究可能在进入研究情境,但又不干扰研究情境的自然状态方面遇到严重困难。

## 补充阅读

Boellstorff, T., Nardi, B., Pearce, C. and Taylor, T. (2012). *Ethnography and Virtual Worlds: A Handbook of Method*. Princeton, NJ: Princeton University Press.

Brewer, J. (2000). *Ethnography*. Buckingham: Open University Press.

Hammersley, M. and Atkinson, P. (2007). *Ethnography: Principles in Practice*, 3rd edn. London: Tavistock.

Madden, R. (2010). *Being Ethnographic: A Guide to the Theory and Practice of Ethnography*. London: Sage.

Murchison, J. (2010). *Ethnography Essentials: Designing, Conducting, and Presenting Your Research*. San Francisco, CA: Jossey-Bass.

O'Reilly, K. (2012). *Ethnographic Methods*, 2nd edn. London: Routledge.

**民族志研究自测表**

开展民族志研究时，你应该对下面这些问题有信心回答“是”： ☑

1. 文化、生活方式、风俗和信仰是不是研究的主要兴趣？ ☐
2. 是否采用了整体的取向，把所有重要因素关联起来？ ☐
3. 是否花足够的时间进行田野调查，并充分收集经验数据？ ☐
4. 是否与相关“守门人”协商并获得许可进入田野情境？ ☐
5. 研究进行中是否尊重研究对象的权利并合乎伦理原则？ ☐
6. 研究是否避免了对情境的自然状态的干扰？ ☐
7. 研究是否包含对研究者“自我”角色的解释？ ☐
8. 是否描述了民族志研究是如何依据或反驳对现象的现有解释？ ☐
9. 是否将研究结果与其他有相似主题的民族志研究进行比较和对比？ ☐
10. 是否承认民族志是研究者的建构，而不是对情景的文字描述？ ☐

# 第6章 现象学

什么是现象学方法？ · 经验 · 日常世界 · 通过他人的眼睛看世界 · 现实的社会建构 · 多元事实 · 描述 · 常识信念的悬置 · 成员的解释 · 现象学的类型：本质特征或者真实经验 · 现象学的优点 · 现象学的缺点 · 补充阅读 · 现象学研究自测表

## 什么是现象学方法？

作为一种社会研究的方法，现象学有时被看作是与实证主义相对立的方法。在二元论的语境下，对一些作者来说，现象学十分有用，它可以用来囊括所有不依靠测量、统计或者其他科学方法的研究形式。与实证主义完全相反，现象学的方法强调以下几个方面：

- 主观性（非客观性）；
- 描述（非分析）；
- 解释（非测量）；
- 能动性（非结构）。

现象学之所以会与实证主义相对立，还因为现象学研究一般涉及人们的：

- 观念或意义；
- 态度和信仰；

- 感觉和情感。

以上关于现象学的简单描述为我们了解现象学作为一种研究策略的方向提供了一个初步的介绍。这些描述解释了为什么现象学方法在医疗、教育和商业等领域对研究者很有用，因为他们都想了解病人、学生和职员在想些什么（Crotty，1996；van Manen，1990）。同时这些描述也提供了线索，解释为什么现象学与使用质的研究方法（把重点放在个人的观点和经历上的方法）的人本主义的研究有关。

## 经验

现象学最关心的问题就是人类经验——从“现象学”这个词语本身就能看出这一点。现象是需要解释的东西，是通过我们的感觉而获知的事物，是被看到、听到、摸到、闻到和尝到的东西。基于此，作为一种研究方法的现象学聚焦于纯粹的、基本的和原始的人的感觉经验，这些经验尚未经过分析和理论化的处理过程。与其他那些依靠将事物分类、抽象、量化并理论化的研究方法不同，现象学更倾向于获得一幅关于“事物本来面貌”（就像人们直接感受到的那样）的清晰图景。

**要点提示：现象学是一种聚焦于生活经验的方法**

它不是特别关心去解释事情的原因，而是试图对当事人如何经历这些事情进行描述。比如现象学对“无家可归”的探究可能会关注无家可归者的经历。它可能对“无家可归从本质上来说意味着什么”更有兴趣。它可能会试图从无家可归者的角度理解无家可归这件事，试图描述他们如何看待事物，如何理解这种情况，如何解读发生的事。它不会测量研究对象无家可归的程度，或者解释无家可归的原因。尽管这些都是值得研究的，但它们都不会成为现象学研究的内容。

## 日常世界

现象学还有一个特点，就是对社会存在的基础特别有兴趣。这个特征源于哲学上对“存在于世界”(Heidegger, 1962)的本质和人类在“生活世界”(Husserl, 1970)中鲜活经验的关注。在实践中，这种关注就表现为对社会生活的日常特征的重视和对人们是如何完成这些形成社会生活的日常行为的疑问。有时这种关注还包含与人们生活经验有关的一些基本事件，比如，年龄增长、性取向、信仰、重大生活转变以及身份认同变化(Bettis, 1969; Moustakas, 1992; Ahmed, 2006)。有时现象学研究也会探究一些更世俗的问题，比如“白日梦”(Morley, 1998)和“对长期疼痛的抱怨”(Kugelmann, 1999)。这些主题可能只关涉到我们每天身处其中的生活世界常规的一面，但是通过现象学的视角，它们就不再是琐碎的、无关紧要的事了。

## 通过他人的眼睛看世界

在考察人们的生活经验时，现象学强调呈现事物时要尽可能地接近被研究者理解事物的方式。现象学家的首要任务不是解释这些人的经历，也不是分析或者以某种方式重新包装他们的经验，而是力求原原本本地呈现这些经历。这就要求研究者能够通过他人的眼睛看事物，通过他们理解事物的方式理解事物，并使提供的描述可以反映被研究者是如何经验某种情境的。

这对社会研究有重要的启示：第一，它把被研究群体的想法和推理作为研究的核心，研究必须围绕人们及其生活展开，而不是围绕更高抽象的体系、集合和趋势展开；第二，现象学研究凸显了人们的思考在研究中的重要性，与把人的经验作为构筑高深解释和理论的基础不同，思考本身成为研究的主题；第三，人们日常的思考在研究中得到了信任和尊重，这些思考不再被认为比社会研究者的“科学”思考更缺少理性、更为低劣，而被认为从个人的角度出发是理性的。出于这些原因，现象学与人本主义视角的研究很接近，人本主义视角的研究热衷于在研究中给予普通人和他们的日常生活中较高的地位。

## 现实的社会建构

现象学非常关注社会生活是如何被参与其中的人们建构起来的，这有两点含义。首先，现象学把人视为事件的创造性解读者，他们通过自己的行动和解释真实地赋予世界意义。按照现象学的观点，人并不是被动地遵循一系列社会规则；也不是仅仅投身于外部的社会建构；更不是简单地对自己的生理驱动或心理状况做出应答。他们是“能动者”，他们对自己的经验进行解释，他们创造自己的存在秩序。作为一种理解社会世界的方式，现象学不同于其他方法，那些方法认为事物是预先设定好的，认为社会生活独立于人们获得经验的方式之外，或者认为经验和理解事物的方式取决于人类大脑为了认识事物而形成的方式。

**小贴士：理解事实**

现象学研究关注人们解释事件的方式，或者说如何理解自己的个人经验。

其次，现象学认为每个人把看到的和听到的事物解释成有意义事件的过程并不是独享的。这些解释的过程必不可少地要与生活在同一群体或共同体中的其他人一起分享（Berger & Luckmann，1967）。如果不与他人分享，人们就会发现无法与他人进行互动，因为他们对正在发生的事情可能有完全不同的理解，他们就会生活在不同的世界，无法与他人交流，无法把握他人行为中包含的意义。没有解释人类经验的一些共享基础，人们就无法知道他人在做什么，这么做的目的何在。这样的话，社会生活就失去了它的基础。

## 多元事实

当生活世界被视为是“社会建构”的时候，不同的群体就有可能“用不同的方式看待事物”。这就产生了其他可能的事实——这些事实因情境和文化而改变。从这个方面来说,现象学与社会研究的实证主义方法正好相反,实证主义研究方法的假设是只有一个事实。实证主义方法寻找一种适合普遍事实的解释,而现象学方法接受,甚至赞赏多元事实的可能性。人类所感觉到的世界是通过他们解释并赋予其意义而创造出来的,意识到这一点,现象学不认为有一个普遍的事实和解释,而是认为事物可以被不同的人、在不同的时间、在不同的环境下,用不同的方式来看待。我们应该认可每一种版本对其自身都是有效的。

**注意:多元事实**

现象学立场当然允许有不同的版本,去解释事物是怎样的,怎么运转的,意味着什么。多元事实的含义是可能没有一个“正确”的解释,不同的理论都是同样有效的。它让研究者脱离了一种思维模式,即认为一种理论是正确的,其他理论是不充足或者错误的。但是它并不意味着有多少个人,就有多少个社会事实——每个人都用自己独一无二的方式解释世界。正如已经强调过的,现象学不认为对社会世界的解释完全是个人的事情。它们是在群体、文化和社会中共享的,只有在这种共享的前提下,现象学才承认有多元事实的可能性。

## 描述

说到现象学家究竟如何做研究的问题,这种方法最为关键的一个特征就是对真实经验的描述。现象学家的意图不是解释和分析经验以便于发现这些经验为何会发生,而是试图用忠于原义的方式去描绘相关的经验。

为了对真实经验进行描述,现象学研究的首要任务就是提供一个足够涵盖复杂情形的描述。现象学的优点之一就是它更深入地研究资料,而不是对人类经验中微妙而隐含的关键部分(有可能是最重要的部分)进行修饰和加工。因此,描述必须十分详尽。

现象学描述也必须要做好准备,它要认可或者包含人们经验中自我矛盾、非理性甚至怪异的方面。研究者的任务不是去编辑人们解释他们经验的方式;也不是对这些被研究的观点强加一些人为的顺序编排,以此修复表面上的逻辑矛盾。社会生活很少是整齐划一的,现象学也不是要展示一种完全连贯一致的生活经验。

**小贴士:处理复杂性和矛盾**

现象学研究应该对所研究的经验有详细的描述——不忽略真实生活的复杂性和矛盾之处。

## 常识信念的悬置

现象学研究方法不仅鼓励研究者对经验进行详尽的描述,它还要求研究者要在将个人原有的信念、期望和前见的影响降到最低的前提下进行这些描述。

按照现象学的观点,研究者本身就是他们要研究的社会生活的一部分,同时也是社会生活的反映。现象学家认为,社会生活只有通过人们的经验和解释才会存在,这里的人们包括其他人也包括研究者自己。像其他人一样,研究者在解释事件时都会使用常识作为前提假设,对研究者来说,这一点很重要。研究者必须意识到他们有可能使用这样的日常生活常识,并努力把这些因素的影响降到最低。他们必须跳出这些日常生活信念并对它们提出质疑,看看这些前见是不是窄化了自己的视野。研究者最好能够暂时将自己的常识信念悬置起来。为了能够提供"纯粹"的描述,研究者必须在没有基于过去经验,在没有借助其他理论来得出推论,在没有使用他们日常生活常识的情况下,去接近研究事物。这些事物要暂时搁在一边,这样研究者才能不通过自己的眼睛而是通过那些亲身经验的人们的眼睛来描述这些经验。

把前见搁在一边的一个方法就是采用"陌生人"的立场(Schutz,

1962)。这种方法的价值就在于可以直接看到事物,如果不采用这种立场,事物就会被隐藏——那些很平常的事情不会引起研究者的注意,不会被研究者认为是很有意义的事。陌生人对事情是怎么运行的会很好奇,他们需要弄清楚是怎么回事,而不是像成熟的社会成员一样去做事。陌生人的视角是理解社会成员如何赋予事件以意义。通过采用这样的立场,研究者就可以真实地看待事物,而不会为日常生活中已经形成的关于这些事物的假设所束缚。

**小贴士:悬置常识信念**

使用现象学方法的研究者必须清楚自己赋予世界意义的方式,而为了看清楚别人是如何看待世界的,他们需要出于研究的目的而把自己的信念暂时悬置(或排除在外)。

## 成员的解释

现象学的数据收集依赖于访谈录音。这些访谈是针对特定群体的成员展开的,他们的经验正是研究的对象。这些成员能够提供有关群体思维的洞见,通过深入访谈,研究者可以通过这些成员的视角看待事物,从而对他们的经验和思维方式进行描述和解释(Denscombe, 1983)。

访谈的过程对现象学家很有价值,表现在以下几个方面。第一,访谈给我们深入探究事物的可能性。在现象学研究中,访谈可能会很长(大概一个小时,有时会更长),所以有很多时间可以用来深究涉及的议题。第二,访谈允许被访者提出他们感觉重要的议题。这有利于现象学家的研究,他们可以聚焦被访谈人认为重要的事。这有利于"从成员的视角看事物"。为了鼓励被访者提出他们认为重要的议题,现象学研究者倾向于使用相对"非结构化的"访谈。与那些由研究者事先设置好的一系列问题组成的访谈不同,非结构化访谈给被访者提供了很大的空间,使他们可以把讨论引向他们认为重要的事情。第三,访谈的过程为被访者提供了一个"解释"自己经验的机会。他们使用自己的语言表达自己的观点。访谈使被访者可以从自己的立场来描述自己看到的情形，提供一些自己的判断和推理。第四，访谈让研究者有机会检查自己是否正确理解了被访者的意思。作为访谈过程的常规组成部分，研究者可以进行特别的关注，以确保自己“听到的”是被访者真正要表达的，而不是在自己日常生活的假设和前见下产生的片面和错误的解读。

参见第 12 章“访谈”

## 现象学的类型：本质特征或者真实经验

一直以来，现象学发展出了不同的版本，即便在自称“现象学家”的人中，关于哪一个版本是“真”的尚未形成共识。想要采用现象学取向的社会学研究者应该了解存在这样的不同意见。尽管存在很多版本，但我们也许可以用最直观的方式来表达现象学的特点，它包含两种主要类型：一种是源于欧洲传统思维；还有一种源自北美，被称为“新现象学”(Crotty, 1996)。

欧洲的现象学更遵循哲学传统，可以被称为现象学的源头，这主要归功于现象学的鼻祖——埃德蒙德·胡塞尔(Edmund Husser)。他的“先验现象学”(Husserl, 1931)认为研究人类经验的目的在于发现经验中隐藏的、根本的方面——那些具有普遍性的特质和人类经验中核心的特质。尽管有所不同，萨特(Sartre, 1965)的“存在现象学”和海德格尔(Heidegger, 1962)的“解释现象学”也遵循了相似的欧洲哲学传统，它们之间颇有共同之处。它们都研究人类经验的本质。

这些作者研究的经验都围绕着一些根本性的哲学问题，与“存在于世界”有关的基本哲学问题和与“(日常)生活的意义”有关的问题。但是，这种形式的现象学可以表现得更世俗。比如，可以研究一些像“校园霸凌”之类具体的、接地气的问题。遵循这种现象学传统的研究可能对研究对象被霸凌的经历有兴趣，特别是关注这些经验的本质特征。通过研究那些自认为是霸凌受害者的经验，这种研究试图找到“霸凌”这个概念的核心要素。它的重点不是霸凌的程度如何，也不是要解释霸凌的原因是什么，而是被霸凌的经验本质。

很重要的一点是，现象学的欧洲传统强调这些本质超越了个人在特定事件方面的经验。这些个人特例可能是研究的起点，但研究者往往是把这些研究作为手段，目的是获得在普遍性水平上有关这些经验的核心属性的全景。在霸凌行为的例子中，研究者对霸凌行为个体例子的兴趣仅仅是因为这些经验可以有助于明晰被霸凌经验更广泛的、本质的属性：这些例子的价值只是作为手段达到研究目的，其本身并不成为研究的目的。

与这种传统相反，还有一种源于北美的现象学，这种现象学与社会学、心理学、教育学、商业研究和医疗研究等学科有着更广泛的联系。这种现象学源于舒茨的"社会现象学"(Schutz，1962，1967)。舒茨主要对人们赋予他们体验到的事物以意义的精神过程感兴趣。他早期的作品主要关注人们通过把事物作为更广泛类别中特定的一种来解释事物的方式(这个过程包括舒茨所说的"典型化")，目的是了解社会生活的意义。在现象学领域里，这种关注重点的转变具有重要意义。的确，通过将关注点转移到社会生活上，舒茨的作品实际上创造了一种非常不同的现象学。这种现象学不太关注对经验本质的揭示，而更注重描述人类赋予他们的经验以意义的方式。北美现象学的特点是：它关心人们解释社会现象的方式。

这种现象学保留了一些东西，如经验、对日常生活的关注和常识假设的悬置，这样可以提供对被研究者经验事物的方式的真实描述。但是，这种方法同时也整合了一些实用主义和社会互动论的因素，这些因素使得这种现象学方法在与欧洲现象学传统相提并论时受到了争议，表现在两个方面。第一，北美现象学只是描述了人们体验到了什么(比如对无家可归者的研究)，而不是试图去揭示这个概念意味着什么、本质是什么。第二，与第一点有关，这种方法出于自己的缘故也把一些价值判断加入了对个人经验的描述中。这种新现象学可能会询问无家可归对于那些无家可归的人意味着什么？因为无家可归他们经历了怎样的事件？有什么样的情感经历？这些经历对他们来说又意味着什么？研究者通过这些询问对无家可归进行深入探究。在研究者看来，个人的经验本身就是重要的数据，而不是要通过这些数据找到现象背后的共同本质。

**小贴士：澄清目的**

在实践中，想要分清两种现象学传统并不是件容易的事。一个传统的观点会影响另一个传统，有时没法完全忠于原有的传统。这种边界的模糊让项目研究者的生活变得更复杂。尽管这不应该成为阻止研究者对研究取向进行选择的理由，因为很多社会研究都是在这样的复杂情况下开展的。但这确实需要研究者在探究人类经验的现象时弄清楚自己的研究目的。

## 现象学的优点

### 适用于小规模研究

现象学研究一般依赖于深入访谈，而且不借助于高深的技术或者昂贵的设备来收集和分析数据。除此之外，这种方法往往在特定的地点，比如医院、学校或者工厂里进行。总之，这种方法适用于小规模研究，在这些小规模研究中，预算很低，主要的研究资源就是研究者本身。

### 对经验的描述是在讲述一个有趣的故事

（新）现象学的一个内在倾向是用一种即刻可以明了的，而且对大多数读者来说都有趣的方式来描述经验。通过展示事件和人们经历的感觉，这种研究会吸引更广泛的读者群。现象学研究描述的是日常生活，人们很容易感同身受。

### 提供解释复杂现象的真实视角

社会世界是复杂的，往往不能一眼看透。现象学的方法可以帮助研究者处理这些复杂的社会事实。它可以挖掘隐藏于社会事实表面之下的真实情况。这种方法让研究者深入地探究现象并提供足以反映社会生活复杂性的详细描述。

### 人文主义的研究风格

现象学的方法将对人的尊重融入其中。这种方法有一种人文主义的色彩,它致力于把研究建立在人们日常生活的鲜活经验上,并代表了一种研究方式,这种方式完全不同于任何高高在上的抽象理论。事实上,研究者需要和研究对象打成一片。

## 现象学的缺点

### 缺乏科学严格性

现象学强调主观性、描述和解释,而不是科学所强调的客观性、分析和测量。尽管现象学承认自己是非实证主义的并以此为傲——这一点仍然会成为不在此立场的人反对它的理由,并把它视为一种缺点,而不是优点。

### 与描述而不是分析有关

现象学重视对被研究事件和经验的详细而精确的描述,这一性质可能会引起质疑:它除了提供描述之外什么也没有做。但这一点质疑无法站住脚,尤其是现象学要基于描述的材料进行建构解释。但那些并不认同现象学的人,很有可能抓住这个特点对现象学主要强调描述这一点进行批判。

### 现象学研究的推广

现象学研究对其所研究现象往往不采用大样本研究。这往往导致人们对数据的代表性和研究结果能在多大程度上进行推广的质疑,现象学家并不是很关心代表性和推广的问题,但是其他的研究者非常看重这一点。

### 对生活的世俗性的关注

对现象学家来说,之所以要研究日常生活是因为这是理解社会生活本质的基础。但是与诸如社会政策、国际关系和经济发展的大问题相比,这会被其他人(错误地)理解为是在研究日常的、琐碎的、无关紧要的事情。

### 悬置常识的可行性

理论上来说，将对事物运行方式的前见悬置似乎有助于更清楚地了解这些事物。但值得怀疑的是，是否有可能将自己的前见完全排除。不过研究者可以做的是自我反思和主动意识到这些前见形成的方式，并尽力控制它们对研究的影响。

## 补充阅读

Gallagher，S.（2012）. *Phenomenology*. Basingstoke：Palgrave.

Lewis，M. and Staehler，T.（2010）. *Phenomenology: An Introduction*. London：Continuum.

Moustakas，C.（1994）. *Phenomenological Research Methods*. Thousand Oaks，CA：Sage.

Smith，J. A.，Flowers，P. and Larkin，M.（2009）. *Interpretative Phenomenological Analysis: Theory，Method and Research*. London：Sage.

Van Manen，M.（2014）. *Phenomenology of Practice: Meaning-Giving Methods in Phenomenological Research and Writing*. Walnut Creek，CA：Left Coast Press.

**现象学研究自测表**

在进行现象学研究时，你应该对下面这些问题有信心回答“是”：☑

1. 研究是否关注以下问题？
   - 寻求现象的本质特征 ☐
   - 描述生活经验的内容和本质 ☐
   - 探究经验形成的日常规则 ☐
2. 研究是否考虑了以下问题？
   - 社会事实的建构 ☐
   - 多元事实 ☐
3. 是否努力克服了常识假设的影响，是否为了提供“纯粹的”描述考虑了研究者的前见？ ☐
4. 研究提供的描述是否足以处理现象的复杂、微妙和矛盾之处？ ☐
5. 描述是否真实反映了被研究者看待事物的方式？ ☐
6. 研究是否正确采用了访谈和转录来检查成员的意思和意图？ ☐

# 第7章 扎根理论

什么是扎根理论？·什么时候扎根理论方法有用？·开始扎根理论研究·理论抽样：选择田野现场·完成研究(理论饱和)·收集数据的方法·分析数据·展示过程·理论与扎根研究·扎根理论的发展·扎根理论方法的优点·扎根理论方法的缺点·补充阅读·扎根理论方法自测表

近年来，扎根理论方法已成为社会研究者的普遍选择，使用质的数据开展小规模项目来研究人类互动的人和开展探索性研究并关注特定情境的人都开始采用此方法了。

## 什么是扎根理论？

扎根理论研究源自巴尼·格拉泽(Barney Glaser)和安塞尔姆·施特劳斯(Anselm Strauss)，尤其是，1967年他们出版的著作《扎根理论的发现》(*The Discovery of Grounded Theory*)。从那时起，不同的人对扎根理论开始产生一些略有不同的理解。对于研究者来说，已经有这样一种趋势："采用并改造"扎根理论，同时为了自身的目的有选择地使用它。尽管如此，扎根理论仍有一些特定的基本理念，这些理念一直延承至今，本章将描述这些基本理念。这些理念的主要依据来自格拉泽和施特劳斯的著作，关注的重点是那些能够体现扎根理论特色，并构成其作为一种社会研究方法的核心要素（见图 7.1）。

| | |
|---|---|
| 扎根理论是一种致力于生成理论的研究方法。在这个意义上，它与验证理论的方法不同，也与那些以提供对研究问题的描述性解释为目的的研究有所不同。 | 理论 |
| 扎根理论是一种强调经验田野工作重要性的研究方法，它强调任何解释都要与“现实世界”实际情景中发生的内容非常贴近。它与纯粹思辨的方法不同，与那些以抽象作为完美思想体系，然后再检验它在现实中是否可行的解释理论也不同。 | 扎根 |

图 7.1　扎根理论

## 理论应该“扎根”于经验研究

有些研究方法在抽象水平上进行理论化，然后做一些经验工作检验理论是否可行，扎根理论直接向这种价值提出挑战。扎根理论在经验研究的基础上形成理论，从数据中逐步构建普遍理论

在坚持理论应该扎根于经验研究的同时，扎根理论还认为研究者应该把田野工作当作他们工作的基础部分而参与其中。采用扎根理论方法时，研究者应该在研究现场进行数据收集，这种收集工作不仅发生在研究的初始阶段，而且贯穿研究的整个过程。

## 理论应该从系统的数据分析中得出

扎根理论重视在田野中收集数据，但这并不意味着扎根理论研究者只是尽可能多地收集关于特定情境的细节，然后“让数据说话”。扎根理论一直致力于分析数据和从数据之中产生理论。同时，扎根理论的特色就在于它分析数据的独特方式。通过一个不断比较理论与现有数据的过程，扎根理论从数据中形成概念和理论，然后再通过将生成的概念和理论与新收集到的数据比较，来改进这些概念与理论——这被称为“持续比较方法”。

## 对研究样本的选择反映了扎根理论的发展性本质

研究要用到的样本要视发现的过程而定——就像紧跟着“线索”的侦探。研究的每一个新阶段都反映了到目前为止的研究发现,都体现了新的研究视角和探索途径。因此,根据扎根理论的精神,研究者要想在研究之前就确定哪些人、哪些事会被作为样本是不可行的,也是不被提倡的。当然,这与传统的社会研究实践是完全不同的。通常,社会研究者会对选择什么作为样本有一个清晰的看法,以研究所要检验的观点或理论为标准来选取这些样本。

## 研究者应该用一种“开放的态度”开始研究

与那些旨在检验理论的研究者不同,运用扎根理论的研究者在研究过程中需要抛开他们关于研究问题的一套固定观念。扎根理论研究者不是为了检验某一特定理论是否可行而作研究,他们的研究是一个不断发现的过程。

这并不意味着一个好的社会研究者开始研究时脑子是一片“空白”。

> 可以肯定的是,一个人开始研究一个领域,总是会带着一定的……视角,脑中有一定的焦点、大概问题或者需要解决的难题。但是研究者可以(我们相信他们应该)在研究时不带着先入为主的理论,这些先于研究存在的理论可能会影响研究,提供“相关的”概念和假设。(Glaser and Strauss, 1967: 33)

## 理论应该在实践中可用,对实际行动有意义

扎根理论方法的根基在于实用主义,格拉泽和施特劳斯清楚地阐述了它的指导原则。实用主义在知识和真理的问题上强调“实践”而非“抽象”,它认为任何理论只有在实践中可行时才有价值。对于扎根理论来说,这意味着研究产生的理论应该在实践中可用,应该对它要解释的那些实际行动有意义。

## 什么时候扎根理论方法有用？

扎根理论法并不是开展社会研究的唯一适用方法，它只是众多方法中的一种。但是，扎根理论法确实很适合用于下面四种研究。

- 质化研究
- 探索性研究
- 关于人类互动的研究
- 小规模研究

### 质化研究

虽然格拉泽和施特劳斯在他们最初的说明中指出，扎根理论既能应用于质化研究，也能应用于量化研究，虽然他们后来又说过“扎根理论不只是一种数据收集方法”（Glaser，1978：6），但随着时间的推移，扎根理论与质化研究关系越来越近了。格拉泽和施特劳斯自己的研究已经有效地确定了与扎根理论方法有关的研究类型，到目前为止，最常使用扎根理论的研究者都是使用质化数据的。

### 探索性研究

因为强调发现，探索研究不受之前研究的概念和理论的影响，扎根理论方法非常满足那些想要探索新领域的研究者的需要，无论他们想要探索新的研究对象，还是想要探索相关理论没有深入探讨的地方。

### 关于人类互动的研究

扎根理论法适合那些关注人类互动的社会研究，尤其是那些探索以下方面内容的研究：

- 实践活动和常规情景；
- 参与者的观点。

这反映了扎根理论来自一种被称作“符号互动论”的研究方法。这类社会研究关注参与者在社会情境中如何通过使用符号行动，赋予情境和事件以意义。

### 小规模研究

扎根理论与质化研究有密切关系,它想要从特定案例的研究中得出解释,需要对行动和实践的详细数据进行描述,对探究性研究具有价值,所有这些特点都使得扎根理论研究适用于个人进行的、有严格经费限制的小规模研究。

## 开始扎根理论研究

### 初始想法与概念

扎根理论方法期望研究者开始研究时不要对被研究情境的性质持有固定的想法,研究的目的是用开放的态度探究事物。当然,开放的态度不是空白的脑袋,已有理论和个人经验不可避免地影响研究者对某个问题的了解。但是关键在于,已有的知识和概念应该被视为"暂时的",可以被质疑的。它们只是开展研究的临时起点。

### 田野工作的第一站

采用扎根理论方法的研究者,需要通过聚焦一定的情境、事件或群体来开始他的研究。在开始时,研究场所唯一要满足的要求就是它的"相关性"。选择的标准也只有一个,就是这个场所可以提供研究者想要研究的情境、事件或者群体的相关信息。

"相关性"的标准意味着扎根理论方法在选择最初的研究场所方面与众不同。从这个意义上来说,扎根理论研究不同于个案研究,运用扎根理论的研究者在选定最初的研究场所时,不需要过多考虑这个场所是否可以提供"有代表性的""典型的"或者"极端的"案例。

## 理论抽样:选择田野现场

选择了初始研究现场之后,接下来的研究现场是根据理论抽样的

过程选择。这种抽样具有扎根理论的特性,包含六个关键特征:

- 研究现场是研究者根据它们对研究的贡献精心挑选的。这意味着,与随机抽样不同,理论抽样是非概率抽样,新的现场是研究者根据它们的特点有意识地选择的。

参见"目的抽样",第41页

- 理论抽样是积累的。积累的抽样是建立在目前已经进入样本的案例基础上,建立在扎根理论已经改进过的概念和类别基础上。研究已经纳入的事件、案例和人物应该被视为全部样本的一个部分——这是发现之旅的重要组成部分——不能把它们作为无用的、不相关的或者错误的东西抛弃掉。

参见"积累的取向",第51页

- 理论抽样不是随机抽样或者随意抽样。研究现场是因为它们与新出现的类别和概念有关才被纳入研究。研究者精心挑选,才能把它们与之前的现场进行比较,这样研究者就能检验新出现的概念,检验研究过程中发展出来的理论。正如柯宾和施特劳斯(Corbin and Strauss, 2008: 144)强调的:

> 在理论抽样中,进行抽样的不是研究者这个人而是概念。研究者有目的地寻找那些概念的指标,这样他/她才能检查数据,发现概念在不同的条件下如何变化。

- 理论抽样意味着焦点的不断深入。起初,研究者的目的是形成与研究现象相关的大量分类——以此来保证初始阶段研究对象尽可能的"开放"。为了达到以上的目的,研究者有必要大面积撒网,收集各种相关事物的数据。但随着研究的深入,最初的一些编码和分类的重要性会降低,不再受到重视。随着研究的进一步发展,研究者会发现自己能够聚焦在少数一些编码和分类上——这些编码和分类在分析过程中逐渐变得重要起来。同时,由于这些编码和分类会越来越集中并且数量越来越少,研究者就可以更全面深入地研究它们。

- 理论抽样需要保持一些灵活性。一部分是因为研究者有必要回应田野工作中出现的一些机会。同样重要的是,要允许研究者没有预见到与研究相关的探究路径。
- 遵循扎根理论的研究者不想,也不能在一开始就明确知道样本包含哪些东西。他们无法确知样本容量有多大,具体哪些现场(事件或者其他东西)会进入样本,因为样本出现反映了对生成理论的追求。研究过程中需要不断地选择样本,直到研究到达“理论饱和”(见下文)的程度。只有当新的数据在确认已有分析,而不能增加新东西的时候,抽样才停止,这时候样本容量才“足够”。

**案例 7.1**

**理论抽样**

研究者想要探究“课堂控制”,可以先从观察某个学校的少量课堂开始研究。一开始被选择的特定课堂和学校只需要与大致的研究目的相关即可。但是,观察了一些课堂、访谈了一些参与者之后,接下来就要根据回顾已有数据产生的想法来选择其他的研究现场了。从现在开始,选择现场变得更重要,它受到研究中产生的编码、概念和类别的约束。在上面的例子中,现场(学校)可能因为控制问题严重而被选中,课堂可能因为能够提供与常规课堂不同的组织方式而被选中。普通的历史和英语课堂可能拿来与艺术课堂、体育课和化学实验课进行对比。一开始研究者可能没有意识到这些情境的差异,但是在研究的过程中,随着新的探究路径出现,它们的重要性开始凸显。

## 完成研究(理论饱和)

扎根理论研究要一直进行到“理论饱和”的临界点。只有当新的数据在确认已有分析而不再提供新东西时,抽样才停止,样本容量才是“足够的”。当然这就意味着研究者不可能在一开始就知道样本容量,以及他们究竟想要什么样的样本。

**要点提示：理论饱和**

理论饱和发生在“更多的分析已经不能有助于在某个类别有新发现时”(Strauss, 1987: 21)。

## 收集数据的方法

没有哪一种收集数据的方法是扎根理论独享的。事实上，像施特劳斯(1987: 1)所说的，“多样化的材料(访谈、会议记录、法庭记录；田野观察；其他文档，比如日记和信件；问卷答案；普查统计等等)都可以为社会研究提供必要的数据。”

尽管指出了这一点，仍有一些方法比其他方法更适合于扎根理论研究。这些方法允许研究者收集“原始”数据——没有被之前的概念或者理论塑造过的数据。重点在于生成理论，而不是检验理论，所以研究者更喜欢非结构化的访谈而不是结构化的访谈，更喜欢问卷中的开放式问题而不是固定选项的问题，更喜欢使用田野笔记而不是在项目上打钩的观察表。这些偏好是为了使用相对非结构化的，能够产生质化数据的方法。

**小贴士：使用非结构化的数据**

应该使用方法产生非结构化的数据——一般是以文本或者图像的形式。非结构化访谈、问卷中的开放式问题以及基于观察的田野笔记都可以产生合适的数据。

## 分析数据

### 编码、类别和概念

分析数据的第一步是对数据进行编码和分类。意思是研究者一开始要把“原始数据”归于特定的类别。仔细阅读数据(如访谈记录)可以使研究者看到一些数据的相同之处。它们可能是讨论同一个问题,也有可能表达了同样的情感,或者它们使用了与特定主题相关的词或短语。无论是哪种情况,原始数据的不同分块之间有一些相同的东西,研究者可以辨认出这些共同之处,这些有共同之处的数据块可以被编入更大范围的分类中。

参见第16章“质化数据”

与量化研究中使用的编码不同,在扎根理论中,编码是可以在研究过程中变化和改进的。一开始,编码是非常描述性的,里面包含了根据内容被标记的数据片段。这种编码被称为开放式编码。编码成形后,研究者要寻找编码之间的联系——编码之间的联系可以帮助研究者把它们归入到更大范围的标题中,并分辨出某些编码更重要。这种编码被称为主轴式编码,因为它把分析导向了对关键(主轴)因素的辨别。最后,研究者应该把注意集中在关键因素、最重要的分类上,并集中精力分析这些内容。这种选择性编码只关注核心编码,这些核心编码是在开放式和主轴式编码中形成的、对于解释复杂社会现象具有关键作用的编码。

编码的目的是为了获得可以解释现象的概念,这些概念就是能够囊括各个类别与某个问题产生联系方式的那些基本理念。这些概念构成了可以解释事物的理论基础,并在一定情况下解释事情为什么会是这样。用施特劳斯和柯宾(1990)的话说:“概念是扎根理论研究的基础。所有扎根理论研究程序的目标都在于辨认、形成概念并分析他们之间的联系。”

**小贴士:使用计算机进行数据分析**

有一些可用商业手段获得的软件,它们可以帮助研究者分析质化数据。一个不错的做法是把数据存储在一个合适的程序中——比如NVivo——从数据收集一开始就这样做。这些程序的设计意图就是帮助研究者对质化数据进行编码,并基于这些数据形成类别和概念。

参见“计算机辅助质化数据分析”,第296页

### 持续比较方法

扎根理论方法把持续比较作为分析数据的方法。这就要求研究者在编码、分类和概念出现的时候对它们进行比较和对比——根据已有的观点不断地检验这些编码、分类和概念。通过比较类似的编码和对比不同的分类，甚至是运用假设的可能性，研究者就能改进数据中生成的概念和理论的解释力。通过以下几个方面，这种比较有助于研究者改进编码、分类和概念：

- 强调存在的相似之处和不同之处（改进分类和描述）；
- 使研究者可以把分类和编码整合到共同的标题中（便于简化复杂的现象）；
- 使研究者可以检验形成的理论（提供一种方式让研究者可以在理论产生的阶段就对其进行检验，而不是在理论确定之后再去检验）。

通过运用不断比较的方法，研究者不会忽视数据，也不会让分析脱离实践中发生的事情。这种方法可以保证研究中形成的任何理论都十分贴近原始数据——即这些理论仍然是扎根于经验性事实的。当然这一点对整个扎根理论方法来说是非常重要的。

这里我们要注意到在质化数据分析和量化数据分析之间有一个重要的区别。根据扎根理论方法，构成理论/分析基础的概念来自研究活动过程本身，而不是像量化数据分析一样，概念确定于研究之前。

**要点提示：使用持续比较方法的数据分析**

分析应该包括：

- 对原始数据（比如访谈录音）进行编码和分类；
- 持续性地比较数据中新出现的编码和类别；
- 根据为了特定目的收集的新数据检查这些编码和类别；
- 根据所有的数据生成概念和理论。

## 展示过程

研究者需要向阅读扎根理论研究报告的读者解释分析数据的过

程。从开放编码到最终的概念和理论之间的逻辑与论证需要有合情合理的描述，描述研究者是如何编码的。换种说法，分析的过程需要透明。仅仅描述收集数据的过程，然后就说“这是我的发现”或者“这是我对数据的解读”，这样做还不够。这样做给研究留下了解释的空缺。

当然，不可能描述分析过程的每一个细节。任何描述都只能捕捉用于理解数据的复杂性和互动过程的那些关键点。但有些信息同样重要，这些信息让读者了解研究者决定解释和再解释数据时使用的逻辑。这些信息让读者自己判断研究者的决定是否合理：他们不必简单地“相信研究者说的话”，认同从数据得来的概念和理论。

参见“审查跟踪”，第 315 页

**小贴士：展示分析过程**

使用 NVivo 之类的软件辅助编码过程时，研究者有可能使用图形的可视化方式展示分析过程的方方面面，展示类别、编码和概念之间的关系。

## 理论与扎根研究

格拉泽和施特劳斯一开始提出扎根理论方法的时候，是为了反对 20 世纪 50 年代和 60 年代早期他们遭遇的宏大理论，这些宏大理论是由科学的逻辑演绎方法得出的。正如雷德(Layder，1993：42)指出的：

> 这些理论的本质一般是“思辨的”，因为它们不是直接源自研究，不接地气。结果是这些研究往往缺乏效度，因为它们不“适合”真实世界，也因此无法与人的真实生活相关。

格拉泽和施特劳斯不认同这种方法，他们认为与那些更传统的“科学”方法得出的理论相比，一种源自扎根理论方法的理论具备突出的优势。

第一，新数据不太会反驳已有理论，因为既然理论是建立在来自田野工作的数据之上，那么该理论就应该已经考虑到它所解释的情景的所有重要因素，所以就不会出现“令人不愉快的意外”，揭示出理论的严重缺陷。当然，这与那些经过逻辑演绎得出的理论不同，那些理论还要经过检验，看它在实践中是否可行。这种“科学的”方法肯定要受到质疑，有可能出现令人不愉快的意外，当研究结果不支持这些理论时，我们就要批判性地重新思考这些理论了。在扎根理论研究中，这种对理论的检验是理论形成过程的一部分——作为一种持续不断的过程——而不是以一种抽象的形式发生在理论形成之后。

第二，这种理论的信度更高。因为理论源自数据，所以在情境中发生的事实和用于解释这些事实的理论之间应该有很好的一致性。简言之，理论是通过事实形成的，所以它与事实会非常协调。现实的情景和用于解释现实的理论之间应有紧密的联系。基于这个前提，数据和理论之间的这种一致性在任何情况下都不可能是研究者强行安置的。与此相反，检验理论的过程则会包含一种或多或少是刻意为之的，寻找符合理论的事实的情况。研究者未必是有意这样去做，但是他们看待事实的眼光已经受到了要检验的理论的影响。研究者会对他们“看到的”和发现的东西有所选择，这样就可以通过选择性认识事物的过程来证实他们之前得到的理论，而在这个过程中，那些与理论不符合的事实已经被微妙地移出了研究者的视线，它们被认为是与研究无关的或者是根本不存在的。

### 实质理论和形式理论

通过扎根理论方法可以得出两种理论。第一种理论与作为研究对象的经验性情境联系紧密。这是一种非常局部化的理论，被称为实质理论（substantive theory）。实质理论是迄今为止与扎根理论方法有关的最常见的理论类型。另一种理论更为概念化，涉及范围更广，应用的范围也超出了特定的情境。这种理论被称为形式理论（formal theory）。我们最终的目标是从一种不断发展的、扎根于事实的实质理论走向整合了这些优点的更高水平的形式理论。

## 扎根理论的发展

扎根理论方法被首次提出之后，其开创者的观点便开始有所分化。这种分歧反映了在最初的扎根理论方法中同时存在两种潜在立场。一种是格拉泽的观点(Glaser, 1978, 1995, 1999, 2003)，正像沙尔迈兹(Charmaz, 2000: 510)所说:“格拉泽的立场常常与传统的实证主义相近，它假设存在一个客观的、外在的现实，观察者是中立的，他们发现数据。”这种立场相信如果研究者用适合的中立方法去研究，数据的意义就会归纳性地浮现。简单地说，意义存在于数据之中，而扎根理论方法允许研究者把这种意义提取出来，把它发展成更为抽象的理论。通过近距离观察数据，概念会浮现在研究者面前。研究者可以通过不断地比较这些概念来发展和改进它们，可以根据最初数据和专门收集的新数据来检验这些概念。

与此相反，还有一种是施特劳斯的观点(Strauss, 1987; Strauss and Corbin, 1990, 1998)。这种观点更倾向于后实证主义立场。这种立场认为研究者不可避免地会对数据产生影响，研究者不可能完全中立，任何数据蕴含的意义都含有某种研究者的解释。这种意义不会，也不可能只是简单地从数据中归纳得出。实践中，研究者需要去获得数据的意义，也就是用一种系统的方式去解释数据。为了达到这个目的，施特劳斯和柯宾(Strauss and Corbin, 1990, 1998)给出了很多指导，告诉研究者应该如何进行分析，从关注数据到更关注分析(质化)数据。格拉泽已经从他的立场表达了对这种趋势的强烈看法，他认为研究者有可能“强迫”数据适应研究者的分类，而不是让数据自己说话(Glaser, 2003)。

一些作者还希望更强调研究者作为解释者而不是现实发现者的角色。循着这个思路，沙尔迈兹(Charmaz, 2014)主张一种建构主义的扎根理论，克拉克(Clarke, 2005)把扎根理论改编成后现代主义，其中使用她所说的“情境式分析”，柯宾(Corbin and Strauss, 2008)发展了她早期持有的“施特劳斯主义”来反思后现代主义批判，她强调存在不同的视角和对现实的建构。希望使用扎根理论方法的研究者需要意识到这样的争论和发展都是发生在“扎根理论”这个涵盖性术语之下。他们甚至需要深入研究这些分歧和争论，然后定义自己的研究是遵循哪一个特定版本的扎根理论(Bryant and Charmaz, 2010)。专业的研究者和那些以扎根理论为核心的博士都属此类研究者。但是，项目研究者可能不需要在方法论层面如此深入。他们需要为自己使用扎根理论提供一个合理化理由，他们的研究应该：

- 使用理论抽样作为自然研究设计的基础；
- 通过不断参照田野数据的互动过程发展编码和概念；
- 对编码和概念如何形成进行一些解释；
- 目的是产生“理论”，至少是基于直接证据的适度本土化解释。

**注意：“扎根理论”这个词语的使用与误用**

“扎根理论”这个词语常常被人以一种松散的方式使用，指的是接受了某些基本前提，但在方法论意义上并不是按照这个词语的起源来严格使用它的那些研究方法。格拉泽和施特劳斯常被作为方法论的合理化方式来引用，实际上这些引用他们的研究并不具备多少“扎根理论”这个概念的特质。比这更糟糕的是，“扎根理论”很有可能被绑架引用，用来合理化那些实际上很薄弱的研究。跳出使用的情境，“扎根理论”可能被误用，成为以下这些研究的借口：

- 关于研究主题没有清晰的想法；
- 对于抽样没有明确的依据；
- 采用的是一种笼统的“一头扎进去”“试一试看一看”“走着瞧”的方法。

这样的研究肯定与扎根理论的精神不符，也与扎根理论对质化数据分析的严格要求不符。

## 扎根理论方法的优点

### 适合用于小规模研究

从项目研究者的视角来看，扎根理论方法很有吸引力，因为它允许单个研究者使用有限的预算开展研究。

### 被认可的质化研究

扎根理论在研究圈子行得通,它被认为是一种质化研究。扎根理论提供了一套标准的合理化过程,可以应对潜在的批评者,这些批评者可能会质疑小规模质化研究的规范性。

### 可改编性

这个方法具有可改编性,可以把它用于各种质化数据的收集方法(比如,访谈、观察、文档)和各种类型的数据(访谈转录、田野笔记、文本)。

### 分析质化数据的系统方法

特别是施特劳斯提出的方法,对那些想了解究竟如何赋予数据意义、如何形成概念和最终理论的初学者很有帮助。

### 理论发展

这种方法包含了从数据中形成理论观点的手段,应该能够增强研究者在理论领域的自信心。所有的研究者——不仅仅是易受攻击的专家们——都应该在他们收集到的数据的基础上达成适当的理论。

### 扎根于事实的解释

持续不断地参照经验数据才能形成概念和理论,这与思辨研究和抽象理论不同,它是基于扎实的证据。这就保证了扎根理论与现实联系紧密。

### 很适合探索性研究

这个方法在样本选择和数据分析方面都有一定程度的灵活度——这些特点都很适合探索新的主题和想法。

## 扎根理论方法的缺点

### 计划

这种方法并不适用于精准的计划。"理论取样"的使用意味着不可能预先知道将要使用什么样的样本。而要达到"理论饱和"的需要使得研究者一开始无法明确最终的样本容量。整个发现的过程使研究者无法预先计划研究的各方面，也无法预测研究何时结束。

### 环境

扎根理论方法将研究集中在特定情境中的具体的行为事件上，就会出现对被研究情境的解释与更广泛的情景因素相脱节的情况。特别是，由数据产生的理论很可能会忽略社会、经济和政治因素（如权力、全球化、移民、社会阶层、性别和种族的不平等）和历史背景对事件形成的影响，而这些影响对于任何解释现象的完整有效性理论来说都是很关键的。

### 开放的态度

数据处理时的"开放思想"有不同的层次。处理事物时要保持"开放思想"，这是扎根理论方法的基本原理，但是实际中，它引起了一些棘手的问题。研究人员不可避免地会受到那些建立在自身文化和经验上的先前观念的影响。问题是，为了分析数据，研究者能在多大程度上把这些先前的观念置之不理？在多大程度上可以允许先前的概念和理论影响对现有事物的分析，这也是一个有争议的问题。为了避免研究者的头脑不受到已有概念和理论的影响，他们应该取消文献综述吗？那么，如果取消了文献综述，是不是有可能会使研究另起炉灶，无法从已有研究中学习经验呢？在这些问题上，扎根理论方法内部不同的研究者采取了不同的立场。

### 复杂性

由施特劳斯和柯宾（Strauss and Corbin，1990，1998）提出的进行

数据分析的系统方法由于其复杂性而让人望而却步。的确,施特劳斯给出的质的数据的分析指导实质上与他之前的合作者格拉泽的观点是有冲突的。格拉泽认为数据分析的模板和框架是多余的,这些模板和框架对数据进行强制性分类和编码,而不是让分类和编码自然生成,这样做违背了扎根理论的精神。

### 实证主义

解释主义者可能会对所有认为实质理论提供对事物唯一正确解释的说法表示不满。但是在格拉泽(而不是施特劳斯)的作品中,有时会采用这样的立场。有一种实证主义的立场,这种立场认为"扎根"理论意味着之前的研究不会被后来发现的事实否定,后来的事实不会与之前的理论不匹配。如果理论是从数据中涌现出来的,而且是对参与者有意义的,那么它本身就是一个站得住脚的好理论——不能对它进行其他的解读。

### 经验主义

可能会有人批评这种方法,认为它是经验主义的。扎根理论方法把田野的数据作为理论来源,同时它又反对使用普遍理论,这些都使它受到批评,有人认为这种方法过于依赖经验性数据——期望有一种解释就存在于数据之中,只等着研究者去发现。这种归纳的方法非常不成熟,它没有考虑到理论与数据之间的复杂关系,它让研究者抛弃先前的理论和概念来研究数据的要求也不现实(Layder, 1998)。

### 推广

研究发现的推广可能被人误解。使用扎根理论方法的人需要明白任何从研究中得到的推广都是*理论*推广。这些推广是从数据中得出的"抽象概念",是用来建构理论的。这些推广不是很多人所认为的那种推广,扎根理论研究者需要小心避免给人留下这样的印象,让人认为他们试图从被研究的小规模的、有意选择的样本中找到总体的行为模式。扎根理论的目的不是向调查研究一样,从样本推广到更广泛的总体。

## 补充阅读

Birks, M. and Mills, J. (2011). *Grounded Theory: A Practical Guide*. London: Sage.

Charmaz, K. (2014). *Constructing Grounded Theory*, 2nd edn. Thousand Oaks, CA: Sage.

Gibson, B. and Hartman, J. (2014). *Rediscovering Grounded Theory*. London: Sage.

Oktay, J. (2012). *Grounded Theory*. Oxford: Oxford University Press.

Urquhart, C. (2013). *Grounded Theory for Qualitative Research: A Practical Guide*. London: Sage.

**扎根理论方法自测表**

使用扎根理论研究时，你应该对下面这些问题有信心回答“是”： ☑

1. 研究的目的是用“本土的”解释（实质理论）生成概念和理论吗？ ☐
2. 经验数据是否会被用于形成概念和理论的基础？ ☐
3. 是否有采取措施保证用开放的思想理解数据的意义？ ☐
4. 是否会用系统的编码和分类过程（开放编码等）分析数据？ ☐
5. 是否通过不断地参照田野数据（持续比较的方法）来形成编码、类别和概念？ ☐
6. 研究报告是否包含一个部分用来说明编码和概念是如何生成的？ ☐
7. 是否明确说明了为什么要选择某个现场作为最初的田野研究地点，它与研究领域的相关性如何？ ☐
8. 后来的研究现场是否是根据理论抽样选择的？ ☐
9. 研究是否一直持续到理论饱和的点才停止？ ☐
10. 研究产生的解释是否得到了被研究者的认可？ ☐

# 第8章 行动研究

什么是行动研究？ · 行动研究的实践本质 · 改变和专业自我发展 · 作为一种循环过程的行动研究 · 参与研究过程 · 行动研究的相关问题 · 行动研究的优点 · 行动研究的缺点 · 补充阅读 · 行动研究自测表

## 什么是行动研究？

行动研究通常与研究者亲身参与的、小规模的研究项目有关。它的起源可以追溯到20世纪40年代末期大西洋两岸社会学家的工作，他们主张把社会理论和当前的社会问题的解决更紧密地结合起来。最近，行动研究已经应用于社会科学领域中的不同场合，但是作为一种日益流行的研究方法，多半可能是因为它在诸如教育、组织发展、卫生保健、社会关怀等领域的应用。在这些领域中，行动研究在那些致力于用研究来改进实践的专家眼中，有特定的地位。

行动研究从一开始，就涉及实践性的问题——在这类争议和问题中，关注和需求是作为“现实世界”中日常活动的一部分而产生的。这种独特的实践性体现了行动研究的第一个特征。在初期，行动研究也被看作是特别适合用于改变事物的一种研究，这体现了行动研究的另一个核心特征。研究者的观点是，研究的目的不仅仅是对日常实践中产生的问题获得一种更好的理解,实际上研究应该去着手改变事物——把这种改变当作研究过程的一部分,而不是在研究结论得出之后再去改变事物。这一点体现了行动研究的第三个特征:看重研究过程,运用研究结果并评价它对实践产生的影响,这是循环研究的组成部分。另外,这种过程也涉及那些在研究设计和实施阶段受到影响的人——即行动研究鼓励这些人作为合作者参与研究而不是只作为研究对象。

综上,这些内容体现了行动研究的四个典型特点:

- 实践性。行动研究一般致力于解决现实问题,尤其是在工作和组织情境中。
- 改变。行动研究既是处理实践问题的一种方式,也是了解现象的一种手段,改变是研究不可或缺的一部分。
- 循环过程。行动研究包含一个反馈环:最初的研究结果产生改变的可能,这些改变的实施和评价又成为进一步研究的前提。
- 参与性。实践者在研究进程中是关键性的人物。他们的参与是积极主动的,而不是消极被动的。

**要点提示**

行动研究是一种社会研究的策略,而不是方法。它关心的是研究的目的和设计,对行动研究者要采用的数据收集手段没有任何特定的限制。

## 行动研究的实践本质

行动研究从本质上来说,是实践性、应用性的。它是在解决现实问题的需要中产生的。它的理论前提是,正如勒温(Lewin, 1946: 35)所说,“研究只产生书本理论不应用于实践是不够的”。

但是,有实践性并不足以把行动研究同其他的研究方法区别开来。毕竟,许多研究方法都可以声称自己具有实践性,可以提供应用性研究。行动研究虽然也包括这些目标,但它的实践性还有另外的含义,也正是这层含义使行动研究成为一种独一无二的研究策略。行动研究是实践的一部分,而不是附着于实践之上的东西。

**要点提示:把研究和实践链接起来**

"行动研究拒绝两步走的概念,即第一步是研究者开展研究,第二个单独的步骤,是实践者应用从研究得出的知识。在行动研究中这两个步骤是整合在一起的。"(Somekh, 1995: 34)

很清楚的是,如果研究和行动的过程是整合在一起的,行动研究必须与"实践者"关系密切。这可以为行动研究的实践本质增加更多含义:实践者研究。但是,尽管它可能与实践者研究的概念相联系,要认识到行动研究并不完全等同于实践者研究。爱德华兹和泰尔伯特(Edwards and Talbot, 1999: 62)强调了这一点:"只有专门从事研究的专业人员进行的实践者研究才可被称为行动研究……他们研究自己的实践。"研究成为工作的一部分还不够,因为这可能包含各种数据收集和分析工作,从中得到的研究发现可能与实践者自己的活动没有关系。要想符合行动研究的精神,研究者需要探究他自己的实践,改变并从中获益。

## 改变和专业自我发展

行动研究蕴含着一个观点:改变是好的。最初,这是因为研究改变被看作是一种学习事物如何运作的有效途径(Bryman, 1989)。在这个意义上,研究者认为改变本身可以增加知识,而不是在获得研究结果之后再去改变。但是,行动研究引起的改变规模和范围当然不会很大。研究者要聚焦于实践活动的某些方面,这限制了研究的规模。因此,行动研究所能带来的改变不太可能是对某个团体的大范围重大改变。行动研究中的改变要素不会像大规模的实验一样(比如福特汽车生产线上工人的奖金分配方案改革)。因为行动研究一般是局部的、小规模的，通常关注微观水平上的改变。

行动研究中最常见的改变是在专业自我发展层面上的。专业自我发展秉持了这样的理念，即一个人应该想要去改进实践，不断寻求各种改进实践的方式。行动研究为专业人员提供了一种实践的方式，这种方式包含一定程度的反思，提供系统、严密的数据收集来扩充专业人员的资源，专业人员可以利用这些资源达到改进实践的目的。

很重要的一点，是我们要认识到的：仅仅是反思还不足以使专业人员的行动变成“行动研究”。这种反思要想成为行动研究，就必须系统化。只是对自己的实践活动进行思考——虽然这可能是改进实践的有用的基础——并不等同于在研究这些行动。这里我们需要区分反思性实践者（reflective practitioner）（Schon，1983）与行动研究者，反思性实践者通过批判地思考自己的实践达到专业自我发展，而行动研究者在作为反思性实践者的同时，还要使用研究技术来强化自己的反思，使其系统化。

## 作为一种循环过程的行动研究

把行动研究作为一种循环过程的想法与持续发展的专业精神相一致（见图 8.1）。虽然研究可能由一个具体的问题而产生，但它更长远的目标是通过研究程序的运行改进实践。

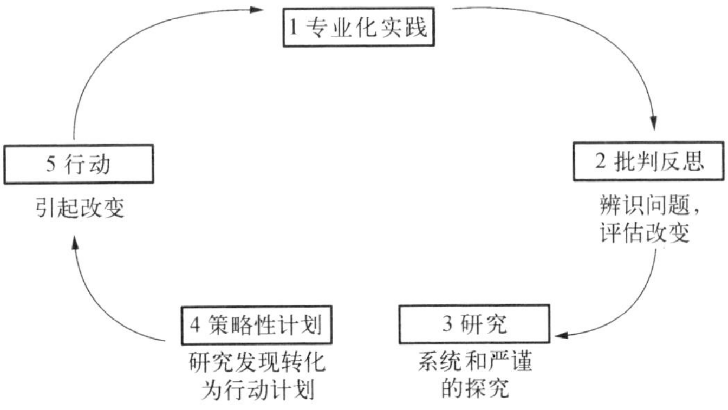


图 8.1　行动研究的循环过程

行动研究的循环探究关键在于:(1)研究直接反馈给实践;(2)过程是持续不断的。实践者的批判反思不仅可以辨识值得研究的“问题”,以此改进实践,也可以对研究引起的改变进行评估,这种评估本身又可以推动进一步的研究。但是应该指出,这是一种理想化的状态,现实中,行动研究往往是非连续的,做完就被搁置一边。

## 参与研究过程

行动研究的参与性很可能是它最明显的特征,因为在某些方面,它冲击了正规社会研究的传统。在传统的社会研究中,进行研究的是专家,他们是来自外部的专业权威。往往是这些研究者发起研究,确定日程,设计数据收集和分析方案。在研究结束之后,那些参与研究的人也许会从中得到一些反馈结果。这些研究结果可能会也可能不会给他们带来改变。总的来说,研究的过程和改变的过程是分离的。与此相反,行动研究主张实践者必须是参与者,他们不只是参与研究,而且要成为研究的平等合作者。

行动研究中,想要引发改变的可以是实践者,而不是外来的专业研究者,这些实践者因此发起了研究(Elliott, 1991)。从这个意义上来说,研究是实践者驱动的,实践者不仅是一个平等的合作者,而且是研究过程的发起者和指导者。这听起来很激进,还有一些人将它更进一步,他们坚持认为实践者应该成为主要的合作者——在研究的所有阶段、所有方面,实践者都应该扮演主要角色。

关于研究者和实践者的关系问题,即使是在那些不太激进的观点中,把参与性当作行动研究的一个基本特征的想法也把这种研究引向了研究过程的民主化。对研究的控制权从专业研究者转向了实践者,权力转向了作为实践者的内部人员。当然,外部专家仍在研究中扮演一定的角色,但是这种角色变成了研究进程中的合作者,甚至成了实践者开展项目的协助者,外部专家成了一种实践者认为可以适时引用的资源。

这种关系的转变背后是对实践者知识的尊重。这种尊重可能对行动研究来说不是独特的,但是行动研究具备了这个特征后显得与众不同，行动研究中达成的共识是使研究过程民主化，挑战研究中专家与非专家的分离状况。

由于行动研究的“民主化”和“尊重实践者的知识”，它有很明显的政治含义。祖博-斯卡瑞特(Zuber-Skerritt，1996)把它称作“解放的”行动研究。这种类型的行动研究很清楚自身带来改变的本质。这种改变挑战了现有的体系，它已超出技术范围，技术问题与专业人员当前实践活动的效果或效率有关。这种改变已超出实践范围，实践问题与实践者解读自己正在进行的事情的方式有关。可以肯定的是，解放性行动研究除了包含这些方面，还挑战了实践活动的基本框架。

**要点提示：行动研究的三种方式**

- 技术行动研究的目的是改善教育或管理实践的效果。实践者由研究者指定，他们非常依赖作为促进者的研究者。
- 实践行动研究，除了关心效果的问题，它的目的在于实践者的理解和专业发展。研究者的角色是鼓励实践者进行实践思考和自我反思。
- 当进行解放行动研究时，它的目的就不只是改善技术的和实践的方面，让实践者获得更好的理解，在现有边界和条件下实现转化与改变，而是要同时改变体系本身，因为原有体系的一些条件阻碍了我们期望的体系/组织改进。(Zuber-Skerritt，1996：45)

## 行动研究的相关问题

### 研究的“所有权”问题

行动研究的参与性带来了一个问题，即研究及其结果的所有权归谁？在传统的研究方法中，这个问题并不复杂。具体来说，外来的研究者发起了研究，他们接近实践者，获得了可以(由外来的人)开展研究的许可。获得相关人员的授权之后，研究开始进行，外来的人拥有收集到的数据，也拥有分析数据和出版研究结果的所有权力。然而，当研究的发起方和顾问方变化以后,问题就复杂了,这时授权就要包括在研究及其结果的所有权问题上对双方进行一定的限制。但是,这可能需要一个谈判协商的过程才能明确。

在行动研究中,研究的参与性使问题更复杂。谁在负责?谁在指挥?谁决定采取何种适当的行动?谁拥有数据?合作者要小心谨慎地处理这些问题,以确保行动研究中大家对研究的参与性达成共同的期望。

## 行动研究的伦理问题

行动研究明显存在的伦理问题是:虽然研究以实践者的活动为中心,但不可避免的是,同事们的活动有时也会进入研究视野,因为他们的活动与参与研究的实践者有关。实践者不是"孤岛"——与同事和客户隔绝日常的联系,他们的实践和想要寻求的改变往往会在那些与他们关系密切的人身上引起连锁效应。

所以那种认为行动研究者无需获得授权认可的想法是错误的。因为行动研究的活动不可避免地要影响到他人,很重要的一点是我们要清楚地认识到,什么时候在什么地方,我们有必要超出收集完全个人的、只与实践者本人有关的数据的范围。在这些情况下,就要遵守研究伦理的一般准则:获得授权许可,资料保密,不透露相关人员身份。

接下来还有两个问题。首先,有人认为进行行动研究的人应该公开他们的研究,不应该隐瞒或欺骗。其次,还要意识到研究要获得相关人员的知情同意。

### 小贴士:行动研究的伦理

行动研究者应该尊重研究所涉同事和客户的权利与敏感点。正像文特尔(Winter, 1996: 17)所说,在实践中这意味着:

- 在进行观察或者检查为其他目的而生成的文档之前,必须获得当事人许可;
- 研究者必须承担保密的责任;
- 工作的进展必须透明,接受他人意见;
- 对他人工作和观点的描述在发表之前,必须与当事人进行协商。

## 反思性和行动研究

从事行动研究的实践者有权对特定“工作现场”中事物的运行方式进行考察。他们有“局内人的知识”，这对研究来说很有益处，但同时也会引发问题。局外人——“陌生人”——可能更适合观察这类事物，因为对局内人来说，这些东西都太平常、太显而易见了，他们无法把这些事物看作是重要的因素。因为实践者无法摆脱作为“局内人”已获得的知识，他就会受到这些知识的限制。外部的专家也许不能给予“正确”的答案，但是可能提供看问题的另一种视角，这能帮助实践者获得关于实践问题本质的新见解。

因此，虽然行动研究尊重实践者的知识，但是，认为实践者的知识本身就可以提供问题的所有答案是很幼稚的。特别是在实践性行动研究和解放性行动研究中，研究目的是提高实践者的理解力，研究可能要依靠一些局外人的建议。

参见“反思性”，第 90 页

## 资源与行动研究

行动研究一定是相当局部化和小规模的。尽管如此，行动研究者仍面临着把要完成的工作量与系统的、严格的研究相结合的难题。单是时间限制，就使这项工作很难完成。虽然按道理来说，行动研究与实践是相结合的而不是高于实践的，但是日常的工作不可能为了配合行动研究的进行而减少。因此，从短期来看，在出现积极效益之前，行动研究人员可能要面临额外的工作。

## 推广性与行动研究

鉴于行动研究项目范围的限制，可能会有人认为行动研究的结果很难对更大范围的问题研究作出贡献。行动研究是在实践者的工作现场开展，所以它得出的数据很难有代表性。情境和组织特征都是“给定的”而不是可以控制或改变的，而且研究一般都集中在某一个案例。所以，行动研究很容易受到指责，被认为其研究结果只涉及一个案例，不应该被推广到其他案例中。

从某种意义上来说,我们要认识到这个问题。当然,在局部的环境中由实践驱动的研究几乎不可能得出可以普遍运用的结论。单靠这样的研究无法得到新的真理和理论。行动研究者要注意这个问题:不要在行动研究的基础上提出过于宏大的理论。但是行动研究虽然是实践驱动的、小规模的,仍然不能因此而忽视研究的严密性。与其他小规模研究一样,行动研究者可以利用已有的理论,应用和检验研究命题,使用合适的方法,重要的是,可以提供对现有知识的评价(不做无根据的主张)。判断一个研究好坏的标准就是研究的严密性,而不是项目的规模或者目的如何。

参见第3章“个案研究”

## 行动研究的优点

### 参与

行动研究包含实践者的参与过程。这种合作性质可以使研究过程民主化,而且行动研究还更加赏识和尊重实践者的知识。

### 专业发展

行动研究有利于实践者本人,因为它有助于专业自我发展。

### 实践

行动研究以一种积极的方式解决实践中的问题,并将研究成果直接运用到实践中。用萨梅克(Somekh, 1995: 340)的话说,“它解决了社会科学中研究不断失败的问题,在实践中带来了真正的改进”。

### 持续性

行动研究是一个发生在工作现场的研究,它是包含一个发展和改变的不断循环过程,这种实地研究有助于组织改进实践,解决问题。

## 行动研究的缺点

### 范围与规模

实践者必须参与行动研究，这就限制了它的范围和规模。“工作现场”研究的方法影响了研究发现的代表性，也影响了这些研究结果的可推广程度。

### 控制

研究与实践的结合限制了对研究中相关因素施加控制的可行性。进行研究的场景一般不允许研究者对变量进行操控，或者在适当的地方引入控制，因为研究不是在日常活动之外进行，而是日常活动的一部分。

### 所有权

在实践者和研究者的合作关系框架内，研究过程的所有权存在争议。

### 工作量

行动研究往往会给实践者增加额外的工作负担，尤其是在研究的早期阶段，还没有任何有益的回馈可以改进实践效果。

### 公正性

行动研究者不太可能脱离自己的研究方法，采用一种不偏不倚的态度。从这方面来看，行动研究与实证主义的研究取向完全相反。行动研究很明显是要解决在日常（工作）活动中困扰人们的问题，所以这些人与研究结果有利害关系。他们不可能像经典科学一样，完全超脱或客观公正地看待自己的研究。

## 补充阅读

Coghlan, D. and Brannick, T. (2010). *Doing Action Research in Your Own*

*Organization*.London: Sage.
Kemmis, S., McTaggart, R. and Nixon, R. (2014). *The Action Research Planner: Doing Critical Participatory Action Research*. Singapore: Springer.
McNiff, J. (2013). *Action Research: Principles and Practice*, 3rd edn. London: Routledge.
Reason, P. and Bradbury, H. (eds.) (2013). *Handbook of Action Research*, 2nd edn. London: Sage.
Somekh, B. (2006). *Action Research: A Methodology for Change and Development*. Maidenhead: Open University Press

**行动研究自测表**

进行行动研究时,你应该对下面这些问题有信心回答"是": ☑

1. 研究项目是要解决实践问题吗? ☐
2. 在研究项目的所有阶段是否都有实践者的参与? ☐
3. 实践者和外来专家的合作关系是否进行了明确的协商,并达成了共识? ☐
4. 研究是否是一个发展的持续循环中的一部分(而不是一次性的计划)? ☐
5. 是否明白如何将研究结果直接返回到实践中? ☐
6. 是否清楚使用的是哪种行动研究(技术性的、实践性的、解放性的)? ☐
7. 是否清楚局内人的知识对研究的利弊? ☐
8. 研究的规模是否足够小,让研究者可以在常规工作量的基础上完成研究? ☐
9. 是否考虑了伦理问题? ☐

# 第9章 系统综述

什么是系统综述？ · 系统综述的好处 · 适合使用系统综述的研究问题类型 · 质化研究与系统综述 · 如何开展系统综述 · 系统综述的局限 · 系统综述的优点 · 系统综述的缺点 · 补充阅读 · 系统综述自测表

很多社会研究者、实践者和政策制定者都使用系统综述，他们想要把握某个特定主题或者新的干预措施效果的现有材料，并获得一个可信的和客观的总体把握。系统综述被用于以下情境：

- 健康服务中创新举措的效果；
- 组织中新型实践的传播与效果；
- 年轻人非法使用毒品的频率；
- 与养老金有关的社会政策的效果；
- 为了戒烟进行动机访谈的成功概率。

系统综述与"基于证据的实践"相关——这种方法强调决策需要基于高质量研究得出的确凿证据——医学和药剂学研究尤其喜欢使用这种方法，在这两个领域，系统综述已经成为一种稳定的研究方法，用来评估临床实验的发现对特定药物和治疗方案的效果如何，比如科克伦综述(Cochrane review)。

## 什么是系统综述?

系统综述是对研究文献的综述,它的目的是对一个主题的所有研究进行严格的、无偏见的综述,基于这个综述达成有关这个主题的知识现状的结论。为了达成这个目的,系统综述应该做以下几件事:

- 使用严谨和系统的方法搜索相关的文献;
- 对研究发现进行综述,这个综述要依据明确的标准对研究发现进行比较和评估;
- 基于对现有数据的客观分析得出结论。

### 系统综述与传统文献综述之间的区别是什么?

系统综述与传统文献综述的区别主要有以下三点:第一,系统综述本身就是一个独立的研究,而不是经验研究的准备;第二,它们聚焦于具体的问题,一般与政策或者实践问题有关;第三,正像名字所表示的,它们被用于综述文献时是非常系统的。

## 系统综述的好处

我们对某个特定主题的了解并不总是十分清楚的,这有两个原因:

第一,针对某个特定主题的研究项目,它们未必能得出大家都公认的研究结果。实际上,在大多数研究领域都存在争议性的话题,不同研究项目的结论不同,关于"什么是真的"或者"什么最有效",人们并没有达成共识。

第二,综述选择的资料未必是最好的。实际上,综述可能会强调某些研究发现(而忽视其他研究发现),选择标准是基于这些研究在多大程度上符合研究者的个人喜好,而不是研究本身的质量。

这两点所带来的结果就是有关既有证据的知识可能是有偏差的,甚至是有偏见的。但这正是系统的综述发挥作用的地方。系统综述的目的是减少偏见的可能性,它们对以下问题持有开放和客观的态度:

- 如何搜索相关的研究发现；
- 如何决定选择哪些来源、排除哪些来源；
- 如何判断各种公开发表的研究发现中数据的质量。

**要点提示**

系统综述在搜索数据的问题上是严谨的，在综述的方法问题上是透明的。

## 适合使用系统综述的研究问题类型

系统综述在处理特定问题时是有价值的，在这类问题中我们已经有了相当客观的证据。关于有些主题，之前的研究已经对于需要了解什么、应该怎么研究、哪样的主题适合用系统综述达成了一些共识，从这方面来说，系统综述更适合用于解释型研究而非探索型研究。当这些研究对于应该研究什么、怎么研究等前提有了基本共识，它们的研究结果就具有了直接可比性，研究者就可以对这些类似的研究进行比较。只有在这种情况下，才有理由用现有的研究达成一个单独的"客观"结论，说什么最有效，什么是对的，真理在哪里。在实践中，这意味着要想很好地使用系统综述，必须满足以下五个标准：

1. 被综述的主题或者问题必须得到清楚定义，聚焦到一个很小的范围；
2. 关于这个主题必须已有大量的研究结果；
3. 可获得证据必须来自使用相似方法的研究；
4. "证据"必须可测量、可比较和可评价（NHMRC，1999；Gough et al.，2012）；
5. 研究结论一般是基于量化数据的。

## 质化研究与系统综述

尽管系统综述的驱动力主要是来自"科学的"研究，这些研究结果是基于“标准清晰的量化数据”,仍有一些人关注用系统综述来总结质化研究。从医学和健康科学研究的视角来看,之所以关注质化研究是因为它可以支持和补充量化研究。这种观点认为:

(1) 通过帮助研究者更精确地定义一种干预,质化研究有助于制定一个更牢靠的干预措施;(2) 质化研究帮助研究者选择结果测量工具,帮助研究者提出有效的研究问题;(3) 质化研究帮助研究者理解不同效果研究之间的差异。(Petticrew and Roberts, 2006: 72)

与此相反,在社会科学中质化研究更多的被视为一个真正平等的、但与量化研究不同的研究取向,它对知识有自己独特的贡献(Dixon-Woods et al., 2006; Pawson, 2006; Petticrew and Roberts, 2006; Pope et al., 2007; Denyer and Tranfield, 2009)。在任何一种情况下,想要对质化研究进行系统综述的人都会面临一个挑战,那就是如何比较、评价和综合这些研究发现,因为这些研究的方法并不遵循一个标准的模式,比如随机对照试验(RCT)。毕竟,质化研究使用不同的方法在不同的情境下进行——这些因素总是会阻碍研究发现之间的直接比较。下面与系统综述研究第六个阶段相关的详细描述会提供这种挑战的应对办法,就是通过“叙事分析”“主题分析”和“现实主义综合”的方法对研究发现进行综述,而不要试图整合现有的研究发现(参见下文)。

## 如何开展系统综述

系统文献综述有七个关键步骤。这些步骤既反映了真正进行综述的过程,也反映了撰写系统综述报告的要求。所以两个方面——做研究和写报告——都是按部就班地进行,步骤如下:

### 步骤 1: 决定研究范围

第一个任务是决定研究的具体范围。很重要的一点是综述的范围应该非常具体,聚焦于一个很小的问题,因为这个范围设定了搜索内容的边界。系统综述不能在模糊或者漫无边际的主题上进行,因为这样研究者不可能作出决定要搜索哪些研究结果,要考虑哪些证据。

写综述报告时，所有有关综述范围的重要决定都要进行描述，并给出合理的理由。这与系统综述力求透明的核心精神是一致的。综述一开始就要对兴趣范围的选定进行准确说明，并解释为什么这个主题值得关注。

**步骤2：开展搜索过程**

一开始，应该认真考虑最准确、最合适的“关键词”和搜索词。它们应该是最能指向相关研究结果的词语或者短语，应该抓住所选主题的本质。下一步，应该决定这些词语都用在哪里。哪些数据库、搜索引擎、档案、目录——要搜索哪些来源？可能要参考PsychINFO，LexisLibrary，Medline（PubMed），Web of Knowledge之类的数据库。研究者应该策略性地对这些来源进行选择，从中得出最佳回报。很明显，这里的目的是尽可能地对有关这个主题的文献进行全面搜索。理想状态下，搜索不仅要包括已经发表的作品，还要包括所有能够得到的相关研究结果，比如会议文章或者未发表的报告。但搜集的全面程度大部分取决于可获得的资源有多少，因此小规模研究很有可能只关注已经发表的作品。

在写作综述报告时，还是要遵循透明的精神，研究者需要对搜索的过程进行清楚的描述。作为“审查跟踪”的一部分，研究者需要提供有关研究过程的足够细节，这样其他研究者在需要时才能重复这个研究。研究者需要告知综述的读者各种选择背后的理由。因此，对研究过程的解释需要包括以下内容：

- 所使用的搜索词列表，解释为什么这些词是最合适的研究基础；
- 所搜索的数据库列表，解释为什么这些数据库是最相关的；
- 有关搜索覆盖时间范围的信息，说明关注这些特定年份的理由；
- 有关真正搜索时所用数据的细节。

**步骤3：评估信息质量**

搜索过程涉及的信息可能对综述的价值并不相同。一些信息与主题的关系可能比其他信息更紧密，其质量可能比得出其他信息的研究质量更高。因此,研究者需要决定进行综述时要包含哪些信息,排除哪些信息。这样的决定应基于清晰的标准:研究者不是根据直觉、方便、吸引力或者生理反应做决定,而是根据清楚而合理的基准点做出客观的决定。因此,进行系统的文献综述时,一个重要任务就是建立用于判断的一组标准:

- 来源与研究主题的相关性。与主题关系密切的已有研究结果比那些不这么直接相关的研究结果更重要。
- 来源的质量。研究结果的可信度可以用研究方法来衡量,某些研究方法得出的研究结果质量更高,比如大样本量研究。

这些标准需要系统性地应用在综述涉及的每一个研究上,所以系统综述一般要求研究者使用数据提取表格来收集相关研究的信息。数据提取表格就像一个自测表,上面列出了研究者需要记录的有关每个研究的所有重要项目,还在每个项目旁边留出空白,用于记录相关细节。重要的是认识到数据提取表格要包含哪些具体项目,需要根据特定综述的要求决定,因此并没有放之四海而皆准的表格。表 9.1 为小规模社会科学研究项目建构数据提取表格提供了基础的参考。

**表 9.1 数据提取表格:一些需要包括的基本项目**

| 项目 | 提取数据 | 综述者笔记 |
|---|---|---|
| 作者 | | |
| 发表年份 | | |
| 项目名称 | | |
| 研究开展的时间 | | |
| 经费来源/资助者 | | |
| 研究地点 | | |
| 研究目的 | | |
| 研究类型 | | |
| 研究背后的传统/哲学思想 | | |
| 研究设计 | | |
| 数据收集方法 | | |
| 研究总体 | | |
| 参与人数 | | |

（续表）

| 项　目 | 提取数据 | 综述者笔记 |
|---|---|---|
| 抽样技术 | | |
| 分析用的因素/变量 | | |
| 数据分析的技术 | | |
| 质量控制：为保证质量和避免数据误差而采取的行动 | | |
| 研究发现 | | |
| 建议 | | |
| 评价：研究者对方法的信度和研究发现的效度的评价 | | |

与前面几个步骤提到的一样，写综述报告时提供有关决策的足够细节是很重要的，这些细节让其他研究者能够理解这样做的理由，如果需要的话他们可以对研究程序进行检查。这就需要研究者对决策过程进行公开和清楚的解释，尊重综述中包含的单个信息来源。这样的解释需要：

- 说明选择或者排除某个研究的理由；
- 提供用来判断相关性的标准，对它与综述主题的关系进行讨论；
- 提供质量评价的标准，说明是如何运用这些标准的；
- 提供数据提取表格复印件。

## 步骤 4：综述使用的信息来源列表

研究者应该提供一个列表，包含综述用到的所有材料。这样做有两个原因。第一，这是标准程序，它用图形的方式呈现了工作流程图，说明了为综述选择和排除某个研究的过程。图 9.1 用直截了当的方式说明了研究者如何在小规模社会科学研究项目中做到这一点。

第二，需要有足够清晰的参考书目，让其他研究者需要的时候可以找到这些来源，查看它们的内容。一般来说，要用表格的形式呈现在综述的摘要步骤之后被纳入综述的研究的基本信息。

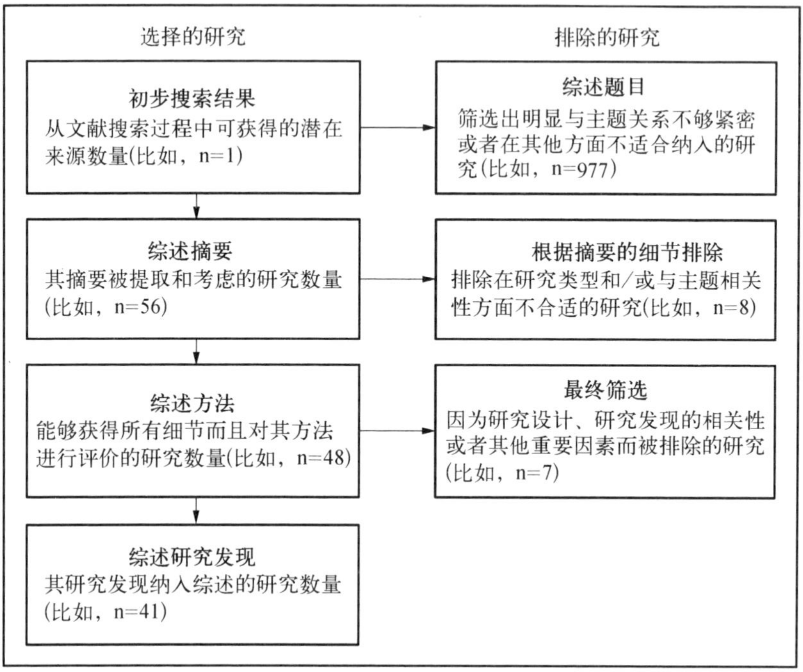


图 9.1 说明为综述选择和排除研究的工作流程图

来源：根据 Pettigrew and Roberts(2006：300)绘制

**小贴士**

写作系统综述报告时有必要提供：

- 一个工作流程图，说明在综述的每个阶段选择了多少研究，排除了多少研究；
- 一个表格，列出所有被综述的研究的基本信息。

## 步骤 5：描述性总结

列出要用的研究发现之后，系统综述的下一个步骤就是对材料进行描述性总结——告诉读者这些研究是什么时候做的，在哪里做的，怎么做的(方法)，以及谁做的。这需要按照一些标准对研究进行分类，分类中要包括作品来源，还要数一下每个类别下有多少研究。

这样的信息很有用，因为它为读者提供了要被纳入综述的信息来源的概况。

写作系统综述的这个部分时，要说明每个具体类别有多少研究，还需要一个写好的“叙事”，用于描述被纳入综述的研究性质如何。加起来，描述性总结的这两个方面应该可以体现被综述的所有研究的关键维度。这些维度应该向读者展示研究的可获得性、相关性和高质量：

- 这个研究有多新；
- 哪些人群最有兴趣做这样的研究；
- 谁资助了这个研究；
- 哪些地区或国家最常出现在已有研究中；
- 这些研究中使用了哪种研究方法。

## 步骤 6：分析

### 荟萃分析

系统综述的核心是分析。分析什么？对于一些人来说最理想的是做一个荟萃分析。对于健康、医学和药剂学研究领域的人来说，荟萃分析往往是他们的最终目标。正像格尔达克（Goldacre，2012：14）所描述的：

> 当你拿到了所有试验数据，你就可以做一个荟萃分析，把所有结果放在一起形成一个巨型的表格，放进所有的数据，得到一个概要性的图表，该图表是关于一个临床问题的最精确总结。

但是，用这种方式对数据进行整合时，需要得到这些研究中所采用的相似方法。在健康、医学和药剂学研究领域的系统综述中，“临床试验”是通用的方法，采用这种方法就有可能把所有数据放在一起，形成一个总体的结果。但是，在社会科学中，想要用这种方式把关于特定主题的不同研究项目的研究发现整合在一起要难得多。社会科学中，研究者使用的研究方法多种多样，很难用荟萃分析要求的方法对这些研究发现进行合并。因为这一点,对社会科学研究发现的系统综述更有可能是基于叙事分析(Tranfield et al., 2003; Denyer and Tranfield, 2009)。

叙事分析

叙事分析使用词语(而不是图表)来描述研究发现。它试图"讲故事",讲那些被综述的各种研究发现背后的故事。现在,在传统文献综述中,对被综述研究的选择、介绍这些研究的顺序、每个研究被关注的重点,都取决于综述者的文学技巧,以及他想讲一个怎样的故事。一个好的文献综述能够指引读者,把读者带入发现之旅,这个旅程以综述者的总结作为结尾,他会告诉读者可获得的证据能够说明什么。

但是,在系统综述中,任何叙事性描述都需要基于满足一定质量标准的研究发现。而且,在系统综述中叙事的说服力需要来源于研究发现本身而不是综述者的文学技巧或者他对综述所得结论的任何偏好。事实上,与传统文献综述相比,系统综述需要更透明、清楚和结构化。无论是辨别不同研究发现中运行的主题(主题式综合),还是关注研究者解释研究发现时使用的道理逻辑(现实主义综合),叙事分析都必须努力做到高度系统和客观。

主题式综合:组织发现;寻找主题;辨别模式

顾名思义,主题式综合关键在于辨识现有研究中浮现的主题。在一个层面上,这意味着要寻找贯穿各个被综述研究的共识。它们对事物是否达成了共识?关于情境及其原因,这些研究是否浮现出相同的观点?现有研究产生的研究发现是否一致,对于什么是原因什么是结果它们是否达成了共识?如果有这样的共识,那就很容易得出确定的结论,知道有关情境的"真理"是什么,或者什么解释"最有效"。如果没有这样的共识(这在社会科学中很有可能),那么主题式综述就需要说明不同观点是什么,这些"不同观点"背后隐藏的问题是什么。问题是研究者使用了相似的研究取向和方法但是得到了不同的研究发现和结论,或者,也有可能在于研究者采用了非常不同的研究取向,因此产生了不同的研究发现。研究发现因其来源或者研究资助者的区别而不同，还是因为研究开展的地点而不同？不管怎样，主题式综述的作用就是要说明区别在哪里，并解释不同观点背后的原因是什么。

**要点提示**

主题式综合聚焦于被综述的研究发现的实质和所有从研究中得出的建议。

现实主义综合：寻求潜在的原因

分析不一定要基于对不同研究发现的综述。有时候，解释研究发现的原因比研究发现更适合用于作为分析的基础。从批判的现实主义观点来看，对文献中主题的寻求可以用在研究者用来解释研究发现的那些因素——潜在的原因上。正如帕森（Pawson，2006，2013）所说，一个现实主义综合要浏览大量相关研究，探寻它们是用哪些潜在因素或者机制来解释研究发现。综述中包含的各种研究可以“被视作个案研究，其目的是检验、修正和完善初步的理论”（Pawson，2006：74）。综述的目的在于从这些各种各样的解释中得出一个结论，这个结论是以普遍命题或者理论的形式存在。利用现有研究，比如对特定社会政策或者干预措施的效果进行的评价，现实主义综合允许得出这样的结论，什么是有效的（或者无效的）？对谁有效？在什么条件下有效？

**要点提示**

现实主义综合聚焦于被综述研究中对研究发现的解释，它关心的是发展理论。

## 步骤 7：结论

综述提供了对不同元素进行综合的平台，这些元素来自有关新事物的研究发现——从有关某个主题的所有已发表研究中得到一个客观的、概括性的结论。

对结论的重视程度反映了系统综述想要产生实践价值。正如已经讲到的,系统综述与“基于证据的实践”有关,在这些实践中,政策制定者和其他人需要系统综述作为指导。这些人想从系统综述获得的是有关“事物状态”的确定的陈述,非常具体、清楚的陈述,他们可以以这些陈述为基础开展行动计划。这个时候模棱两可的、左右摇摆的、充满了一系列选项的结论是没有用的。

**小贴士**

系统综述的目的应该是达成清晰的结论。

## 系统综述的局限

我们需要牢记系统文献综述的三点局限。第一点是一般性的,这样的综述是基于已经发表的研究,或者是通过其他渠道获得的可公开的研究。但是,如格尔达克(Goldacre, 2012)强调的,并不是所有研究都会发表,尤其是药剂学中的药物研发。他指出产生了负面结果的研究很有可能不会公之于众。要么是研究者不想费事发表有关事物不起作用的研究(更愿意聚焦于起作用的事物),要么是商业原因的压力要掩盖负面结果——这些结果可能会阻碍药物的进一步研发。因为商业原因掩盖特定研究发现的情况可能不适用于社会科学研究,但是潜在的问题仍然存在——系统文献综述是基于已经发表的研究,无法涵盖不能发表的研究,不管它是出于什么原因不能发表。

第二点局限是系统综述有一个前提,它需要有关某个具体主题的大量的已发表研究发现。当涉及特定药物或者治疗的试验时这更是个局限。有关社会科学的研究这个问题相对小一些。在社会科学中,总有关于特定话题的研究,但是之前的研究不一定是完全相同的话题,很难对研究发现直接比较。社会科学研究的本质意味着很难用直接的方式对不同研究的数据进行比较和评价。

第三点局限与第二点相关，系统文献综述更容易应用于(医学)科学而不是社会科学。对研究使用的数据质量进行评价，达成一个“客观的”结论，这样的事情更适合实验和随机对照试验得出的量化数据(Tranfield et al., 2003)。确实，意识到这一点，随机对照试验在医学领域里被认为提供了评价研究的最佳证据，这就不足为奇了(Higgins and Green, 2011)。但是其他研究设计怎么样呢？系统综述可以用于其他研究设计，比如个案研究、行动研究、扎根理论、民族志和现象学吗？另外，在实践中，它可以用于产生质化数据的研究吗？如我们所见，答案是很肯定的“可以”。与“荟萃分析”中试图把不同研究项目的数据进行合并不一样的是，我们可以使用某种“叙事分析”。如川菲尔德等人(Tranfield, 2003: 216)所说，叙事分析是可行的，只要综述坚持“系统综述”的精神，对于以下几个方面提出清楚和明确的陈述就行：

- 用于评价质化研究质量的标准。关于这个有很多可用的建议(Seale, 1999; Silverman, 2013)。
- 包含或者排除某个特定研究的理由(当然，这个理由应该与前面说的评价标准有关)。

## 系统综述的优点

### 系统综述很可靠

系统综述的目的是对现有研究进行客观的综述，为了达到这个目的，它采用严格和透明的方法来选择和分析合适的证据。这一点保证了研究的可靠性，稳固了所得结论的科学立场。

### 系统综述具有实践价值——它们提供问题的答案

系统综述具体处理的是“什么可行？”之类的问题，产生的答案对于政策制定者和实践者具有实用价值，这些人需要一些指导，让自己在一大堆科学证据中找到“事物的真相”。

## 系统综述的缺点

### 在质化研究中的应用性

尽管叙事研究、主题综合和现实主义综合(见上文)提供了各种可能性,但如何熟练地把系统综述从临床试验移植到社会研究——尤其是质化研究,仍然存在一些问题。社会科学研究并不像临床药物试验那样常常用于直接比较。

### 对现有知识体系的依赖

系统综述在那些已经引起研究者足够注意力的领域最能发挥作用。它们基于现有研究进行综述——但是对于还没有开展很多研究的领域,不太可能进行系统综述。

未被发表的研究不会被纳入系统综述。系统综述不能涵盖不公开的研究,无论它们是由于什么原因而不被公开。

### 对资源的需求

系统综述需要一定量的资源和团队合作,小规模社会研究项目一般没有这么多资源和团队数量技持。

## 补充阅读

Gough, D., Oliver, S. and Thomas, J. (2012). *An Introduction to Systematic Reviews*.London: Sage.

Higgins, J. and Green, S. (eds.) (2011). *Cochrane Handbook for Systematic Reviews of Interventions* Version 5.1.0 (updated March 2011). The Cochrane Collaboration. Available at: www.cochrane-handbook.org.

Pawson, R. (2006). *Evidence-Based Policy: A Realist Perspective*. London: Sage, especially Chapters 1 and 4.

Petticrew, M. and Roberts, H. (2006). *Systematic Reviews in the Social Sciences: A Practical Guide*. Oxford: Blackwell.

Pope, C., Mays, N. and Popay, J. (2007). *Synthesizing Qualitative and Quantitative Health Research: A Guide to Methods*. Maidenhead: Open University Press.

## 系统综述自测表

开展系统综述时，你应该对下面这些问题有信心回答"是"：☑

1. 是否搜索了文献以确保有关这个话题尚未有人进行过系统综述？☐
2. 是否可以获取软件对大量的研究及其发现进行收集和分析？☐
3. 综述的范围是否足够小而且进行了准确的定义？☐
4. 选择纳入综述的研究的标准是否清楚明确？☐
5. 是否会向读者就综述使用的方法进行足够详细的描述，让他们了解研究者做决定的逻辑？☐
6. 是否使用了数据提取表格让数据收集系统化？☐
7. 综述中是否有一个对所包含研究的描述性概要？☐
8. 分析的类型是否与被综述的研究发现的性质相匹配？（荟萃分析，叙事分析，主题分析，现实主义分析）☐
9. 综述是否(会)得出清晰明确的结论？☐
10. 是否会公开承认综述的局限？☐

# 第10章 混合方法

什么是混合方法？ · 使用混合方法的好处 · 资源与技术 · 混合方法的研究设计 · 混合方法研究中的三角互证 · 不能证实数据 · 实用主义和混合方法 · 一种新的研究范式？ · 混合方法的优点 · 混合方法的缺点 · 补充阅读 · 混合方法研究自测表

对于混合方法有多种不同的称谓，“混合研究”“混合方法”“多元研究方法”“多策略研究”“整合方法”“多方法研究”以及“结合方法研究”等，这只是其中的一些。这些称谓证明了研究可以有多种混合方式以及研究过程中的各个方面可以有多种组合方式。最普通的混合形式是方法的混合，但是在实践中，混合方法在一般意义上已经涵盖了研究中可能会发生的所有混合方式。

## 什么是混合方法？

混合方法有三个特点，这三个特点使它区别于社会研究的其他研究策略。这些特点是：

- 从各种视角看研究问题。这种方法的核心思想是从不同的角度看事物。混合方法不依赖某种单独方法所获取的研究发现，它认为使用多种来源的素材可以让数据质量更高，更丰富。因此，三角互证在混合方法研究中扮演了重要角色。

- 在一个项目中结合使用不同类型的研究。研究者想要把不同“范式”的方法结合起来——这些方法来自不同的研究传统，它们背后的哲学是互不兼容的。在大多数情况下，这种结合是指“质化”和“量化”成分之间的结合，研究者使用各种词语表达这种结合：质化和量化方法，质化和量化数据或者质化和量化研究。
- 对方法的选择是基于哪种方法对处理特定问题“最可行”。这种方法是问题导向的，选择方法时，研究问题总是被视为最重要的考虑因素。特定的方法并不必然是“好”方法或者“坏”方法，关键在于他们对被研究的特定问题是否有用。研究问题的首要地位，再加上从不同范式而来的方法的混合，说明了为什么混合方法是实用主义的。

## 使用混合方法的好处

### 研究发现的准确性

研究者可以通过使用不同的方法对同一主题进行研究来提升对自己研究发现准确度的信心。根据三角互证的原则，混合方法为研究者提供了用一种方法所得来检查另一种方法所得的机会。当不同研究方法得到的数据或多或少相同时，研究者就可以很自信地认为这样的研究发现是准确的。

采用同样的三角互证原则，研究者还可以检查特定研究方法的影响。比如说，如果一个研究者想要知道网络问卷是否“扭曲”了应答者提供的答案，他就可以对比通过网络问卷得到的研究发现和通过传统纸质问卷从相似应答者那里得到的研究发现。如果不同的数据收集方法之间没有显著差异，研究者就可以认为，使用网络问卷没有对数据产生不良影响（至少，没有产生与传统纸质问卷不同的影响）。

**要点提示**

使用混合方法是要“从不同的方法中寻找研究结果的交汇、证实和一致”(Greene et al., 1989: 259)。

## 一个更完整的图景

使用不止一种方法可以提供被研究事物更全面、更完整的图景,这可以强化研究发现。这种情况下混合方法的好处是不同方法产生的数据可以相互补充。它们能够采用不同的视角,与使用一种方法的研究相比,这些视角结合起来就能更进一步形成对事物的全面视野。这里混合方法包含质化方法和量化方法,借助这样的手段,研究者可以从不同的视角观察事物,从而得到对事物更完整的总结。

**要点提示**

使用多种方法,或者三角互证,反映了研究者想要对被研究现象进行深入理解的意图。(Denzin, 2012: 82)

比如说,考虑一下关注吸烟和年轻人有关健康行为的研究。量化调查方法可以产生证据表明 16 岁以下人口吸烟的比例如何,也可以提供丰富的人口学细节,帮助我们理解所涉人群的社会背景。一些由年轻吸烟者组成的焦点小组可以提供质化数据,这些数据有助于解释低龄吸烟者为什么开始吸烟,又是什么动力让他们继续吸烟。量化方法和质化方法本身都有价值,都可以为了解这个问题作出贡献。但是,把这些方法结合起来,研究者就可以对情况进行更全面的把握,不仅可以了解问题的规模(比如涉及的人数、年龄、性别、种族),也可以了解引发行为的动机因素(比如自我形象、压力、同辈群体)。

## 推进分析

在混合方法策略中,使用不同的方法可以用来推进分析,用一种方法启发另一种方法。从这个意义上来说，按顺序引入不同方法是推进前一阶段研究发现的手段。

这是开发研究工具的有效手段。比如说，研究者正在设计一个调查问卷，他可以先开展一个焦点小组或者访谈，通过这些来发现什么问题是最重要的，然后把其放在接下来的调查问卷中。在这种情况下，调查问卷收集到的量化数据是从访谈或者焦点小组收集的质化数据发展而来。

混合方法还可以用于研究项目的其他部分，在它的研究基础上继续发展。在这种情况中，一种新的方法被引入正是因为先前方法产生的研究引发了一个新的研究问题。一个经典的研究可以表明这种情况是如何发生的，1924—1933 年研究者在西部电力公司位于芝加哥的霍桑工厂开展了研究。霍桑研究的目的是发现影响工人生产率的因素，一开始，工厂的管理部门开展了一系列的准实验，在实验中他们改变灯光的亮度，看它与生产率是否有关。接下来，哈佛商学院的研究者加入了研究，他们设计了一系列实验，目的是探究疲劳、枯燥和工人生产率之间的关系（Mayo，[1933]2003；Roethlisberger and Dickson[1939]，2003）。所有这些有控制变量的准实验研究得出非常令人困惑和不确定的结果，这促使研究者引入其他研究方法。他们不再试图测量影响生产率的因素，而是决定问工人什么是他们的驱动力。研究者开展了针对工厂的大型访谈项目，通过访谈发现的工人的动机帮助研究者理解最初实验研究得到的研究发现。访谈发现工人的动机包括金钱之外的东西；工作中的个人和社会回报也会影响他们的生产率。一旦研究者理解了这一点，他们就能够理解前一阶段研究的结果。最终，为了验证访谈阶段的研究发现，研究者又进行了第三阶段的研究，他们对工人中非正式群体的行为进行观察，就这样他们一步一步地推进了对工厂中工人生产率影响因素的分析。

**要点提示：使用混合方法的主要好处**

- 检查研究发现的准确性；
- 提供更完整的图景；
- 有助于推进分析。

## 资源与技术

使用混合方法获得好处的同时,还需要考虑这种方法可能给研究者带来的额外要求,对研究最明显的额外要求是需要多种技术。如果研究者要使用多种方法,他就必须熟练运用不同的方法——这需要花费时间。除此之外,使用混合方法时数据分析变得更加复杂。研究者不仅需要进行多种分析,还需要对研究发现进行比较、对比和整合,这可能比只用一种方法更有挑战性。

**注意**

决定研究时间长度和范围的时候,要考虑使用混合方法的额外要求。

## 混合方法的研究设计

混合方法的研究设计很受人关注。这是因为研究设计解释了混合不同成分的理由:它表明了哪种方法适合于被研究问题,它显示出各种方法如何相互连接才最有利(Creswell, 2013; Morgan, 2014)。

有关研究设计的可能方案有各种建议。不同的混合方法研究可以被分为各种类型(Onwuegbuzie and Combs, 2010; Natasi et al., 2010),也有人一直在努力细化和拓展混合方法研究的隐含前提(Leech and Onwuegbuzie, 2009; Onwuegbuzie and Frels, 2013)。但是,我们对各种混合方法研究类型首先应该注意的是它们是基于对质化研究和量化研究的清晰划分。考虑了这一点,混合方法研究的设计倾向于遵循以下惯用概念:

- 质化(qualitative)指代的是文本或者图片形式的质化数据,这些数据为解释其中的意义提供了基础;
- 量化(quantitative)指代的是数字形式的量化数据,这些数据对被观察的事件提供了客观测量。

质化和量化的标签实际上代表了对复杂事实的简单化看法。实践中,质化取向和量化取向之间的界限并不总是简单清楚的(Reichardt and Rallis, 1994; Hammersley, 1996; Bergman, 2008; Onwuegbuzie, 2012)。但是质化和量化这样的标签很容易理解,它们提供了方便快捷的概念,用来标注特定方法在多大程度上强调解释(质化)或者测量(量化)。所以如果没有更好的概念,质化和量化之间的区别仍然是混合方法研究设计中广泛采用的概念。

我们对多种混合方法类型需要注意的是它们真的把事物浓缩成各种非常简化和直观的问题(Guest, 2013)。实际上,混合方法研究者针对他的研究设计需要解释的基本问题只有三条:

- 使用质化和量化方法的顺序;
- 质化和量化方法的相对重要性;
- 把质化和量化方法结合起来的目的。

## 排序

当一个研究设计包含了来自不同范式的方法和策略时,这些方法/策略以什么顺序使用就显得十分重要。由于它们是解决同一个研究问题的一部分,排序反映了研究者认为如何把方法和策略结合起来才是最可行的。在一些研究中,最好是在量化研究之后做质化研究;而在其他研究中则相反。一个研究项目如果包含更多阶段,也许最有用的是使用三个或者更多质化/量化的序列组合。最能服务研究的也有可能是同时比照着使用不同的研究取向,这可能要"同时"使用质化和量化方法。这些与排序和时间有关的基本设计选项用惯用的概念来表述(见表10.1)。

**表10.1　混合方法研究设计中的排序**

| | |
|---|---|
| **先后研究** | 比如:质化→量化 |
| (两个阶段) | 量化→质化 |
| (可能有"多个阶段") | 量化→质化→量化 |
| **同时研究**<br>(有时也叫"并行"研究) | 比如:量化<br>质化 } |

## 相对重要性

包含了质化和量化成分的研究设计不必在两种取向上平均用力。实际上,研究者很有可能会倾向于把其中一种取向作为“主要的”部分,另一种作为“辅助的”对照物或者用于检查“主要的”取向。比如说,研究者可能一开始收集和分析非常少量的质化数据,作为研究的探索阶段。他们可能使用访谈或者焦点小组,获得对相关问题的一种感觉,探索人们看待事物的方式。有了这个知识,研究者接下来就可以以之前获得的信息为基础制作问卷(或者其他量化研究工具)了。一些心理学和市场调查采用的就是这种做法,使用质化研究作为初步的检查手段,以保证量化研究工具的效度。在这种做法中,量化数据被视为最重要的研究资料。

与此相反,研究设计也可能把质化研究作为主要部分,把量化研究作为辅助部分。这种做法的例子是使用详细的个案研究,然后进行小规模的问卷调查,用调查来检查个案研究的发现。这种情况下,研究设计重点在于质化数据的收集和分析。比如,研究者可能对某个企业的雇员进行访谈。从这些访谈中,研究者可能形成了一些结论。这时候,他们会对其他企业进行一个调查,检查这些结论是否适用于其他情形。结论的主要内容会放在问卷里,问卷发放给全国范围内具有代表性的样本企业,研究者希望他们得到的回应与详细个案研究得出的结论一致。在这个例子中,研究的重点在于质化研究(访谈),而量化研究(问卷调查)只扮演支持的角色。

用简单的方法描述各种可能性,来自不同研究范式的方法,其排序和重要性可以采用以下其中一种形式(见表10.2)。

**表10.2　混合方法研究设计中各成分的相对重要性**

| | |
|---|---|
| 地位旗鼓相当 | 比如:**质化→量化**<br>**量化→质化→量化** |
| 主要/次要地位 | 比如:质化→**量化**<br>**质化**→量化 |

注:加粗表示更重要

## 结合的目的

混合方法研究不只是简单地把质化研究和量化研究同时放在一个项目中。开展一个好的混合方法研究，关键在于用有利于进行研究、有利于达成研究目的的方式把两者结合起来。因此，任何混合方法研究设计需要考虑的一个重要问题就是，每种方法对其他方法有何贡献。一些主要的可能性如下：

- 比较研究发现：研究方法的结合可能是为了比较和对比不同方法（质化的和量化的）所得的研究发现，这种比较是结果之间相互校对，确认其效度的手段。
- 形成研究发现：研究方法的结合可以是把一种方法加入到另一种方法的研究发现中。研究每多出一个字符，就为了解被研究话题增加了新的维度、新的视角，产生了不同类型的信息。
- 发展研究发现：用研究的某个部分形成后续研究成分的议题，为研究指明方向。或者使用某个方法的研究发现来解释另一个研究部分的发现，这种情况下关键在于把分析往前推进（比如，上面介绍的霍桑研究）。

这三个选项与混合方法研究的三个好处相对应。比较研究发现对检验研究发现的准确性有用，形成研究发现有助于提供更全面的图景，而发展研究发现对于推进研究分析有价值。当我们把这些选项与研究成分的排序和相对重要性放在一起的时候，它们可以为项目研究者提供十种混合方法设计的基本选项（见表 10.3）。

**表 10.3　十种混合方法研究的基本设计选项**

| 好　处 | 结　合 | 概　念 | 描　　述 |
|---|---|---|---|
| 提高准确性 | 比较研究发现 | **质化 + 量化** | 综合的研究发现：<br>不同的方法研究同一个问题，它们在互相检验研究发现的效度时具有同等的地位。每一种方法得出的研究发现被用于检验其他方法得出的研究发现。 |

(续表)

| 好处 | 结合 | 概念 | 描述 |
|---|---|---|---|
| 更完整的图景 | 形成研究发现 | **质化** + **量化**<br>质化 + **量化**<br>**质化** + 量化 | 覆盖更广:<br>使用不同的方法研究问题的不同部分。把这些方法放在一起的时候,它们可以增加了解该话题的新维度。 |
| 推进分析 | 指明方向<br>解释研究发现 | **质化**→**量化**<br>**量化**→**质化**<br>质化→**量化**<br>量化→**质化**<br>**质化**→量化<br>**量化**→质化 | 先后做贡献:<br>一种方法得出的研究发现被用于指导项目下一阶段的研究。对于不同方法的长处有明显的推进作用。重点可以放在其中一种方法上,让不同的方法有不同的地位。 |

混合方法设计的一些类型还有更多元素。比如,克里斯韦尔和普拉诺·克拉克(Creswell and Plano Clark, 2010: 69-70)在他们给出的设计选项中提到"解释性顺序设计"和"探索性顺序设计"。但是像"解释性"和"探索性"这样的术语并不只是用在混合方法研究中。这样的术语告诉我们研究的普遍本质和目的,它们可以用在社会科学的任何研究设计中(而不是用来描述研究项目中的混合方法元素如何结合在一起)。

**要点提示:混合可以针对"方法"之外的东西**

没有绝对的理由说明混合必须是方法的混合。"混合方法"可以基于研究设计、研究策略和分析模式的混合。更进一步说,混合不一定是质化成分和量化成分的结合。它可能是不同量化方法结合在同一个研究中,也可能是不同质化方法结合在同一个研究中。(Denzin, 2012; Flick et al., 2012)

## 混合方法研究中的三角互证

正像本章一开始所说,混合方法研究的定义就表明了它的特点是从各种视角看待研究问题。我们已经看到可以用不同方法把不同成分放在一个研究项目来实现这样的目的。但是，这些研究设计选项的目的是一样的，那就是通过多种方法、从多种角度找到更“适合”被研究事物的方式。这种逻辑与三角互证的概念关系密切，在混合方法研究领域，三角互证已经被认为是一个特别重要的基础，有了这个前提，我们才能从多个视角更好的理解一个研究问题。

三角互证的理念源自三角法和与三角形有关的几何定律。按照这些定律，我们有可能通过从两个已知位置的点观察某个事物来确定这个事物的精确位置(假定已知从另外两个位置观察时的距离和角度)。在实践中，三角互证被地质学家、勘测员、导航员和其他人用来测算物理世界中事物的精确位置。

社会研究者改编和发展了三角互证，把它用于社会世界。这个领域的人一般会引用登青(Denzin，1970)的早期作品，他们指出三角互证用于社会科学的五种途径。分别是：

- 方法的三角互证(方法之间)。这是混合方法研究者最常用的三角互证。使用不同的方法让研究者可以对比一种方法得出的研究发现与另一种方法得出的发现。这种三角互证的关键是使用明显不同的研究方法，这样研究者可以从尽可能广泛的视角来看待事物。
- 方法的三角互证(方法内部)。相似类型方法内部也可以作比较，不一定非要在明显不同的方法之间比较。坎贝尔和菲斯克(Campbel and Fiske，1959)以及韦伯等人(Webb et al.，1966)在他们具有先驱性的作品中使用了这种三角互证。这里的逻辑是如果相似方法产生了同样的结果，我们就有理由认为研究发现是准确的、真实的(而不是使用方法得到的虚假副产品)。
- 数据的三角互证(使用不同的信息来源)。研究发现的效度可以通过使用不同的信息来源加以检验。可以是比较不同信息提供者的数据(信息提供者三角互证)，或者在不同时间收集的数据(时间三角互证)。这个概念还可以指空间三角互证(使用多种文化、社会或者地理情境)。

- 研究者三角互证(使用不同的研究者)。为了检查在特定研究者影响下产生的偏见,可以对不同研究者得出的研究发现进行比较,看它们是否一致。研究者“看”事物的方式是否一样?他们对事件的解释是否类似?他们是否对同样的数据来源采用了同样的编码(比如,访谈转录、被观察事件)?如果答案是肯定的,我们对研究发现就更有信心。
- 理论三角互证。这是指使用多种与数据有关的理论立场。不同的理论对数据及其解释方式具有不同的塑造作用,这些不同的视角可以是基于不同学科的研究取向。比如,针对被研究的主题,研究者可能会对比社会学取向和心理学取向的研究。

**注意:社会科学中的三角互证**

社会世界与物理世界不同,社会研究者常常无法采用固定的/客观的立场,没有普遍被认可的东西,他们无法以这些为基础开始自己的观察。因此,社会研究者所使用的三角互证不能从字面意义来理解。它不同于地质学家、勘测员或者导航员使用的三角互证。它往往是从更松散的意义上指代更广泛的基本原则,即从多个视角看待一个事物,这样你可以从研究中得到更多有价值的发现。

**要点提示:混合方法和三角互证的好处**

- 提高准确性:
  - √ 确认研究发现的准确性和真实性
  - √ 检查研究方法中的偏见
  - √ 发展研究工具

这包含了使用相似的方法、数据等。

- 更全面的图景、更完整的研究发现:
  - √ 产生补充数据(不同但是相关)
  - √ 产生更进一步的数据(从之前研究发现中发展出来)

这包含了使用有对比的、不同的方法和数据等。

可以用一项有关课堂控制的研究项目来说明混合方法研究中的三角互证(Denscombe, 2012),这个研究主要使用了方法间的三角互证和信息三角互证。研究的起因是中学课堂学生的干扰行为问题,这种行为对上课有严重影响。教师对此感到有压力、有挑战,它转移学生学习的注意力。因此,引发这种行为的环境和教师对这种行为的控制是实践中人们关心的问题,也是可以通过混合研究方法解决的典型研究问题。

研究的第一个阶段是课堂观察。研究者坐在课堂中,对相关事件记笔记,关注点当然是干扰行为。观察作为最初的数据收集方法产生了量化数据和质化数据,量化数据是干扰行为的发生频率,质化数据是事件发生时所处的环境。

这些数据本身就有用处。但是,当把它们作为混合方法研究设计的一部分使用时,研究者可以从中得到更多。作为混合方法研究的一部分,它们可以提供:

- 关于问题的理解,为进一步与干扰行为有关的研究提供建议;
- 对干扰行为提供特定视角(基于课堂观察);
- 接下来可以根据不同来源的信息和不同研究方法得出的研究发现,对这些信息的准确性和解释进行检查。

但是,这些好处要求研究者使用课堂观察数据的同时,也使用其他方法和有关干扰行为的信息来源。为了利用方法间三角互证,这些其他的方法需要与观察的方法很不同,这样研究者才能从完全不同的角度来看干扰行为。所以研究者继续进行了 系列一对一的访谈,在这些访谈中,研究者询问了教师和学生,让他们回顾研究者在上课时观察到的真实发生的干扰行为。这样的访谈可以达成两个目的:首先,它们增加了背景信息,帮助研究者解释事件为什么发生;其次,它们产生了有深度的信息,让研究者理解事件对于当事人的意义,以及他们是如何在情境中进行协商的。

为了增加另一个视角,研究也利用了与干扰行为有关的文字和档案作为数据来源,这是数据的三角互证。学校记录和学校规定提供了对此问题的"官方"立场,这个立场与观察和访谈得出的研究发现形成有趣的对比。最后,针对教师和学生的问卷调查被用作检验分析的手段,看看研究发现是否可以推广到更大范围的总体。

因此,这个研究使用了不同类型的方法和不同来源的信息,从不同角度来看课堂中的干扰行为。为了获得对现象的更全面理解,它用了方法间三角互证和数据三角互证。但是,这里的更好的理解包含两方面内容。正如图 10.1 所展示的,三角互证用来检查研究发现的准确性(比如,干扰行为发生频率),也用来提供更全面的图景(比如从干扰行为对教师和学生的意义理解该行为的重要性)。

需要注意的是,精确测量并不意味着使用三角互证可以找到一个关于情境的精确的、正确的"真理"。它不能证明研究者做对了,它只能帮助研究者证实研究发现,让研究者对结论更有信心。同样的,使用三角互证获得一个更全面的图景,绝不能被理解为使用三角互证能够覆盖所有角度,让研究者穷尽有关某个话题的所有内容。更谨慎地讲,它能够做的就是提供更全面的理解,提供不同类型的信息,这些理解和信息可以推动研究向全面的图景靠近。

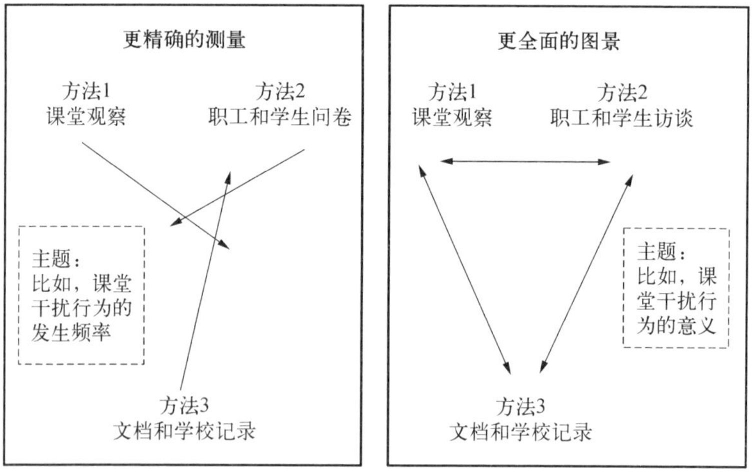


图 10.1 混合方法与三角互证

## 不能证实数据

混合方法的假设是,不同类型的研究发现相一致或者相互补充,这是对研究项目的积极贡献。但是，风险在于不同类型的研究发现可能指向不同的方向。

从原则上来说，研究结果的不一致不应该被视为是一种挫折或者失败，它应该鞭策研究者更进一步探究研究发现的差异。研究发现之间的矛盾可以变得非常有趣——它们可以揭示数据收集方法的局限性，或者从被研究现象中梳理出有趣的复杂性。

但是在实践中，不能证实数据可能会带来消极的后果。项目研究者和履行合同的研究者都有压力，因为他们需要在一定的时间内得出研究结论，并在一定的期限内拿出研究报告。但是，最后项目给他们的可能是不同方法（或者不同数据来源）得出的相互矛盾的发现，或者没得出确定的研究发现。如果人们去做研究是想给出具体的研究发现或者为急迫的问题提供实际的解决方案，那么他们可能无法接受不同方法得到的相互冲突的数据，和以此为基础产生的结论。研究的受众（比如资助者、检查者）可能会觉得失望，研究项目完成了却没有提供清晰明确的研究发现，他们甚至会认为某个方法或者其他方法（或者数据来源）是错的，不应该在研究项目中使用这些方法或者数据来源。这时候，数据不能得到证实，就容易出现混合方法研究者倍感压力的情况。

## 实用主义和混合方法

实用主义普遍被认为是混合方法的哲学伙伴。这意味着混合方法研究者普遍认同，判断社会研究的标准不应该是它可以精确地归属于量化研究范式（实证主义）或者另一个竞争性阵营——质化研究范式（解释主义）。决定选用哪种方法，应该是根据这种方法对于解决被研究的特定问题或议题有多大作用。关键的考虑因素是研究工具是否可行，而不是它们是否归属于某个具体的研究哲学。

### 实用主义

在研究情境中，实用主义倾向于包含以下核心观点：

- 知识是基于实践成果和“什么可行”。判断知识的关键标准是研究者认为它是否有用,以及用它来解决实践问题是否可行。

- 研究应该检验什么问题适合用经验研究的方式解决。
- 没有一个唯一的、最“科学的”方法可以给我们带来不可争辩的知识。
- 知识是暂时性的。今天我们认为是真理的在将来未必如此。知识是时间的产物,它永远不可能是绝对的或者完美的,因为它不可避免的是历史时代和文化情境的产物。因此,寻找绝对的“真理”是徒劳的。

哲学和科学领域的传统二元论被认为没有帮助。特别是,有人质疑量化研究和质化研究之间的区别,但是也有人反对将事实/价值、客观主义/主观主义和理性主义/经验主义进行区分。

## 混合方法作为一种不同的选项

实用主义与混合方法研究之间的联系可以用不同的方式来解读。对于一些混合方法研究者来说,实用主义是让他们自由使用完全的量化研究或者完全的质化研究——他们认为单独使用其中一种就能够产生足以回答研究问题的研究发现。实用主义让他们觉得使用混合方法是第三种选项——如果社会研究者觉得,单凭量化研究或者质化研究不能为心目中的特定研究提供足够的研究发现,那么混合方法就是他们可以使用的另一个选项。这些研究者并没有把实证主义和解释主义看作过时的东西,他们只是把混合方法取向看作另一种必要的时候可以使用的研究策略而已。正如摩根(Morgan, 2014: 4)所说:

> 仅仅是得到更多结果,或者不同类型的结果,这件事本身并不能改进你的研究;在这个基础上,你必须把这些结果用一种可以展示它们价值的方式放在一起,让人觉得它值得你付出更多努力。因此,使用多种方法的研究项目并不是自动地优于使用一种方法的研究。

## 混合方法作为更好的选项

另一些人认为实用主义代表着社会研究中思维的提升——这是一

种新的研究范式的基础，这种新范式应该代替之前基于实证主义和解释主义的研究范式（Tashakkori and Teddlie，1998，2003；Johnson and Onwuegbuzie，2004；Teddlie and Tashakkori，2009；Creswell and Plano Clarke，2010）。这种看法形成了另一种具有微妙区别的立场，这种立场认为量化研究和质化研究的结合本身就是好东西。从这个立场出发，把不同和不兼容的研究范式混合在一起，这不仅是可以接受的，而且是值得追求的做法，其目的是提供可行的答案，至少是比单一量化或者质化方法的研究更可行的答案。

## 一种新的研究范式？

把混合方法看做新的范式，有助于推广这种方法，它是一种具有突破性的研究方法，可以打破两种古老狭隘范式之间的对立。它为这种方法创造了一种身份，它用一种对社会研究的新手来说特别有用的方式使一个复杂的领域“具有意义”，这些新手研究者会发现通过这种方式很容易理解这个领域。因此，可以遵循“混合方法运动”的线路来介绍这种立场（本章已经进行了介绍）。

但是，如果认为混合方法对社会研究而言完全是新东西那就错了。在一个研究项目中把不同类型的研究方法结合起来，这样的做法已经有很长时间了（Johnson and Gray，2010）。很多经典研究，包括本章前面部分提到的霍桑研究，都是把来自不同范式、基于不同哲学观点的方法和数据结合起来的例子。而相对新颖的是把某种研究方法称作混合方法，将此作为一种研究取向。它有被认可的名字和研究信度，只是近几年才被一些研究者推到前台的（Tashakkori and Teddlie，1998，2003；Johnson and Onwuegbuzie，2004；Greene，2007；Teddlie and Tashakkori，2009；Creswell and Plano Clark，2010；Creswell，2013；Morgan，2014）。

认为实用主义是唯一与混合方法有关的研究哲学也是错误的，其他哲学立场的研究者也认为使用混合方法有好处。尤其是，混合方法已经与批判现实主义（Layder，1993，1998；Pawson and Tilley，1997；

Lipscomb, 2008; Harrits, 2011),建构主义(Denzin, 2012),以及变革/解放类研究(Mertens, 2009; Onwuegbuzie and Frels, 2013)建立了联系。因此,混合方法并不只是局限于实用主义。

## 混合方法的优点

### 对被研究事物有更好的理解

混合方法使用三角互证的形式,它可以用来:(1) 证实研究发现的有效性,提高准确度;(2) 产生对被研究事物的更全面解释。

### 一种实践的、问题驱动的研究方法

作为一种运动,混合方法是问题驱动的而不是理论驱动的,它背后的哲学基础是实用主义。这样,它给大部分社会研究者的实践提供了展现的机会,这些研究者许多年来都在使用不同的研究范式,因为这样做在实践中确实有用。

### 不同方法和不同类型数据之间的清楚联系

混合方法把重点放在多种方法的结合上,它鼓励研究者提供清楚的说明,解释不同的方法和数据如何以及为什么能够相互补充。一个好的混合方法研究会避免武断的方法“大杂烩”。

### 扬长避短

每种研究策略和方法都有自己的长处和短处,一个有智慧的策略和方法的巧妙结合可以让研究者扬长避短,既充分发挥特定方法的优点,又避免因这种方法的弱点而遭到质疑。

## 混合方法的缺点

### 研究项目的时间和成本会增加

多个阶段的结合会增加研究设计和数据收集的时间。

### 研究者需要掌握多种方法的技术

研究者需要练习并掌握质化研究和量化研究的技术。这对研究者提出了更高要求，同时也有可能在每一个研究阵营的专家那里“丢分”。

### 不同方法得出的研究可能无法互相证实

如果不同方法得出的研究不能互相证实，研究者就需要拓展研究，解释为什么不能相互证实。

### 质化/量化之间的区别可能把事物过度简化

当进行质化/量化的区分时，混合方法研究者需要意识到这种清楚而简单的词语可能掩盖了更为复杂的现实。

### 混合方法背后的哲学——实用主义——可能被误解

人们对实用主义这个词有一种常识性用法，认为它的意思是功利，行动缺乏原则。因此，混合方法有可能与这种理解有关，变成一种“什么都行”的研究方法。应该强调的是，这并不是实用主义的哲学含义，也不应该是与混合方法相联系的含义。

## 补充阅读

Cresswell, J. W. (2013). *Research Design: Qualitative, Quantitative and Mixed Methods Approaches*, 4th edn. Thousand Oaks, CA: Sage, especially Chapters 1 and 10.

Creswell, J. W. and Plano Clark, V. (2010). *Designing and Conducting Mixed Methods Research*, 2nd edn. Thousand Oaks, CA: Sage.

Morgan, D. L. (2014). *Integrating Qualitative and Quantitative Methods: A Pragmatic Approach*. Thousand Oaks, CA: Sage.

Teddlie, C. and Tashakkori, A. (2009). *Foundations of Mixed Methods Research: Integrating Quantitative and Qualitative Approaches in the Social and Behavioral Sciences*. Thousand Oaks, CA: Sage.

## 混合方法研究自测表

开展混合方法研究时,你应该对下面这些问题有信心回答"是": ☑

1. 研究项目是否完成以下的一件或者多件事?
   - 使用多种类型的研究方法 □
   - 结合多种类型的研究数据 □
   - 基于不同模式(探索性的/解释性的)提出问题 □
2. 与只使用一种方法相比,是否对使用混合方法策略的好处进行了清楚的说明? □
3. 对于使用混合方法策略的理由说明是否基于以下的一个或者多个标准?
   - 特定研究问题的需要 □
   - 检验研究发现的准确性 □
   - 提供更完整的图景 □
   - 推进分析 □
   - 对特定方法的取长补短
4. 研究是否有清楚的设计,展示质化和量化部分的顺序、主次以及关系? □
5. 对于怎样在以下方面使用三角互证是否有详细的说明?
   - 不同的数据收集方法 □
   - 质化数据和量化数据的使用 □
   - 不同类型的数据分析 □
6. 是否考虑了开展混合方法研究可能会有额外的技术和资源要求? □

# 第二部分

# 收集数据的方法

有四种社会研究者主要使用的方法：问卷法、访谈法、观察法和文献法。在许多方面，这些工具就相当于自然科学家在物理世界中处理物质对象时所使用的显微镜、天平和千分尺。这些工具能够帮助研究者获得以下内容：

- 对事物的清晰图景；
- 对事物的精确测量；
- 有关被研究事物的事实和证据。

## 选择方法："适合与匹配"的问题

本书接下来的几章将对每种方法的主要特点进行指导。但是，在选择和使用其中任何一种方法之前，重要的是考虑以下三件事。

第一，研究方法常常与特定的研究策略有关。比如说，问卷一般与调查有关，而参与式观察一般用在民族志中。有一些系统的理论可以解释为什么特定方法与特定策略有关。但是，它们之间的联系并不是滴水不漏的，重要的是项目研究者要认识到，在决定使用哪种方法时，仍有一些选择的余地。

第二,每种方法都有一定的优点和弱点。这些会在每一章的最后列出。研究者要记住这一点,不要试图寻找一种绝对优于其他方法的方法,最好是寻找一种在实践中针对特定研究问题最可行的方法。换句话说,在选择方法时,研究者应该根据“有用”的标准来做决定。研究者应该问自己哪种方法最适合自己的研究任务,而且要记住前提是选择收集数据的方法是一个“适合与匹配”的过程。

第三,研究方法并不是互相排斥的。没有哪种方法生来就比别的方法好,如果要按实用性来选择方法,那么就有结合各种方法的可能性,即使用混合方法(见第 10 章)。使用多种方法做研究时,研究目的要明确,这样一种方法的缺点可以用另一种方法的优点来弥补。

## 研究授权

选择了最合适的(多种)方法后,研究者可能很想马上开始做研究,着手收集数据。但是,在收集数据之前,必须确保计划开展的研究得到了授权。这包含两件事:伦理许可和授权。

伦理许可。大部分的社会研究项目都需要伦理许可。它包含了向研究伦理委员会提交申请或者类似的东西。研究者必须在收集数据之前获得伦理许可——这是非常必要的。第 17 章研究伦理会对此进行更进一步的指导。

授权。研究者应该从“职权部门”那里获得许可,这些职权部门决定了研究者是否可以接触被研究的人,进入被研究的地方。这可能意味着研究者要获得书面许可,比如,从一个组织的高级经理那里获得许可,或者从被研究者的“监护人”那里获得许可,监护人有责任保护弱者的利益。重要的是,要在开始收集数据之前获得这样的授权。

**小贴士:研究许可**

永远要提前获得许可。不要在研究没有获得正式许可之前就开始收集数据。

## 准备、计划和项目管理

一般来说，研究者没有时间和资源重复研究过程，一旦开始收集数据，他们也没有机会修改或者纠正收集数据的方法。绝大多数的应答者一般没什么耐心愿意让研究者为了纠正第一次的错误而重新来一遍。因此，研究者是有压力的，他们要第一次就做对。这需要合适的准备、计划和项目管理。在这个方面值得考虑的有三件事：

- 时长和时间表。考虑研究需要多长时间，最好的做法是使用甘特表或者类似的墙面表格计划工具，为收集数据制定一个合适的时间表。
- 资源。需要预备数据收集过程中的成本（交通、设备等），还要预留研究者为了成功且按时完成数据收集所需的时间总量。
- 研究设计。研究者不能像无头苍蝇一样到处乱飞，试图收集能遇到的所有信息：数据收集应该是清楚指向研究的一部分。它应该来自研究设计，在这个设计中，研究目的是清楚的，完成研究的方法是提前规划好的。

## 保存记录

不管采用哪种研究方法，都应该留下书面记录，这是项目过程中很好的做法。记录包括两方面：

- 有关事件和决定的日记。研究者应该记录收集的过程，这就好像一个关于研究项目过程中所发生的事和所做决定的日记。这样的记录提供了可供后面阶段回顾查询的档案历史。
- 组织数据。认真记录需要结合真实收集到的数据。数据要进行记录和编目、归档、制作索引，让研究者准确知道已经收集了什么数据，在需要的时候可以定位到数据的具体信息。

参见“数据保护”，第 335 页

这样的研究记录必须保密：要么锁起来，要

么放在电脑文件中并用密码保护——最好两样都做。

## 先行研究

另一个好的做法适用于所有数据收集方法：永远要提前对方法进行检验，看它在实践中效果如何。无论研究者投入多少时间和精力来设计一个好的数据收集工具，都不能代替“在田野中”找参与者直接试用的做法。如果一切顺利，研究者就可以再次确认开始收集数据之后不会有不好的突发状况。如果先行研究揭示了一些需要改进的地方，研究者就可以在研究开始的“现场直播”之前进行改进——避免可能会破坏研究的那些问题。

# 第11章 问卷

什么是问卷？·什么时候适合用问卷？·自我完成问卷·成功的问卷·研究问卷的重要因素·问卷的长度·精简问卷·编制问卷·检查问题·开放式问题和封闭式问题·问题类型·网络问卷·问卷的优点·问卷的缺点·补充阅读·使用问卷自测表

## 什么是问卷？

问卷有许多类型，它们在目的、范围和形式上各不相同。但是一个问卷要想用于研究，它们需要满足三个标准。

第 ，设计它们的目的是用来收集信息的，这些信息之后可以用作数据分析。作为一种研究工具，问卷不是用来改变人们的态度，或者向他们提供信息的。但是问卷有时候也可以达到这样的目的——比如说，作为推销产品的手段——这种用法并没有严格遵照研究问卷的精神，研究的精神在于发现事物。

第二，它们应该由书面问题的列表组成。这里的关键点在于每个回答特定问卷的人读到的问题是一样的。这样问题用语才具有一致性和精确性，让回答的过程更容易。（有时候，可能会用图片代替文字表达的问题。）

第三，它们应该通过直接问人获得有关研究的问题来收集信息。

问卷的前提是,如果你想发现与人及其态度有关的东西,你就直接去问他们你想知道的事,直接从他们口中得到信息。

## 什么时候适合用问卷?

不同的方法适合于不同的情况,问卷也不例外。尽管可以巧妙地把问卷用在各种不同的研究情境,它还是在以下情境中表现最好:

- 需要的是非常直接明了的信息——相对简单而且没有争议;
- 需要统一问题得出的标准化数据——不需要个人的、面对面的互动;
- 应答者有能力阅读并理解问题——要考虑年龄、智商、语言、视力的问题;
- 社会环境足够开放,允许全面而且诚实的回答。

## 自我完成问卷

本章的重点是自我完成问卷。自我完成问卷有赖于应答者独立于研究者作答,按照自己的节奏,占用自己的时间提供书面答案。即使研究者在应答者完成问卷时在现场,他也不能参与完成问卷的过程。但是,如果研究者直接参与了作答,事情就不同了。如果问卷是通过电话完成的,或者研究者在街上拦下某人,从纸板或者电子设备上把题目讲给他听,然后要求他作答,那么这更像是结构化访谈。研究者和应答者之间的直接互动会带来一系列额外的与访谈者效应有关的问题。这些问题会在第 12 章访谈中介绍。

## 成功的问卷

成功的研究问卷取决于三件事:

1) 应答率　　(有多少人返回了问卷)

2) 完成率　　(完成情况如何)

3）应答的效度　　　　（诚实度和准确度如何）

只有问卷完成并且返回给研究者，它才有价值。无论从技术角度来说问卷多么正确，或者设计得多么好看，事实是，只有拿到研究问卷的人愿意提供答案，并且把完成的问卷返回给研究者，这些问卷才有价值。当然，问卷返回给研究者但是很多问题没有回答也不会太有价值。想让问卷有价值，必须有足够比例的问题得到了回答。当然，问卷的价值还取决于应答者在多大程度上提供了“真的”回答，即他们提供的信息是诚实而且准确的，伪造的答案或者错误的答案可能比不回答还要糟糕。

研究者面临的挑战是，如何设计和分发问卷才能得到好的应答率和高的完成率，并且有理由相信答案都是诚实和准确的。没有绝对的规则可以保证这些，但是从本质上来说，研究者在设计和分发问卷时需要考虑以下四件事。

## 应答者的能力

设计问卷需要考虑拿到问卷的人在特定方面的能力如何。不同的目标群体可能在某些方面有能力，而在其他方面没有能力，研究者必须考虑这一点。这不仅是伦理问题，也是很实际的问题。如果人们没有能力作答或者发现很难完成问卷，应答率就会受到影响。需要考虑的因素如下：

- 读写能力（阅读能力、使用语言的熟练程度）；
- 视力（盲、视觉障碍、年龄）；
- 弱势（年轻人、老年人、学习障碍）；
- 记忆（回忆的能力、细节的总量、事情发生了多久）。

## 应答动机

应答者愿意参与研究，这取决于他们有动机花时间和精力完成问卷。研究者永远不能认为这是理所当然的事，遇到对求助感到厌烦的应答者，研究者应该仔细想一下自己可以做什么来给这些人参与的动力，可以考虑以下因素：

- 兴趣、热情、善意(话题、金钱、奖励)；
- 发问卷的环境(便利性、时间)。

## 话题的敏感性

研究者需要意识到特定话题的问题对应答者来说可能是很尴尬的,所以他们可能不会提供完全诚实的答案,或者回避这些问题,导致这些题目全部缺失。这不仅是话题本身的问题,也可能反映了提出问题的环境不合适,以及应答者认为会有其他人看到自己的回答,所以研究者需要考虑以下因素的潜在影响：

- 提出敏感或者让人尴尬的问题(个人的、情感的)；
- 研究的环境(信任、开放或者害怕被报复的氛围)。

## 问卷设计

问卷可以设计得很吸引人,它同样也可以包含对研究者来说有用的巧妙构思。但是,问卷设计最主要的方面也许是"应答负担"——应答者为了完成问卷需要花费的时间和精力。作为首要原则,一个好的研究设计应该把应答负担最小化,这样才能提高应答率。这意味着研究者需要考虑两个关键因素：

- 完成问卷需要的总时长(问题的数量)；
- 回答问题的难度(没有模棱两可的情况、具有合适的格式)。

牢记这两点,表 11.1 提供了一个关键标准的汇总,研究者在编制问卷或者评价问卷时需要意识到这些标准。

**表 11.1　编制和评价一个研究问卷的标准**

| 标　　准 | 研 究 议 题 | 需要考虑的因素 |
|---|---|---|
| 可行性<br>是否能联系到合适的应答者? | 可行性以及资源限制 | • 联系相关人以及发放问卷的可用手段<br>• 准备和发放问卷需要的时间和金钱 |

（续表）

| 标　　准 | 研究议题 | 需要考虑的因素 |
|---|---|---|
| 应答率<br>能回收足够比例的问卷吗，能避免收集信息产生的偏差吗？ | 信度 | • 好的问卷设计<br>• 应答动机<br>• 有后续工作 |
| 完全的信息<br>问卷是否能收集研究需要的所有重要领域的信息？ | 完成度 | • 包含所有重要话题<br>• 问卷的所有部分都得到了回答 |
| 准确的信息<br>是否确保了问卷本身不（有意或者无意）引起信息错误？ | 效度 | • 适合于被研究话题/概念的问题<br>• 清楚、精确以及没有模棱两可的问题<br>• 诚实的回答 |
| 伦理立场<br>是否考虑了提供信息的人的权利？ | 职业操守 | • 自愿合作<br>• 提供了有关数据如何使用的信息<br>• 没有泄露应答者的身份<br>• 对敏感数据进行保护 |

**小贴士：成功心态**

1. 从假设人们不愿意完成问卷开始，然后思考你如何鼓励他们填写问卷。

2. 换位思考："为什么我要帮助研究者？"

3. 预计低应答率：不要对事情抱有过于乐观的态度。

## 研究问卷的重要因素

所有的研究问卷都应该包括一些与研究有关的背景信息，给应答者提供一些指导，帮助他们完成回答问题的任务。同时，还要用一些方法为每一个完成的问卷设置唯一标识的编码或者数字，这些是所有编写问卷的研究者应该学习的做法。

## 背景信息

从伦理和实践的观点出发，研究者需要提供一些与研究和问卷有关的背景信息。每个问卷都应该包括以下信息：

- 资助者。研究是在谁的资助下开展的？它是个人研究还是从机构那里拿到的研究？用印有机构抬头的信笺纸来印制问卷是表明问卷来自哪个机构、该机构性质如何的最简单的方法。
- 目的。问卷的目的是什么，会怎样使用这些信息？这里重要的是提供足够的信息，解释研究的目的，不要扯得太远，给应答者一长串答案。一段简要的说明就足够了。
- 回收地址和日期。重要的是问卷要在明显可见的位置给出联系人和联系地址(邮寄或者电子邮件)，让人知道完成的问卷由谁来回收。
- 保密。应该向应答者保证他们提供的信息不会泄露给他人(假设研究是按照社会研究者的传统伦理规则来进行的)。
- 自愿应答。应答者没有义务回答问题，应该向他们说明参加是出于自愿的。
- 感谢。出于礼貌，研究者应该在问卷的介绍部分或者结尾部分写一些表示感谢的话。

## 给应答者的指导

研究者要向应答者提供指导，指导他们如何回答问题，这是很重要的。假设这个问题显而易见，所有应答者都知道怎么做是非常错误的做法。因此，提供以下信息很有用：

- 举例。在问卷开头举一个例子可以让应答者的脑子放松，并清楚地指示需要他们做什么事。
- 指导。应该在问卷的问题样式不断变化时为每一个问题给出具体的指导。

### 分配序列号

在网络问卷中，序列号是自动添加的。其他类型的问卷可能需要手动添加序列号。这时候，应该对每份问卷编号，这样才能区分不同的问卷，在必要的时候定位某一个问卷。序列号可以用来标识发问卷的日期、地点，如果可以的话还可以用来标识回答的人。但是要记住：如果问卷是匿名的，序列号就只能用通用的标识，比如日期和地点来标识——不能用任何个人来标识。

## 问卷的长度

问卷中可以包含多少问题没有一个严格的规定，这取决于研究话题、问题的复杂程度、目标群体应答者的性质以及完成问卷的时间等因素。问卷的容量问题是一个需要作出判断的决定：研究者需要估计，应答者回答多少问题之后就没有耐心而把问卷扔进垃圾桶了。

在大多数情况下，研究者没有第二次机会继续跟进第一次问卷中遗漏的问题。考虑到这种“一次成”的限制，研究者可能想要问遍所有可能相关的问题。毕竟，想让问卷提供研究者能做合理分析的数据，重要的就是问卷要涵盖所有关键问题。但是，精明的研究者会意识到，只要可行就把所有与研究议题相关的问题放进问卷，只会适得其反。研究者应该下功夫保证问卷尽量简要，避免不必要的的细节或者没有实质意义的话题。因此，设计问卷时，研究者必须在两个问题之间取得平衡，一个是保证包含所有重要议题，另一个是保证问卷足够简单让人愿意回答。

为了达到这种平衡，有一些特定规则需要牢记在心。

- 只问对研究绝对重要的问题。研究计划得越好，越容易确定绝对重要的问题，放弃那些“以防万一以后会用到这个信息”的问题。
- 删除重复问题时要严格处理。举个例子，如果一个问卷包含两个独立的问题“你的出生日期是什么”“你多大”，我们需要问自己的是，把这两个问题都放进来有多重要。
- 预发放问卷，看看回答问卷需要多长时间，然后考虑期望特定的目标群体也花这么多时间来回答问卷是否合理。

## 精简问卷

**小贴士：问卷尽量保持简短**

问卷表述需要清晰简要，只问那些对研究重要的问题。研究者需要记住一件事，问卷的长度可能是影响应答者是否回答问卷的最有效因素了。

回答调查问卷需要耗费精力。即使有些人已经同意了要完成问卷，他们也可能在回答的过程中失去热情。显而易见的一个结果是应答者会退出，不完成问卷。另一个结果是他们可能不会回答所有的问题。第三个结果是他们的精力在回答问卷的过程中耗尽，他们并没有退出（他们当然有资格退出），但是他们会花费最少的精力来提供答案。正像克罗斯尼克（Krosnick，1991）指出的，回答问卷的精神负担可能导致让答案“满足最低要求”的行为。这些答案在研究者看来可能是真实的，但实际上这些答案只是应答者例行公事一样选出来的，他们只花了最少的精力来回答，没有过多考虑事情的真实情况。这种情况包括选择“容易的选项”（比如同意所有论断），选择“不知道”答案，总选择量表上的同一个选项（答案有某种规律可循），甚至随机选择答案，随便填点什么。这里的危险在于问卷看起来是完成了，问卷中的各种问题也会根据这些回答进行记录，但是那些答案可能不是最准确或者经过深思熟虑的回答。最糟糕的情况是，它们可能只是应答者随便找来填在空格里的内容。

问题是，如何将这种危险最小化？做什么可以避免问卷疲劳，鼓励应答者认真且诚实地完成问卷？研究者设计和发放问卷时，注意以下几点会对他们有所帮助：

- 尽量让回答问题的任务简单且直接明了。所有东西都应该清楚和简洁地说明要求应答者做什么，问卷的样式应该让应答者毫无困难地根据自己的方式作答。他们无需探究到底要做什么——要他们做的事应该是显而易见的。

- 让应答者知道他们需要付出多少精力。在问卷一开始研究者应该给予应答者一个诚实的说明，告诉他们回答问卷需要多长时间，总共有多少问题。网络问卷如果能包含一个“进度条”，会在这个方面非常有帮助，它让应答者看到自己完成了多少，还有多少没有完成。
- 在提问的时候不要对应答者提出不现实的要求。如果应答者遇到非常复杂或者难以回答的问题，他们会感到失落和沮丧。提问时应该考虑应答者回忆事情和对事情做出判断的能力，并且意识到回答困难的问题是需要花费精力的。

还有另外两个因素会影响到应答者感受到的应答疲劳。在这些因素中，研究者可能没有很强的直接影响作用，但是可以在附言/声明里有所提及，给应答者附言/声明的目的是给应答者动力，鼓励他们对完成问卷充满热情。

- 突出主题。附言/声明应该尽可能指出这个主题是多么有趣。如果应答者对主题有兴趣，感到它与自己有关，他们就更有可能完成问卷，花费精力公开而且诚实地回答所有问题。
- 应答者问责。如果应答者相信他们的答案能“有作用”，那么他们更有可能投入问卷，提供经过思考的真实答案。再次指出，附言/声明为研究者提供了清楚传达信息的机会，那就是告诉应答者他们能够影响研究发现，他们的答案能够为研究结果做贡献，而这个研究结果是与他们个人有关的。

参见“应答率”，第 21 页

## 编制问卷

### 合适的话题

问卷的话题可以很轻易地让应答者打消参与研究并回答问卷的意愿。为了避免这种可能性，研究者需要保证与问题相关的话题能够让应答者：

- 愿意回答。编写问题时,研究者需要想一下应答者是否想要回答这类问题。这一点尤其适合于那些涉及个人事务或者政治和宗教信仰的敏感领域问题。
- 有相关的信息、知识、经验或者观点可以提供。如果提出的问题让应答者给出一连串的"不知道"或者"不适用",那么这个问题就不是好问题。

## 直接或者间接问题

研究者需要考虑一下想从应答者那里获得的信息适合用直接提问的方式,还是需要用间接提问的方式。如果需要获得的信息是明显的、有关事实本质的,问题一般是以这样的形式提出,"多少次……?"或者"上一次……是什么时候?"但是,问卷经常会有一些不那么直截了当的问题,这时候直接提问就不合适了。比如说,如果研究者想要知道应答者来自哪个社会阶级,直接提问"你的社会阶级是什么?"就不是很明智。除了会让一些应答者感到被冒犯,还因为"社会阶级"这个词对不同的人来说含义不同,这样的提问会产生不一致的答案。这种情况下,研究者需要准确指出他是怎样定义社会阶级的,然后在编写问题时提供可以推断出应答者所在社会阶级的信息。为了达到这个目的,应该使用间接问题,询问被研究者的职业、收入、教育等。

## 提问用词

问题不能让应答者感到不愉快或者让他们讨厌回答。毕竟问卷的成功取决于应答者愿意花时间作答,不能因为问题的用词方式让他们感到不舒服,从而影响了他们回答问卷的任务。研究者可以做一些事来避免这样的情况发生:

- 确保用词完全没有模棱两可。
- 避免不明确的问题。问题越是具体清楚,越容易给出精确的回答,而且答案更有可能给研究者带来更大价值。
- 尽量少使用技术专业术语。问卷的目的不是为了测试人们有多么聪明。

- 使用适合于特定目标群体的词语。针对 14 岁孩子的问卷不要用复杂的概念，不要用那些针对专业协会成员的词语。
- 尽量保持问卷简短而直接明了。这能够避免不必要的困惑，应答者也不需要浪费时间反复阅读题目，或者尝试破解问题的深层含义。
- 避免用不同方式两次提出同样的问题（“检查”问题除外）。
- 避免使用“引导式”问题。这些问题建议某个答案，或者鼓励应答者给出特定类型的答案（比如，你同意控制汽车二氧化碳排放吗？）。
- 确保答案里有足够的选项。如果各种可能性太多，选择主要的可能性然后设置一个“其他（请具体说明）”选项，这是一个不错的策略。
- 注意问题编号的方式。很明显，问题需要按顺序排列，但是一种明智的做法是使用子问题（比如 4a，4b 等），这些子问题可以帮助应答者在一系列的问题中找到自己回答的路线。
- 避免可能让人感到不愉快的词语或短语。比如，如果问卷涉及少数族裔，就要谨慎地使用“政治正确”的用语。

**小贴士：问题应该用词清楚、精确**

不给模糊和不精确留有余地。这意味着研究者必须清楚地知道，研究的核心议题究竟是什么，什么样的信息可以解决这些议题。

### 问题的顺序

问卷中问题的顺序很重要，原因有两点。首先也是最重要的一点是，顺序可以诱导或者阻碍应答者继续回答问题。如果应答者一上来就面临最复杂的问题，他就可能不再继续进行了。但是，如果问卷从最直观的问题开始，然后逐渐向复杂的问题过渡，应答者就很有可能一直回答到最后。对于那些涉及个人信息和敏感议题的问题，道理也是这样。在比较后面提出这些问题,就会比一开始提出这些问题的成功几率更大。

问题顺序重要的第二个原因是,问卷中前面的问题会影响后面问题的回答。很多商业的“市场/销售问卷”都印证了这一点,这些问卷会非常谨慎地利用这个特点。

**小贴士:问题的顺序**

一般来说最好能确保:

- 最直接明了的问题最先提出;
- 最没有争议和最不敏感的问题在问卷的前面部分提出;
- 问题的顺序不会把应答者引向“必然的”答案,也就是后面问题的答案不能被前面问题的答案预测出来。

## 检查问题

“检查问题”是问卷中专门用于检查应答者答案是否具有一致性的那些问题。检查问题不是简单的重复问题:它以另一种伪装形式出现,它的回答应该与问卷中另一处的某个问题一致,只是换了种说法。如果检查问题的确给出了相匹配的答案,那么研究者可以相信该问卷是可信的研究工具,研究发现是有效的。如果答案不匹配,那么就要考虑一下,问卷中另一处的回答是否诚实和准确了。

## 开放式问题和封闭式问题

开放式问题允许应答者自行决定答案的用语、长度和回答的内容。问题可能很短,但答案可能很长。例如,调查问卷上可能出现“你对把核武器作为提高英国国防能力的一个部分有何看法”。然后,问题的下面会留有大量空行让应答者发表对此事的看法。

开放式问题的优点是收集到的信息能充分反映应答者所持观点的

丰富性和完整性。应答者有足够的空间用自己的语言表达自己。但是与这些优点相比,开放式问题也有两个缺点:第一,他们要求应答者付出更多精力(这可能会降低他们参与研究的意愿);第二,这种问题提供给研究者的数据是非常“原始”的,在使用之前需要花费许多时间来分析。

封闭式问题将答案结构化,应答者只能从有限的几个选项中选择,这些选项是研究者事先确定的、可以归入一些类别的答案。在这种情况下,研究人员引导应答者通过在问卷提供的两个或更多的选项中做选择来回答问题。选项可以限定为两个(例如,“是或不是”;“男或女”),也可以包含更复杂的选项列表,供应答者选择。

封闭式问题的优点和缺点差不多与开放式的非结构型的问题的优缺点是相对应的。简而言之,封闭式问题的主要优点是,应答者提供的答案有统一的结构和形式,易于量化和进行比较。事实上,这些答案提供了易于分析的预先编码的数据。有但在具有这些优点的同时,如果应答者的事实和观点碰巧很复杂或者无法完全与问卷提供的选项相匹配,封闭式问题就不能给应答者足够的空间,让他们提供可以反映关于这个问题的准确事实或真实感受。结果是,应答者可能由于无法充分表达自己的观点,无法解释事情的复杂性或自己的观点而感到失望。

## 问题类型

问题可以用很多种方法放进问卷,这些方法在例子 11.1 中列出。但是一开始有必要先考虑一下使用各种类型的问题是否对问卷有益,从头到尾应该使用统一的风格。使用各种类型的问题有两个潜在的好处。首先,他可以让应答者不感到厌倦。第二,他不会让应答者落入某种回答的“模式”,比如说在一个 1—5 分的选项中,他可能会在所有的问题上回答 4 分。在这方面,这就是使用风格一致的问题,其优点是让应答者习惯某一类型的问题,这样他们能够回答得快一些,不容易感到迷惑或者产生误解。在这个问题上没有放之四海而皆准的规则:这取决于研究者的判断。

**例子 11.1**

**十种问题类型**

**1. 数量**

例子：过去 5 年内你有多少次从英国到另一个欧盟国家旅行？

______

**2. “是/否”答案**

例子：过去 12 个月你是否曾经从英国到另一个欧盟国家旅行？ 是/否

**3. 从列表选项中选择**

例子：你觉得下面哪一个欧盟国家经济实力最强？

西班牙 英国 比利时 波兰 爱尔兰 法国 德国 意大利

**4. 排序**

例子：从以下欧洲国家中选择三个你觉得经济实力最强的国家，把它们按照以下规则排序：1=最强，2=第二强，3=第三强。

西班牙 英国 比利时 波兰 爱尔兰 法国 德国 意大利

**5. 同意/不同意某个观点**

例子：你同意以下观点吗？欧洲一体化给经济带来的好处大于给政治带来的坏处。同意/不同意

**6. 同意和不同意的程度：李克特量表**

例子：欧盟成员国身份对英国来说是个好事。

非常同意 同意 一般 不同意 非常不同意

**7. 给选项排名**

例子：你认为以下因素在影响欧洲进一步一体化方面的重要性排名如何？

| | 不重要 | | | | | 非常重要 | |
|---|---|---|---|---|---|---|---|
| 政治主权 | 1 | 2 | 3 | 4 | 5 | 6 | 7 |
| 国家认同 | 1 | 2 | 3 | 4 | 5 | 6 | 7 |

| | | | | | | | |
|---|---|---|---|---|---|---|---|
| 过去历史 | 1 | 2 | 3 | 4 | 5 | 6 | 7 |
| 宗教差异 | 1 | 2 | 3 | 4 | 5 | 6 | 7 |
| 语言障碍 | 1 | 2 | 3 | 4 | 5 | 6 | 7 |

**8. 对某个话题的感觉：语义区分**

例子：欧洲一体化进程是：

| | | | | | | |
|---|---|---|---|---|---|---|
| 重要的 | 1 | 2 | 3 | 4 | 5 | 不重要的 |
| 困难的 | 1 | 2 | 3 | 4 | 5 | 简单的 |
| 有风险的 | 1 | 2 | 3 | 4 | 5 | 安全的 |
| 不可能的 | 1 | 2 | 3 | 4 | 5 | 可能的 |
| 无聊的 | 1 | 2 | 3 | 4 | 5 | 有意思的 |

**9. 列表**

例子：请列出你认为与英国的欧盟成员国身份有关的最重要的议题：

______________________________

**10. 观点**

例子：对于英国的欧盟成员国身份，你有什么想法？

______________________________

## 网络问卷

网络问卷非常适合于小规模社会研究的需要。一般来说，这样的问卷是用软件来设计的，这种软件由一个组织来提供，这个组织将生成的问卷放在网上供人回答。提供这样软件的商业公司包括 SurveyMonkey，QuestionPro，Kwiksurveus，Surves 等，研究者可以借助这些公司轻松完成网络问卷的在线研究。

参见“互联网调查”，第 11 页

使用这些组织提供的设计工具有几个突出的优点，正像巴斯卡兰和莱克莱尔（Bhaskaran and LeClaire，2010）指出的：

- 它们有助于实践：有很多模板和例子可以免费使用，这些模板和例子可以作为设计问卷的起点。不需要从零开始——手边总有帮助。任何情况下,这些软件都有内置帮助可以指导你在设置问卷的时候朝向好的实践的方向进行。

- 它们鼓励完成:设计的可选项和问卷外观可以用来增加动力。彩色的图片和图形很容易放进网络问卷,它们可以增加话题的趣味性,鼓励应答者花时间完成问卷。
- 它们减少潜在的错误:问卷可以有一系列特点来减少完成问卷过程中出错的可能性。这些特点有利于回收的问卷是填写完整的、清楚的,而且尽量减少“缺失数据”的数量。
- 它们有助于数据处理过程:应答者的回答自动从问卷转换成数据文件。软件不替研究者分析数据,但是它确实可以把数据从问卷转换出来,放进一个数据文件,数据文件的格式可以直接用于 Excel 表格或者同类型的软件。这个自动的过程节省了研究者大量时间,更重要的是,它也同时避免了调查过程中发生的那种人为失误。

## 设计网络问卷的选项:有哪些选项可以用?

用于设计网络问卷的软件提供了很多选项。其中一些在你注册为基本“试用”版本的时候就可以用了;其他一些需要从免费引导安装包中进行收费升级才可以用。表 11.2 给出了可用的主要选项。但是,舍恩劳等人(Schonlau et al., 2006)警告大家不要沉迷于这些设计选项。他们认为重点应该放在保持内容清楚和简单,因此图形和矩阵问题问题应该有节制地使用。他们还建议把问题变成强制性的只会阻碍人们完成问卷,这样被迫的答案应该只用于确实必要的时候。

参见“网络问卷调查”,第 12 页

**表 11.2 网络问卷的设计选项**

| | |
|---|---|
| 模板 | 一般会有一系列已经设计好的模板可以复制或者改编 |
| 外观 | 背景色、字体和样式的选项可以用 |
| 标志 | 可以插入标志、图片和其他个性化特征 |

（续表）

| | |
|---|---|
| 进度条 | 向应答者显示他们距离完成问卷还有多远 |
| 标识 | 唯一的数字；发送者的网络地址；时间戳 |
| 问题类型 | 单选：单选按钮<br>多选：复选框/下拉框<br>矩阵问题：用来排名和排序<br>排序问题<br>开放式文本 |
| 问题顺序 | 问题随机排序<br>问题分支：应答者的答案决定接下来回答哪些问题<br>跳过逻辑：允许缺失某些问题<br>问题计数：自动 |
| 应答选项 | 强制性回答：应答者如果不回答完所有问题就不能提交问卷 |

### 单选按钮与复选框

为在线问卷准备问题时，很重要的是区分单选按钮和复选框。单选按钮用于应答者需要从列表中选择单个选项时：单选按钮不允许应答者从列表中选择多个答案。复选框（或者打钩框）允许应答者从列表中选择多个选项：复选框允许应答者从研究者提供的可能答案中选择两个或者更多答案。

◉ 从中选择一个　　☑ 选择所有适合的

如果在设计的阶段没有选择合适的按钮，在分析数据的时候就会遇到很大的问题。想一下："我想要应答者提供所问问题的单个答案，还是允许他们选择两个或者更多的选项？"如果你想允许多个答案，你需要事先想好如何分析数据。要注意*比较安全*的做法是坚持用单选按钮，保持事情简单和直接明了，只允许应答者从可选择的多个答案中选择一个来回答问题：一个问题一个答案。

## 问卷的优点

### 问卷很经济

问卷可以用较低的材料、金钱和时间成本提供数量可观的研究数据。

### 安排相对简单

自己完成的问卷比个人访谈之类的研究更容易安排,应答者可以自由选择什么时候在什么地方完成问卷。

### 问题的传达是标准化的

所有应答者回答的都是完全一样的问题。在自我完成的问卷中,人际因素或者问问题的方式很少有机会对数据产生影响。

### 数据准确性

网络问卷的答案可以直接变成数据文件,自动完成数据录入的过程。这可以有效地避免人为错误因素,如果人需要读纸质问卷的应答,然后通过电脑键盘把数据手动录入系统,这样的错误就不可避免。

### 在线问卷有利于"读取"

可以通过设置让视力障碍或者学习困难者也有同样的机会回答问卷,这对于机会均等非常重要。

## 问卷的缺点

在许多方面,问卷的缺点是与其优点相伴而生的。

### 事先编码的问题可能令人感到沮丧

尽管应答者可能会发现不需要费劲,只要在合适的框里打钩就行了,但他们可能同样会发现这样很受限制,并且感到沮丧——这甚至会阻碍应答者完成问卷。

### 事先编码的问题给答案设置了结构

这可能使研究发现产生偏差,更偏向于研究者看事物的方式,而不是应答者看事物的方式。问卷的本质从一开始就为答案设置了结构,通过能够反映研究者思维而不是应答者思维的方式,问卷塑造了答案的性质。优秀的研究实践会将这种可能性最小化,但总有风险,应答者回答问题时看到的选项会让他们去适应研究者已经建立起来的思维方式,使他们的答案偏离自己对事物的看法。

### 对真实性的检验

自己完成的问卷没有给研究者提供检查应答者提供的答案真实性如何的机会。因为研究不是面对面进行的,还因为答案是“远程”提供的,研究者不能像访谈者那样依据各种线索,判断答案是真是假。

## 补充阅读

Brace, I. (2013). *Questionnaire Design*, 3rd edn. London: Kogan Page.

Bradburn, N. M., Sudman, S. and Wansink, B. (2004). *Asking Questions: The Definitive Guide to Questionnaire Design*, 2nd edn. San Francisco, CA: Jossey-Bass.

Gillham, B. (2007). *Developing a Questionnaire*, 2nd edn. London: Continuum.

Oppenheim, A.N. (2000). *Questionnaire Design, Interviewing and Attitude Measurement*, 2nd edn. London: Continuum.

**使用问卷自测表**

使用问卷进行研究时,你应该对下面这些问题有信心回答“是”: ☑

1. 是否提供了对问卷目的的解释? ☐
2. 是否包含了研究者的信息(包括联系方式)? ☐
3. 是否保证问卷匿名和数据保密? ☐
4. 必要时是否针对如何填写问卷提供了说明? ☐
5. 是否对应答者表示了感谢? ☐
6. 是否包含了进度提醒,或者其他能够说明离完成问卷还有多长时间的信息? ☐
7. 问卷设计和问题用语是否根据应答者的特定类型进行了考量? ☐
8. 是否排除了所有没有实质意义的问题? ☐
9. 问卷的样式是否让人容易读下去? ☐
10. 问题是否清楚,没有模棱两可? ☐
11. 问题的顺序是否合适? ☐
12. 问卷是否进行了预发放? ☐

# 第12章 访谈

什么是访谈？ · 什么情况适合用访谈？ · 访谈的结构 · 一对一访谈 · 小组访谈 · 焦点小组 · 访谈者效应 · 面对面访谈技巧 · 开展面对面访谈 · 记录访谈 · 在线访谈 · 如何知道受访者在讲真话？ · 访谈的优点 · 访谈的缺点 · 补充阅读 · 使用访谈自测表

## 什么是访谈？

访谈是一种通过人回答研究者的问题作为数据来源的数据收集方法。从这方面来说它与问卷有一些相同之处——数据来自人们告诉研究者的内容，而这与观察法（看人们做什么）和文献法（关注点在写下和记录的东西上）不同。对于研究性访谈来说，它的关注点是被访者的自我报告——被访者自述他们做了什么，他们相信什么，他们有什么观点。

### 访谈和对话

在话语情境中，研究性访谈具有一系列不同于普通对话的隐性假设（Denscombe，1983；Silverman，1985，2013）。当某个人同意参加研究性访谈，他就应该意识到自己正在参与一项正式的研究。一旦他同意被访谈，也就意味着：

他同意参加研究。这是目的明确的会面，是要产生可以用于研究的材料——被访者需要理解并同意这一点。从研究者的立场来看，这对研究伦理至关重要。

被访者说的话将被用作研究数据。除非被访者明确反对，访谈中所说的话都可以被视为用作“发表”和“记录”的材料。

讨论的话题由研究者设定。尽管研究者的控制程度会根据访谈的风格有所变化，但接受访谈就意味着达成了共识，即讨论的程序和话题将由研究者来控制。

**注意：同意被访谈**

尽管访谈本身就意味着被访者同意被访谈，一项好的实践还是需要用书面形式确定下来，比如把这些内容作为“知情同意书”的一部分。

参见第 17 章“研究伦理”

## 什么情况适合用访谈？

决定在研究项目中使用访谈时要考虑到它作为数据收集方法的可行性。这方面首先要考虑的是接触潜在受访者的可能性。如果没有充分的理由确信可以接触到必要的人，那么很明显，开展访谈的想法是不能实现的。这里有两个因素的影响：第一是重要的人一般都很忙，可能有秘书在努力保证他们老板的日程安排不受影响。想从这些人的日程安排中见缝插针可能很难，或者根本就不可能。第二是授权的问题，即使个人同意了接受访谈，能否成功接触到受访者并进行访谈取决于能否从相关部门那里获得批准。对于在正式组织中工作的受访者，这一点很重要；对于被认为是“受保护”人群的受访者（比如儿童），这一点尤其重要。

其次要考虑的是成本。研究访谈可以说是相对昂贵的数据收集方式。如果被访者分布很广，访谈就涉及了相当数量的差旅成本。而且面对面访谈很花费时间，包括旅行的时间、访谈本身的时间以及分析数据的时间(参见转录访谈录音,第 277 页),在线访谈(见第 209 页)则可以消除很多成本。因此,如果打算使用面对面访谈时,考虑时间和差旅方面的成本就显得很重要了。尤其是对低预算、小规模的研究项目来说,研究者需要确保被访者不会分布得太广,无需跨越很大的地理区域,开展访谈不会花费过高的成本。

最后要考虑的是研究项目需要的数据类型。如果目的是收集有关简单和无争议事实的信息,或者是积累量化数据,那么这样的数据可以通过同样有效但是更便宜的其他方法收集。发放问卷被证明是性价比更高的方法,尤其是在低预算、小规模的研究中。只有研究者想要探索复杂而微妙的现象时,面对面访谈所花费的时间和精力才能得到最好的回报——这些现象如下:

- 观点、感觉、情感和经验,研究目的是深度理解这些东西,而不是用简单的一两个词进行报告。
- 复杂议题,研究关注的是复杂问题,需要通过这些问题深入理解事物是怎样运行的,因素之间是怎样联系的,或者系统是怎样运作的。
- 特定信息,有机会与相关领域的关键人物谈话,这些人可以基于自己的经验和地位提供非常有价值的观点和建议。

**要点提示**

小规模研究倾向于使用半结构化访谈来详细探究态度和议题,访谈通常被作为质性研究的一部分来使用。

## 访谈的结构

访谈数据是在一次会面或一系列会面中收集来的,会面通常是提前安排好的,在会面中,访谈者和受访者就研究者感兴趣的特定话题进行一系列的问答。这一系列的问答在多大程度上严格遵循拟定的议程是不一定的,按照惯例,我们将访谈分为“结构化的”“半结构化的”以及“非结构化的”,以此来表示会面形式的灵活性。

- 结构化访谈对问答的形式有严格的控制。从本质上来说，结构化访谈像是一份与应答者面对面完成的问卷。研究者给出事先决定好的问题列表，应答者给从有限选项中选出答案。这样的数据收集过程非常标准化，对于大规模的借助“计算机辅助的个人访谈”(CAPI)项目，这种标准化的访谈特别有用，许多访谈者可以直接把答案输入移动终端(平板电脑、智能手机、笔记本电脑)。
- 半结构化访谈中，研究者仍然有一个清晰的列表，列出了要讨论的议题和需要回答的问题。但是，这些问题在顺序上具有一定的灵活性，在这种类型的访谈中，更重要的是让被访者提出自己的观点，让他围绕研究者提出的议题而展开。这些问题通常是开放式的，研究者更注重被访者想要展开谈论的内容。
- 非结构化访谈把重心继续向被访者倾斜。研究者的角色是介绍访谈主题以及背景，以此作为开场，然后就尽量不再起引导作用。这种类型的访谈重点是让被访者提出自己的观点，叙述自己的思路，而不是被研究者提前设定好的问题来限定访谈内容。

在半结构化访谈和非结构化访谈中，访谈有可能在项目进行的过程中发展和变化——要用发展的眼光使用访谈。每个访谈不需要都一样，如果一个访谈中提供的信息让研究者想要继续跟进这条新的线索，那么下一个访谈问的问题可以跟上一个访谈不同。这样访谈可以连续进行，这一般与质化研究和扎根理论取向有关(参见第 7 章)。

**小贴士**

重要的是从一开始就想清楚，研究项目是需要一个标准化的访谈程序(结构化)，还是需要通过更灵活的方式构建想法(半结构化或者非结构化)。

## 一对一访谈

最常见的访谈方式是一对一访谈，即一个研究者和一个受访者参与的会面。常用这种方式的第一个原因是它比较容易安排，只需要协调两个人的日程安排。第二个原因是通过访谈产生的观点只有一个来源——受访者，这让研究者可以非常直观地了解研究对象的具体观点。第三个原因是一对一访谈也比较容易控制，研究者只需要询问和把握一个人的想法，在访谈中只需要引导一个人。第四个原因往往在研究者转录访谈录音时显现出来：当谈话中只有一个被访者时，转录访谈录音要容易多了。只需要识别一个声音，因为同一时间只有一个人在说话。

## 小组访谈

一对一访谈的缺点在于它限制了研究者可以获得的看法和观点的数量。同一时间只听一个人说话很大程度上限制了可以听到的观点的数量以及研究项目所涉及的范围。但是，小组访谈可以为这个问题提供可行的解决方案。通过同时访谈多个人，研究者可以大大提高研究参与者的数量并拓展研究范围。

增加参与者的数量有利于增强数据的代表性，更多参与者意味着更广范围的对象被纳入研究，研究过程可能会浮现出更多的经验与观点。事实上，在特定环境下，研究者可以精心挑选类型不同的参与者，目的是收集到有关访谈话题的各种不同观点和经验。

开展小组访谈的方式与一对一访谈非常类似，研究者仍然是产生互动的焦点所在，研究者引导受访者问答的方向。区别在于每个问题不是只从一个受访者那里得到答案，在访谈中，研究者也许是从四个人那里得到四个答案。

小组访谈的另一个方面是强调“小组”在访谈中的互动特性。小组访谈的特色在于，它可以让参与者作为小组的一个部分，而不是个人来回答问题。这时候，研究者使用小组访谈的动力不在于数量，不是为了提高参与者的数量和数据的代表性。他的动力在于质量，小组访谈可以更具启发性。小组访谈让参与者听到不同的观点。它允许成员对某种观点表达支持，也允许他们对不同的观点提出挑战。从这个意义上来说，小组访谈利用的是团体动力学。它利用了群体行为的社会和心理层面，来鼓励参与者参与讨论、说出自己的想法，并对他人的观点进行反思。

## 焦点小组

焦点小组由一些小群体组成，组员被“主持人”(研究者)聚集到一起来探究有关特定主题的态度和看法。一般来说，对焦点小组的访谈会持续 1.5—2 个小时，这段时间用来针对某个特定话题，一个小组里的人在多大程度上持有同样的观点。理想状态下，焦点小组由 6—9 个人组成。这些人足够让不同的看法和观点在小组里表达出来，但又不会因为太多而让讨论变得无法管控。在小规模研究项目中，小组的人数通常更少，原因是焦点小组需要花钱、花时间来安排。要安排一个会面的地点，并且让六个或者更多的人准时出现并不容易，而且如果研究者需要承担参与者的交通费用和场地费用，焦点小组的成本可能会太高。

焦点小组有三个特点，可以把它们与其他类型的访谈区别开来：

- 会谈中有一个主题，小组讨论是基于一个所有参与者都了解的项目或者相似经验；
- “主持人”推动小组互动而不是引导讨论；
- 不要忽视“团体动力学”的影响力，调动组内互动是获得信息的手段。

在一个焦点小组会谈中，研究者鼓励参与者相互讨论一个话题。这种互动帮助研究者理解小组成员所表达的看法和观点背后有怎样的原因。它给研究者提供了探究参与者思考过程的方法，也提供了探索人们为什么有这样的观点和感受的潜在因素的方法。正如摩根(Morgan，2006：121)所说：

> 焦点小组成员分享他们的经验和想法，也比较他们对别人所说的话作出的贡献。这个分享和比较的过程对于倾听和理解有关研究问题的不同回应尤其有用。因此，最好的焦点小组不仅提供

有关参与者想什么的数据，也提供有关他们为什么这么想的数据。

这样分享和比较个人所持观点可以把讨论导向两个方向——这两个方向对研究者都很有价值。一种是小组讨论可能达成某种共识，大部分成员都同意这样的共识，从而达成一种共享的观点。另一种可能是小组讨论会让小组成员之间的重要差异暴露出来，这样研究者就会获得有关话题的不同观点和感觉的数据。不管是哪种方式，讨论和互动、提问和反思带来的好处都有助于揭示参与者的思考过程和潜在逻辑。因此也可以让研究者形成更为深刻的理解，不仅理解人们想什么，也理解他们为什么这样想。

但是，焦点小组的成功建立在小组成员互相信任的基础上，主持人很重要的一个作用就是营造让参与者感到轻松和足够舒服的情境，同时让小组成员能够自由地表达自己的想法。这里一个重要因素是保密。研究者需要让小组成员感觉到，如果自己在讨论中表达了个人感受，或者展示了自己私人生活的某些方面，这些信息会被小组保密。焦点小组访谈过程中个人所说的话应该被视作“个人隐私”，不能被其他小组成员泄露。

## 访谈者效应

### 个人身份

提问者不同，人们的反应也不同。尤其是，访谈者的性别、年龄和种族会影响人们愿意透露的信息量，以及透露信息的真实程度。换句话说，研究者的个人身份会影响到访谈搜集到的数据。

当然，研究者的个人身份带来的影响取决于受访者是谁。严格来说，不是身份本身影响了数据，产生影响的是研究者的身份对受访者来说意味着什么。另外，研究者身份的影响当然也取决于讨论的话题性质。在敏感议题或者被视为非常私人的话题上，研究者的身份会更加重要。如果研究涉及宗教信仰、收入、性关系、个人健康或者所有类似的议题，那么受访者的性别、年龄和种族就很有可能影响访谈中出现的数据的性质——数据的完整性和真实性。在一些问题上人们可能会觉得尴尬，他们会觉得别扭或者产生防备心理。一旦发生这种情况，受访者都有可能提供他们认为研究者期望的合适答案——满足他们认为的研究者的期望。或者受访者会对答案进行调整，来符合他们认为的研究者所持的观点，让研究者感到愉快。无论是哪种方式，数据的质量都受到了影响。

从小规模项目研究者的视角来看，他们能做的很有限。尽管通过互联网进行的访谈确实提供了伪装研究者身份的机会，电话访谈也有这样的可能，研究者在面对面访谈中确实很难伪装“自我”。我们把特定的个人特征带入这样的访谈，这些特征是“给定的”，无法为了研究访谈的需要一时兴起去改变。我们的性别、年龄、种族、口音，甚至职业，所有这些都是我们“自我”的一个方面，没办法为了实践性目的而改变。为了营造让受访者感到舒服、愿意提供真实答案的良好氛围，我们可以努力做到礼貌和准时、宽容和中立，但我们不能做到的是改变这些自身特征。

**小贴士：意识到访谈者效应**

社会研究者应该考虑以下问题：

- 被访者的社会地位、教育水平和专业知识是怎样的，这些与我自己相比如何？这会给访谈者-受访者关系带来正面还是负面影响？
- 我自己和受访者（们）之间是否会有年龄差别，如果有，这会对访谈产生什么影响？
- 有关被研究的主题，对异性或者不同种族的人进行访谈，会影响他们公开和诚实回答问题的意愿吗？

## 自我呈现

给研究者的常规建议就是把研究者对研究的影响最小化，采用消极和中立的立场。这里的观念在于研究者应该：

- 用一种不会引起受访者反感或者不安的方式呈现自己(常规的服装、举止礼貌等);
- 保持中立,不对访谈中的受访者的观点发表意见。

消极和中立是一种常规做法。采用这种取向,研究者可以把“自我”稳稳地隐藏起来,对受访者说的话表现出真诚和理解。在某种程度上,这是很好的建议。毕竟,研究者是为了去聆听和学习的,而不是去布道说教的。因此,重点是让受访者放开说,而不是激发敌意或者让受访者产生戒备心理。

### 个人参与

有一种逻辑认为一种冷酷和审慎的访谈风格会加大研究者与受访者之间的鸿沟,无益于帮助或者赋权给受访者。现在,如果研究的目的就是帮助或者赋权给受访者,而不是不带感情地获取信息,那么访谈者采用的取向就需要随之改变(Oakley, 1981)。在这种情况下,研究者要表达情感,用感受来回应,与受访者进行真正的对话。研究者将能够完全投入,与受访者分享自己的感情、经验和知识。但是,有一点需要注意。这种风格的访谈仍是“非常规”的,研究者需要有信心并且坚持这样做才能让它可行。研究者还需要确保他的观众能够理解和共享这种风格背后的逻辑,而不是期望研究者采用冷酷和不带感情的立场。

## 面对面访谈技巧

一个好的研究访谈不仅仅是一场随意的谈话,这一点已经说明过了。研究访谈不像随意的谈话,如果想取得成功就要付出大量精力。研究者需要思考如何从被访者那里获得最佳的回应,如何让访谈尽可能高效率地达成研究目的,在面对面访谈中尤其如此。在这种环境中:

- 好的访谈者需要集中注意力。这可能听起来是不言而喻的,但是真实的访谈情境太容易让讨论跑题了,因为访谈者需要在听受访者说话的同时关注其他几件事:写田野笔记、寻找相关的非言语交流、确保录音没有问题。

- 好的访谈者对受访者的感受很敏感。这不仅是社交礼貌的问题,也是使访谈获得最佳效果必须的技巧。当访谈者能够与受访者产生共情并且判断他们的感受时,访谈者就处于一个更好的位置,由此获得最相关的信息。
- 好的访谈者能够正确看待谈话中的沉默,知道什么时候应该闭嘴不说话。焦虑是访谈中最大的危险,访谈者担心访谈可能会就此中断,会感到需要马上说点什么以继续进行讨论。访谈者想要在既定时间内充分利用所有时间,这可能会把受访者过早推向下一个讨论点。最主要的问题在于,当谈话出现沉默时研究者会感到尴尬,他可能过早地说了一些话引出下一个话题,相反,经验丰富的访谈者可能更知道访谈中的沉默是一个很棒的资源。
- 好的访谈者能够熟练运用提示。尽管沉默可能是有用的,但访谈者需要练习如何判断它是否有用。访谈中有一些时刻让访谈者觉得有必要激励受访者开口。以下是一些例子,说明如何做到这一点。这些例子提供的是微妙的信息,一般不能接受的是研究的访谈者要求受访者必须回答问题。因为访谈者不是警局记录员,应该和缓地鼓励受访者,让他们说出自己在特定问题上的知识和想法。
- 好的访谈者能够熟练运用追问。有些时刻访谈者可能想要继续深入某个话题而不是让讨论转移到下一个话题。受访者也许只是提及某一点,而访谈者认为应该讨论更多细节,这可能需要一些解释,或者对某种评论给出理由;访谈者可能发现受访者的逻辑中有一些明显不一致的地方,而这些不一致的地方需要澄清。好的访谈并不是争强好胜,而是知道如何在必要的时候更深入地追问。
- 好的访谈者能够熟练运用检查。访谈的一大优点就是它可以给访谈的研究者提供核实的机会,确保自己正确理解了受访者的意思。作为访谈中一般谈话的一部分,访谈者可以对他们理解的受访者所说的话进行一个总结,然后受访者可以确认这种理解是对的,或者在感觉到自己被误解的时候进行纠正。这样的检查可以在访谈的关键时刻使用,把它作为总结话题某个方面的一种方法。

- 好的访谈者不作判断。访谈者应该尽可能地悬置个人价值观,对访谈中涉及的话题采取中立的态度。这不仅意味着适时地闭嘴,还意味着面部不要显露出反感、惊讶或者高兴的表情。好的访谈者还必须尊重受访者的权利。这意味着如果一个人就是不想告诉你一些事情,你就要接受,还要知道讨论中让受访者感到特别尴尬或者有压力的时候就要放弃。这是关于个人敏感性和研究伦理的问题。
- 在小组访谈和焦点小组中,好的访谈者/促进者能够让所有人发声。注意避免有人霸占了讨论,强迫小组中其他人同意他的观点。

**小贴士:访谈战术——提示、追问和检查**

提示:提供一些例子(帮助回答问题);
重复访谈者说的最后几个字(鼓励他们继续);
重复问题(澄清并给予更多时间做出反应);
保持沉默(允许暂停,鼓励受访者继续自己的思路)。

追问:要求举个例子;
要求澄清;
要求更多细节。

检查:总结受访者的想法,比如,那么如果我理解的没错……
那么……是什么意思。

## 开展面对面访谈

### 计划访谈

在面对面访谈中,如果事先联系过受访者,一般就更容易确保他会同意被访谈。这可以为访谈安排一个双方都方便的时间。当然,在这个问题上，受访者可能会问访谈者访谈需要多长时间，访谈者应该能够给出答案。如果说访谈会“一直进行下去”，繁忙的人最可能为此感到不舒服。不管是 15 分钟、半小时、45 分钟还是一个小时，研究者都需要明确给出大家都能同意的时间长度。

哪里可以作为面对面访谈的“现场”，在这个问题上有时会发生一些研究者无法控制的事情，这意味着事情有出错的风险。但是，不管用什么方法，研究者需要尽量为访谈找到一个空间，让它不受干扰、保证私密性、有良好的声音效果而且非常安静。这在一些场所可能是很难达到的要求，比如繁忙的机构、学校、医院等，但至少研究者要向安排访谈室的人表达这种需求。

在访谈室，很重要的一点是座位的安排，标准是研究者和被访者(们)之间可以进行舒服的互动。在一对一访谈中，研究者应该尽量把座位安排成让说话双方呈 90 度的样子。这可以让双方有目光交流但又不会因为正对面坐着而产生对抗感。在小组访谈中，重要的是座位安排要让各方之间可以进行交流，不能让一些人藏在后面或者脱离小组。

## 介绍与礼节

在研究访谈一开始，研究者应该预留时间打招呼，并做一些介绍，讲一下研究的目的和个人对这个话题兴趣的来源。在初始阶段，同样应该确定受访者允许你记录讨论，并确保访谈中的讨论都会保密。这样做的目的是为接下来的访谈定调——通常，一个让受访者感到自在的轻松氛围，可以让其打开话匣子，而信任和友善是关键因素。

在访谈之前的阶段，访谈者还应该做两件事：

- 准备录音设备；
- 尽可能地把座位安排适当。

## 开始访谈

第一个问题对访谈来说尤为重要，它应该使访谈者安定下来并感到放松。所以好的访谈一般是先抛出一个“简单”的问题：被访者对这个问题肯定有非常成熟的看法，一个他们能够张口就回答的问题。两

种战术可能在这里有帮助:

- 泛泛而谈,问应答者自身的情况,问他们在访谈的整个问题中扮演什么角色。这样的问题让研究者可以收集有价值被访者的背景信息,同时,也让受访者从熟悉的领域开始访谈。
- 使用一些具有"触发性"或者"刺激性"的材料,这样讨论可以涉及一些具体的问题,而不是走向抽象的观念。

## 监控过程

在访谈中研究者应该以不引人注意的方式注意时间。好的研究者需要在分配的时间内把访谈完成,并且在这段时间内谈及大部分的关键议题。同时,好的研究者还需要在访谈过程中注意以下事情:

- 辨识受访者提到的要点以及受访者对他们的重视程度排序。在焦点小组中,对于关键要点有什么共识浮现出来?
- 寻找受访者所说内容的背后逻辑。访谈者需要"理解字里行间的意思",解码字面意思之下的逻辑。访谈者应该问"他们到底在告诉我什么?"也许更重要的是"他们没有说出来的是什么?"
- 寻找受访者立场中不一致的地方。如果存在这样的不一致,这并不意味着他们的立场无效。事实上,大多数人对很多话题的观点和感觉会出现不一致的地方。但是,这样的不一致值得研究者在访谈过程中进行探究,看看它们揭示了什么问题。
- 抓住线索,看看受访者的答案是否包含自夸的成分,或者有意取悦访谈者。
- 持续关注有"打发"访谈者性质的那一类答案。
- 感受讨论的上下文环境。受访者表达的重视程度排序也许反映了访谈之前刚刚发生的事,或者在近期将要发生的事。它们可能是"眼下的议题",如果访谈在几周之后进行,也许这些议题就没有这么重要了。研究者需要对这种可能性敏感,从受访者的角度来看,是不是有什么事件影响了他们的重要程度排序。
- 在整个访谈中保持适当程度的目光交流,把非言语交流记录下来,这些可能会有助于日后对访谈内容的解释。

### 结束访谈

如果一直关注着时间，保证了大部分需要讨论的领域都涉及了，研究者在结束访谈时需要确保以下几件事：

- 鼓励受访者提出任何他们认为还需要讨论而未被讨论的问题；
- 感谢受访者付出时间参与访谈。

**注意：访谈不仅仅是一场谈话**

研究者不应该因为一个访谈和一场谈话之间的表面相似性而认为访谈是一种收集数据的简便方法。与其他方法一样，研究访谈需要合适的计划，适当的技术与技巧。

## 记录访谈

记录面对面访谈的讨论时，记忆是非常不可信的方式。正如心理学家告诉我们的，人类记忆倾向于部分回忆，存在偏差和错误。所以访谈者应该依靠其他更持久的方式记录所说的话。

### 录音和录像

在实践中，大部分面对面访谈都依赖于录音。一开始，受访者会对录音感觉很不自在，但大部分受访者过一会就会放松下来。如果小心处理，录音不会给访谈环境造成太大干扰，它还有一些明显的好处。录音提供了一个永久性的记录，它相当完整地记录了谈话，它们还能供其他研究者检查所用。但是，它的缺点在于只记录了讲话，没有记录非言语交流以及其他环境因素。在这方面，录像记录了非言语和言语交流，对访谈中的事件提供了更完整的记录。而且，与录音一样，录像也可以提供永久记录，可以供其他研究者检查所用。但是，使用录像是例外而不是常规做法。原因不在于成本，因为录像设备并不是特别昂贵。一般来说，是因为录像的侵入性使得研究者不想用它。出于实践目的，大部分

参见“转录访谈录音”，第 293 页

访谈者会认为录音提供了足够研究使用的数据,录像带来的好处会被它给访谈环境带来的额外干扰抵消掉。

**小贴士:记录设备**

- 使用可以提供充足声音(或者影像)资料拷贝的设备;
- 在访谈前确保设备没问题;
- 有可靠的电源和备用品,以防万一;
- 选择有存储空间的设备,足够记录计划的访谈时长。

## 田野笔记

在特定情况下,访谈者需要依靠田野笔记。一般这会发生在受访者拒绝进行录音或者录像时。如果发生了这种情况,就没有东西可以记录真实发生的讨论,这意味着访谈中说的话永远存在重新收集和解释的问题。当然,如果讨论涉及商业的、政治的甚至个人方面的敏感议题,这种情况就很符合特定受访者的需要。但是,田野笔记为这种情况提供了折中的方案。田野笔记是在访谈过程中写下的,如果这样不可行,要在访谈结束后尽快记录,这时候对事件的记忆还比较清晰,它们可以为访谈者提供一些有关事件的永久记录,研究者可以在研究的后续阶段为了回忆访谈中说了什么来参考这些记录。

但是,田野笔记也可以在访谈中扮演另外一个角色:它们可以用作对录音的补充,可以用田野笔记来填补录音无法记录的相关信息。田野笔记可以涵盖有关地点的环境、进行访谈的氛围、言外之意的线索以及对非言语交流的评价,这些信息都与访谈有关。

**小贴士:写田野笔记作为对录音的补充**

开展面对面访谈时,结合使用录音和田野笔记是很有价值的,田野笔记可以提供重要的补充信息。

# 在线访谈

在线访谈可以针对任何有电脑可以上网的人。成本可以忽略不计，这种形式的访谈让研究者可以访谈全世界的人，而不用担心差旅的时间和成本问题。很明显这是一个吸引人的优势。

## 实时视频连线

在线访谈可以用访谈者和受访者实时视频连线的方式进行。使用网络摄像头和 Skype 之类的交流软件，就非常类似于面对面访谈——只是远程的而已。这样的 Skype 访谈与面对面访谈中的人际互动有同样的优缺点，但它避免了差旅产生的成本和不便。

## 没有直接视频连线

在线访谈可以不含有访谈者和受访者的实时视频互动。在线访谈可以基于直接的电子邮件联系，把问题按顺序写下来，让应答者进行回答；或者也可以用社交网站、论坛甚至短信进行。基本上，访谈可以在网上用任何可以利用的交流平台完成。与面对面访谈一样，这些类型的访谈保留了基本问题和回答顺序。但是，有一些重要的区别需要注意，这些区别如下：

## 记录在线数据

开展在线访谈的一个突出优点是受访者的应答是以书面形式提供的，所以不需要转录受访者的话，这也就意味着没有转录错误，也不会有任何因为无法解码而不能使用的部分。另外，应答已经是数字化的形式了，可以直接下载到文字处理程序或者质化数据分析软件（比如 NVivo）。

## 与受访者的私人联系

使用社交网站、论坛，其实是任何在线访谈技术都非常依赖于一件事：这项技术必须允许访谈者和受访者进行私人交流。进行一对一在线访谈时，关键的是交流是私人的，要避免将消息误发送给其他用户。在在线小组访谈和焦点小组中，同样适用这样的条件：交流必须限制在直接相关的人群内。

**注意：在线访谈**

需要小心确保问题，尤其是回答不能传播给使用社交网站或者论坛的所有人。

## 远程

与面对面访谈不同，在线访谈没有直接的可见接触。这个特征的影响是应答者更“远”，远程不仅是物理意义上的，也是心理意义上的，这可能会带来一些有趣的后果。从不好的方面来说，这意味着研究者较少有机会确认受访者的身份或者检查那个人提供的信息，因此，很难确定受访者是谁或者他们的回答是否真实。

在具有这样缺点的同时，远程也有它的好处。最突出的好处是它可以减少“访谈者效应”，因为它：

减少互动中的文化和性别影响。不可视意味着受访者所说的不太受访谈者和受访者各自的年龄、性别、种族、口音和社会阶级带来的影响，它充当了一个交流的“均衡器”。

克服了某些话题上的尴尬。无需面对面交流有助于减少回答敏感话题时的不舒服感受。这种交流不那么“个人”，不太会引起尴尬，因为没有与研究者进行直接互动。研究者不需要因为自己的年龄、性别、社会阶级或者种族可能阻碍受访者诚实地回答问题而感到别扭。但是，在这一点上需要谨慎，此类研究方法经常遇到的就是规则的例外。有时面对面访谈的个人元素可能实际上会鼓励人们开诚布公地讨论私密议题，比邮件访谈时更能鼓励这种行为(Gillham, 2005)。这样的情况更可能发生在深入、非结构化的访谈中，访谈者和受访者之间可以建立起一种良好的友善和信任氛围。

### 时间延迟

在线访谈与传统面对面访谈的另一个区别是，根据所使用的特定在线平台，提问和回答之间可能会有时间延迟，这又会对应答者提供的信息产生影响。尤其是它让应答者有时间对问题进行反思，提供一个他们可以认真思考之后的回答。现在从研究者的角度来看这可能是一件好事，但是如果研究者希望得到的是对问题的快速反应而不是仔细斟酌后的答案，那这就不是一件好事了。

### 对访谈问题写下来的应答

在线访谈一般需要应答者写下他们的答案而不是说出答案。这里需要牢记的一个关键点是人们通过说话表达自己和通过书写表达可能会有显著差异。一方面看来，这种区别会影响语言的风格。在线访谈的环境下，人们可能会使用非正式的“说法”以及与在线媒体或者社交网站有关的缩写，而在面对面访谈中，他们可能会采用更正式的风格。另一方面看来，这种区别会影响通过访谈可以收集到的数据的量。需要把回答写下来可能导致受访者使用更少的语言，而在面对面与访谈者讲话时他们可能使用更多的语言。但是，正如社会研究方法经常发生的一样，这方面没有硬性规定。访谈更多取决于受访者在面对面情境中有多自信和健谈。有些害羞的人可能更喜欢把回答写下来，也许与面对面直接告诉访谈者相比，他们用键盘可以表达地更深入、更详细。

**要点提示：在线访谈**

如果在线访谈不使用Skype之类的软件来进行相当于面对面的访谈，那么研究者在收集访谈数据时需要权衡以下几方面的可能结果：

- 远程和无法视频连线；
- 互动的时间延迟；
- 依赖于写下来的答案而不是说出来的答案。

## 如何知道受访者在讲真话?

这是研究访谈面临的重要问题。当访谈收集的是事实性信息时,研究者可以进行一些检查,看看这些信息是否可以用其他人或者其他来源的信息进行证实。当访谈涉及的是受访者的情感、感觉和经验时,进行检查的难度会更大。最终没有绝对的方式可以验证人们告诉你的想法和感受,因为研究者不是“读心者”。但是研究者仍有一些实际的检查可以做,来检验别人告诉他的信息是否可信。但是,应该强调的是,这些不是探测访谈中虚假信息的保险方法。这些只是实用方法,可以让研究者避免成为轻信的上当者,帮助研究者察觉到可疑之处。同样地,如果使用了以下检查方法,研究者可以对访谈数据更有信心,知道自己已经付出了努力保证数据的效度。

### 用其他来源检查数据

研究者努力用关于同一个主题的其他信息来源验证访谈数据时,应该使用三角互证。文档和观察可以为访谈内容提供一些备用资料,或者可以让研究者用质疑的态度思考访谈数据是否值得完全采用。甚至可以用其他访谈来验证该访谈的内容,看看是否有某种程度上的一致性。重点在于如果有可能用其他信息来源确认或者质疑受访者说的话,那么不应该只看访谈数据的表面价值就采用它。

参见“三角互证”,第160页

### 与受访者确认转录

如果有可能,研究者应该带着转录材料重新找到受访者,与那个人确认记录是否准确。这被称为“应答者验证”。如果研究者只从访谈中收集事实性信息,这是一个机会,研究者可以确保事实正确、自己获得了正确的信息,这是一个很好的保障。另外一种情况是,如果访谈是有关人的情感、观点和经验,做法就是邀请受访者确认他们在访谈中要表达的就是这个意思,而不是“一时兴起”的想法。不管是哪种方式,这是有关数据准确性的最初检查。

### 检查数据的合理性

有些人被选中访谈只是由于他们身处其位，了解研究者感兴趣的东西。这些“关键角色”被精心挑选出来因为他们是行家、专家，很有经验——他们的身份带着很高的信度，基于其他原因选择的受访者未必符合这种情况。评价访谈中信息的信度时，研究者需要判断预期受访者会在多大程度上知道相关的事实和了解要讨论的话题。研究者应该问自己假设这个人对相关话题能给出权威评论，这种假设是否合理——或者是否有可能他们是在谈论一些他们根本不怎么了解的东西。

### 寻找主题

有可能的话，访谈研究应该避免把研究发现建立在一个访谈上，从几个访谈中寻找共同的主题会更保险。如果同一个主题在不同的访谈中浮现，研究者就不需要只依靠其中任何一个人的说法，把这种说法作为唯一来源判断什么是“真实的”或“正确的”。主题在访谈中循环出现说明这个想法/议题在广泛群体中是共有的，因此与那些从一个人口中说出的想法/议题相比，研究者可以更有信心地讨论这种共有的想法/议题。

参见第 16 章“质化数据”

## 访谈的优点

### 信息的深度

访谈特别有助于产生可以深度处理和挖掘细节特征的信息。可以对主题进行深究，对议题进行追问，以及在相对较长时间段内跟进一个研究线索。

### 深刻理解

基于收集到的有深度的信息和“关键受访者”的智慧，研究者可能会获得有价值的深刻理解。

### 设备简单

访谈只需要简单的设备(电子录音设备、电脑、网络)。

### 受访者优先

要想得到基于受访者偏好、观点和想法的数据,访谈是一个不错的方法。受访者要有机会提出自己的想法,解释自己的观点,并指出他们认为的关键因素。

### 灵活性

在半结构化访谈和非结构化访谈中,对提问思路的调整可以在访谈过程中完成。访谈允许使用随机应变的提问思路。

### 高应答率

访谈一般是事先安排好的,即已经选择了方便的时间和地点,这就保证了相对较高的应答率。

### 数据的效度

在面对面访谈中,访谈时的直接交流意味着在收集数据时可以对它的准确性和相关性进行检查。在在线访谈中,数据输入阶段同样可以排除误差。研究者不再是通过录音进行访谈,在录音中,可能因为声音听不清楚而导致研究者误解受访者的说话内容。

### 治疗性

访谈可以给受访者带来有益的经验。与问卷、观察和实验相比,这种方法涉及更多主观的因素,因此人们会利用这个非常稀有的机会,讲述自己的观点给别人听,而听者的目的就是不加批判地聆听和记录受访者的想法。

## 访谈的缺点

### 数据的效度

访谈的数据是基于人们所说的而不是所做的。这两者可能不一致。人们说自己做了什么、喜欢什么以及想什么,我们并不能自动假设这些都反映了真实的情况。

### 访谈者效应

受访者说的话可能受到研究者身份的影响。但是,在线访谈可以在很大程度上避免这个问题。

### 信度

在半结构化访谈和非结构化访谈中,访谈的一致性很难达到。在某种程度上,收集到的数据会受到特定环境和特定当事人的影响。

### 费时

半结构化访谈和非结构化访谈产生的是没有事先编码的数据,其形式相对开放。一般来说,这就意味着数据准备和分析是“头轻脚重”。对研究者来说,对访谈数据进行转录和编码是一个繁重的工作,而这个工作是在数据收集之后才开始。

### 资源

在面对面访谈中,访谈者的时间和差旅成本可能会比较高,如果受访者地理分布分散,这种成本就会更高。

### 拘谨

在面对面访谈中,录音(或者录像)会让受访者感到拘谨。尽管记录设备带来的影响很快就会消失,但有时候并不是这样。当然,在线访谈不存在这个问题。

### 侵犯隐私

如果对访谈的数据处理得不明智,访谈可能会侵犯到受访者的隐私,让受访者感到不安。尽管访谈可能会让人乐在其中,但事情的另一面是被访谈这件事具有个人因素,它本身存在一些危险。

## 补充阅读

Diamante, T. (2013). *Effective Interviewing and Information Gathering: Proven Tactics to Increase the Power of Your Questioning Skills*. New York: McGraw-Hill/Business Expert Press.

Gillham, B. (2005). *Research Interviewing: The Range of Techniques*. Maidenhead: Open University Press.

Kamberelis, G. and Dimitriadis, G. (2013). *Focus Groups: From Structured Interviews to Collective Conversations*. London: Routledge.

Keats, D. M. (2000). *Interviewing: A Practical Guide for Students and Professionals*. Maidenhead: Open University Press.

**使用访谈自测表**

使用访谈时,你应该对下面这些问题有信心回答“是”: ☑

1. 是否清楚要用哪种类型的访谈以及为什么用这种访谈(一对一、小组、在线、焦点小组)? ☐
2. 访谈的方式是否与研究目的要求的数据类型相匹配(结构化、半结构化、非结构化)? ☐
3. 是否有田野笔记对访谈中的互动提供补充信息? ☐
4. 是否收集了有关访谈发生的环境细节(地点、之前的事件、气氛等)? ☐
5. 是否考虑了记录设备对受访者回答的公开性的影响? ☐
6. 在可能的情况下,是否努力检查了受访者谈话的准确性和诚实性(三角互证、应答者验证)? ☐
7. 在半结构化访谈和非结构化访谈中,是否使用了提示、追问和检查来获得有价值的、细节性的深刻理解? ☐
8. 是否考虑了访谈者效应以及研究者的自我身份可能对以下方面产生影响?
   - 访谈中的互动 ☐
   - 对数据的解释 ☐
9. 在线访谈中,是否考虑了以下方面的影响?
   - 在互动中没有可视化的线索 ☐
   - 使用非实时交流 ☐

# 第13章 观察

什么是观察研究？·感知与记忆·系统观察·观察表·抽样与观察·保持场景的自然性·观察表的例子·系统观察的优点·系统观察的缺点·补充阅读·观察表自测表·参与式观察·参与的类型·田野工作·研究伦理·自我、身份与参与式观察·田野工作的危险·参与式观察的优点·参与式观察的缺点·补充阅读·参与式观察自测表

## 什么是观察研究？

本质上来说，社会科学中使用的观察研究有两种类型。第一种是系统性观察（也被称为“结构化观察”）。系统性观察起源于社会心理学——特别是在学校教室之类的情境中进行的相关研究。它一般与量化数据相关，使用的是统计分析。第二种是参与式观察。它主要与社会学和人类学相关，研究者用它来探究特定社会群体的生活方式、文化和信仰。它一般与质化数据和民族志研究视角有关。

这两种方法可能在其根源和在现行社会研究中的运用方面差别很大，但是它们有一些重要的共同点：

- 直接观察。它们都依赖于肉眼能看到的一手事件，并以此作为直接依据。在这方面它们是一样的，这与问卷和访谈之类的方

法不同,问卷和访谈是基于受访者告诉研究者的东西来获得数据。同时这也与研究文献的方法不同,文献研究法中研究者脱离真实情境。

- 在自然情境中的田野工作。它们都在真实的生活情境中收集数据,走出家门"在田野中"观察。在这种情境中,不管研究是否已经开始,田野观察已然发生。不容忽视的是,我们要在事物发生的自然情境下对它们进行观察,而不是在人为创设的条件下,比如实验室实验。值得注意的是,在开展研究时就要尽量避免干扰情境的自然性。也就是说,在这种社会研究取向中,降低研究者本身对研究的干扰是至关重要的。
- 感知的问题。系统观察和参与式观察都认为观察的过程并非完全客观。研究者对情境的感知可能受到个人因素的影响,数据收集可能因此变得不可信,这会对两种观察方法都有很强的影响。它们提供了非常不同的方法来解决这个问题,但都把这个议题视为需要解决的问题。

## 感知与记忆

按理说,不同的研究者观察同样的事件应该记录下完全一样的东西,即他们对事件——数据的记录应该是一样的。但是在实践中,情况可能不是这样。两个研究者很有可能会对他们一起看到的东西做出不同的记录。为什么会有这种情况? 很明显,每个研究者的个人能力是影响因素之一。观察力、记忆力和研究者投入的程度都是不一样的,而这些就会影响最终的观察数据。有趣的是,记录的不同在更广泛的意义上反映了记忆和感知的特征,相关领域心理学家的作品表明以下三点非常重要:

第一,心理学家指出了人类记忆的弱点,我们不可能记住我们观察到的事件和所处情境的全部细节。一般来说,我们会忘记大部分看到的东西,但是我们记住的和我们忘记的并不是随机的。大脑如何管理、回忆和遗忘特定的东西是有一定模式的,这是一种选择性回忆。

第二，他们指出大脑如何过滤感官接收到的信息。大脑不只是减少信息的量，它还运行特定的“过滤器”，让一些类型的信息被标记为“发生的事”，而同时把其他很多类型的信息排除在外。这是选择性感知。

第三，他们提到有实验表明这些“过滤器”不只是让一些信息通过而排除其他的信息，它还根据我们的感情和身体状态以及过去的经验，提高我们对特定信号的敏感性。我们的经验会在某种程度上被状态影响，比如是否很饥饿、生气、焦虑、沮丧、偏见等等。我们的经验是被我们当时的感觉和我们携带的感情包袱塑成的，这些感觉和感情又是过去生活过程中发生的重要事情的结果。这些东西形成了偏重感知。

不需要过于深究感知的心理学方面，我们也很容易看到，作为人类的研究者不只是用机械的和客观的方式观察和记录他们看到的事件。在实践中，大脑活动中有解释的因素，这种解释是“外部世界”和个人经验之间的中介。

## 系统观察

不同的观察者可能对情境做出不同的记录，因此在使用观察法收集数据时，这种可能性非常让人担心。它说明数据可能会因具体的观察者而不同，而不是因被研究的事件而不同，但这恰恰是系统观察要解决的问题。正如它的名字所表明的，系统观察是一种把系统引入观察过程的研究方法，这个系统的目的是产生研究者之间一致的数据——去除心理因素的变化，因为这些心理因素会影响个体研究者对事件和情境的感知。

## 观察表

为了达到这样的目的，系统观察使用了观察表。这些表包含一系列项目，就好像一个检查表。所有参与研究项目的观察者使用统一的观察表,这样他们的关注点就得以统一。这有助于让研究者对事件的记录保持一致,因为观察什么是由表中包含的项目规定的。

观察表不仅指明要观察什么,还指明如何测量这些东西,这点很重要。如果只是把关注点指向有兴趣的关键项目,然后让每个观察者自己决定他们如何记录这些项目,那么不同观察者收集的数据可能不太一致和标准化。由于每个人可以选择不同的词语来描述他们看到了什么,尽管关注的是同样的事件或行为,但他们收集到的数据可能在表现形式和细节特征上非常不同。系统观察需要用一些方法来保证这些事件或行为是用一种客观的和统一的方式来记录的。这个任务由收集量化数据来完成,这些量化数据是与研究兴趣有关的项目的计数、总量和频率。观察表的目的不是用词语来描述事件或者行为,而是从以下几个方面产生数据:

- 事件的频率:统计观察表上的项目发生的频率。
- 事件的持续长度:将一个事件或者特定行为的持续的时间进行量化。某个项目发生时,就对它们进行记录,包括从开始到结束,这样研究者就得到每个项目总时间的信息,以及该项目在观察的整个过程中哪个时间点发生。

当研究者有了一定的训练量和研究经验,就容易产生较高的观察者间信度,也就是不同的研究者观察同样的社会情境时能产生几乎一样的数据。研究者个人和那些会影响他们感知与记忆的因素在观察记录中的作用会被最小化。

**小贴士**

观察表应该:

- 保证所有研究者都留意同样的活动,寻找同样的东西;
- 让研究者用一种标准化的方式系统性地记录数据。

## 选择具体的项目放进观察表

在社会情境中发生的事件和行为往往是复杂而多面的,这就对想要使用系统观察的研究者发起了挑战。在研究者想要使用观察表的情境中,可能有很多事情在同一时间发生——这样的情况不在少数,任何观察表都不可能涵盖情境中所发生之事的所有方面。因此不可避免的是,研究者需要对观察项目进行选择,哪些要放入观察表,哪些要排除在列表之外。

在选择哪些事件或者行为放进观察表时,需要满足以下四点。

第一点也是最重要的一点,被纳入的项目应该是被研究话题的有效指标。很明显,只有当表中所列的是与研究目的最相关的项目时,从观察表中得出的研究发现才有价值。精确但无关的记录根本不会有助于研究。之前的研究与理论为研究者决定哪些东西值得关注提供了线索,因此,一开始应该使用文献综述来辨别什么是重要的,什么应该被放入观察表。

第二,被放入观察表的项目应该涵盖所有的可能性:项目列表应该是完整的。研究者应该考虑要尽可能确保观察表上的类别涵盖所有的可能性,一旦开始在真实情境中使用观察表,观察条目不应有明显的缺失。

第三,项目应该清晰可辨而且一目了然。观察者不需要对行动进行解码或者思考一个行动是应该放在这个类别还是那个类别——它的属性应该非常明确。这意味着表上的项目应该只包括明显的行为和事件,可以用直接的方式观察到这些行为和事件。像态度和想法这些需要研究者做出推断的东西不适合用在观察表中,因为无法用直接的方式看到这些东西,这也就意味着项目需要很精确。观察表的项目不能模棱两可,也不能在多个项目之间产生重合。

第四,选择观察表的项目时需要预料到被观察事件的发生频率和顺序。一方面,项目的发生应该具有常规性,让观察者能够收集到合理数量的数据。如果某事件很少发生,研究者就会很沮丧,觉得浪费时间——等啊,等啊,等着该事件发生。另一方面,如果行动或者事件发生地过于频繁,观察者可能没办法跟上它发生的速度。如果事件聚在一起同时发生,观察者可能无法记录所有事件。

**要点提示：事件或者行为要适合观察**

列入观察表的事件或者行为应该具有以下特征：

- 相关性——被研究事物的最佳指标；
- 完整性——涵盖了项目的所有可能性；
- 外显性——可以用直接的方式进行观察和测量；
- 明显性——只需要研究者做出最少的解释；
- 精确性——有关类别归属没有模棱两可；
- 容易记录——发生频率足够高，有一定次序，观察者可以精确地记录事件的发生。

## 抽样与观察

用系统观察的研究者一般围绕田野中观察时间段的划分来组织研究。举个例子，某项研究要在现场安排一个小时的时间进行观察。研究者要对这些时间段进行删选，以避免任何偏见，并且包含所研究问题的代表性样本。所以，如果研究需要针对学校课堂互动进行观察，研究者就要保证开展研究的时间须涵盖整个教学周，整个教学日和不同的科目。如果只在周五下午进行观察或者只观察历史课，就没办法对事件进行全面的了解。

这些也同样适用于对研究的人或者事件的选择。为了得到对情境有代表性的描述，系统观察可以精心挑选要观察的人或者事件，这样数据可以涵盖整个研究总体的各个部分。选择的形式可以是：

- 时间抽样。保证一项研究按顺序相隔一定的时间抽取一个观察记录点。比如说每 30 秒钟，观察者可以记录当时发生的相关事件或者行为。
- 连续性地跟踪特定个体的活动。可以按照事先决定的时长对个体进行观察，结束后转向名册上的另一个人，最终产生一个合理的可以包含所有内容的描述。

参见第 2 章“抽样”

**小贴士：使用田野笔记对系统观察数据进行补充**

系统观察表产生的量化数据应该通过田野笔记（质化数据）进行补充，在田野笔记中研究者要完成两件事：(1) 描述情境(2) 记录他对被观察事件或者行为周边环境的印象(Galton et al., 1980)。这样的背景信息有助于解释被观察的事件，应该与观察表的结果一起记录下来，帮助观察者理解他收集到的数据。

## 保持场景的自然性

在系统观察中，是否能保持场景的自然性取决于研究者是否能融入背景，即是否能成为“隐形”的人。一开始这看起来是难以置信的事。研究者使用一些观察记录设备（比如磁带、平板电脑或者笔记板），看起来像是一个“时间和动作”的研究者，这样的系统观察可能避免不了对它想要测量之物的干扰。但是，进行这种风格研究的人发现确实有可能“让自己隐身”，不会对研究产生可辨识的影响。他们强调要想让干扰最小化，研究者应该注意三个事情：

- 站位。不显眼的站位很重要。但是研究者还是需要能够看到行动发生的整个场所。
- 避免互动。这里的建议是“社会性的隐身”，尽量不要参与到研究情境中。
- 在现场的时间。系统观察者的经验让他们确信他们“在场”的时间越长，他们的出现越会被视为理所当然，那么他们对事情发生的影响就越小。

参见“观察者效应”，第 71 页

## 观察表的例子

如果把系统观察用于小学艺术课堂的研究，那么观察表就要专门针对收集小学生课堂活动的数据来设计。研究者做这个研究的动机可能是想提供量化的、客观的数据，通过测量学生在教室唯一一个水槽前排队洗画笔浪费了多少时间，这个研究可以帮助艺术教师争取资源，在艺术教室添加第二个水槽。一个简单的观察表可以达成这个目的(见图 13.1)。

地点：学校 A　　　教师：克丽丝·琼斯　　　艺术课
观察♯4
日期：4 月 28 日
时间：11:00—12:00

| 姓　名 | 开始排队时间 | 到达水槽时间 | 排队时间 |
|---|---|---|---|
| 爱莎 | 11:15 | 11:15 | 0 |
| 珊米 | 11:15 | 11:18 | 3 |
| 道格拉斯 | 11:15 | 11:20 | 5 |
| 奥利维亚 | 11:16 | 11:23 | 7 |
| 杰克 | 11:17 | 11:24 | 7 |
| 金 | 11:19 | 11:26 | 7 |
| 马克斯 | 11:22 | 11:28 | 6 |
| 奥尔加 | 11:23 | | |
| …… | | | |

图 13.1　观察表

在这个例子中，研究者已经决定要记录排队的总时间。也可以记录课堂上学生排队的次数，或者在 1 个小时中，每间隔 30 秒记录一下当时有多少学生在排队。这些方法可能得到稍有不同的结果。如果我们关心排队如何干扰学生的注意力，更恰当的方法是记录排队的次数；如果目的是查看排队的障碍，那么使用时间抽样可以让学生走向水槽的流向显示地非常清楚。但是在这个例子中，目的是支持学生在排队等水槽时浪费了时间的观点，所以更适合的方法是记录排队的总时间。

这个例子中被观察的项目是非常直观的。我们有理由假设站成一排是一个明显和可观察的行为方式，尽管有时候学生可能不只是为了洗画笔而排队(他们可能是为了社交或者故意浪费时间)，但是排队对研究者的研究兴趣来说是一个非常有效的指标：研究者的兴趣在于排队浪费的时间。

作实践进行研究，她有时会扮成德西蕾夫人的接待员，在屋子外面顾客用的桌子前工作。这种角色让她能够成为常规情境的一部分，也让她与行动中心保持一个合适的距离。明显的是，在这个案例中，研究者的角色不是完全保密的。德西蕾夫人知道奥康奈尔・戴维森是一个研究者，但是顾客不知道。

另一个可能的做法是向群体表明身份，而不是成为那个群体的一员。这种做法让研究者可以公开他们的研究目的——取得研究知情同意——而不是采取参与式观察的隐藏方式。当然，这种做法不好的地方是研究者的出现可能会对情境的自然性形成干扰。

参与的程度可以有很大差异，使用观察的公开程度也可以有很大差异，但是总体来说可以浓缩成三个基本的可能性：

- 完全参与。研究者的角色是保密的，扮演成日常参与活动的人，而在这种情况下无法获得研究知情同意，也就会引发伦理问题。
- 参与常规情境。可能特定的"看门人"知道研究者的角色，但是对于情境中的绝大部分人来说研究者的角色都是隐蔽的。在这种类型的参与式观察中，研究者的角色是精心挑选的，让观察得以在不影响情境的自然性前提下进行，但又让研究者与被研究的群体保持一定的距离。研究者也许能保证合适的距离，或者也有可能缺乏驾驭这样角色的个人能力。
- 作为观察者参与。研究者的身份是完全公开的——优点是可以获得被研究者的知情同意——采用的是在日常生活中"跟踪"一个人或者一个群体的方式，针对感兴趣的文化/事件收集一手和详细的资料。

## 田野工作

研究者进入田野对情境进行了解。研究者"在现场"呆得越久越好，因为他成为行动的一部分的时间越久，他对情境的了解就越多。好的参与式观察要求研究者把相当多的时间花在田野中。这不是"打了就跑"的研究方法。在现场呆够一定时间才能获得信任，建立友善关系,并达成深刻理解,而这些理解正是参与式观察作为一种研究方法的特点所在。

## 观察什么

参与式观察者一般在开始的时候不特别挑选被观察的事物。他们首先是对情境获得一种“整体感觉”,为了达到这个目的,他们会进行所谓“全局性的观察”。这种观察是一种背景性的场景设置策略,但是在实践中,对场景获得一种大概的感觉是为更聚焦的观察作准备。当有特定重要的或者研究者感兴趣的事物出现时,观察就从整个场景的活动转向具体的区域。当重要、奇怪或者不寻常的事情出现时,研究者就要进行更近距离的查看。聚焦的观察之后研究者可能会进行特别观察,特别观察主要关注意料之外或者矛盾的事物。观察者可能会注意那些根据常识不会发生的事情。最后,研究者可以在观察中试图辨别参与者认为重要的议题和问题。重点在于观察那些可以反映群体成员如何看待事物的案例——他们的观点、信仰和经验。

## 做田野笔记

田野研究者一有机会就应该把观察变成某种永久性的记录。这可能是以文字形式记录或者用磁带录音备忘录形成的“田野笔记”。无论采用哪种方式,做田野研究的研究者需要在观察之后尽快制定写田野笔记的策略。

这样做的原因有两点。第一个原因,人类的记忆不仅是有选择的,也是脆弱的。如果田野笔记延迟了好多天,人很容易忘记事情,尤其是小事和一闪而过的想法,更别提延迟好几周了。田野笔记是紧急事件,研究者需要在研究中预留一些有规律而且及时的时间来做田野笔记。第二个原因是一般需要在行动场域之外写田野笔记。在参与行动时写田野笔记会干扰情境的自然性,暴露研究者作为观察者的身份。因此一个普遍的规则是,参与式观察者需要在田野工作中预留一些时间,或者在观察结束后,一旦有私密的、不让被观察的人知道的机会,就尽快做田野笔记。最简单的策略是一回家就尽快写田野笔记——假设家是和被研究的田野分开的。

**小贴士：参与式观察的田野笔记**

参与式观察应该用详细的田野笔记作补充，应该在每一段观察之后尽快做笔记。

## 研究伦理

参与式观察会给研究者带来特定的伦理问题。如果使用的是"完全"参与，那么被研究的人不会意识到研究的存在，也不会意识到自己正在扮演的角色，他们也就不可能给出"知情同意"。这样隐蔽式的研究不能将其合理性建立在知情问题的基础上，而是应该建立在另外两个主张上。第一，如果可以说明所有被研究的人都没有因为被观察而遭到不好的结果，研究者就可以说自己的参与式观察符合伦理标准。第二，与第一点相关的是，如果研究者可以表明当事人的身份永远不会被公开，那么就有理由说参与式观察是符合伦理规范的。

无论使用什么程度的参与式观察，保密材料都有可能"落入研究者手中"。尽管大多数研究方法都存在这种可能，但参与式观察中的研究者与被研究者的关系非常亲近和亲密，因此这种可能性就大得多。一些不了解参与者研究兴趣的人可能不经意间就会透露这些保密材料。更大的问题可能是，正是因为研究者和被观察者之间建立了信任和友善的关系，这些材料才得以暴露。既然任何程度的参与式观察都有可能遇到这种情况，那么伦理问题在于是否要使用这些材料，怎么使用。这里指导原则非常清楚：(1) 使用任何材料都要保证没有人因为这些材料的使用而遭受不利结果；(2) 使用任何材料都要避免泄露当事人的身份。对任何违背这些原则的做法都要进行非常特别的考虑和判断。

参见第 17 章"研究伦理"

## 自我、身份与参与式观察

### 研究的设备:“自我”

参与式观察的吸引力之一在于它依赖研究者的“自我”,而不太依赖硬件和软件之类的技术手段,并且它产生的数据也不是用于统计分析的。参与式观察方法的关键工具就是研究者本人。

这意味着几乎没有“进入成本”的障碍,设备成本也非常低。看起来研究者好像不需要进行培训(当然,这可能是一个错误认识),以及看起来他好像可以直接“跳进”田野开始工作。但是,我们会在下个部分看到,这种对于“自我”的依赖并不总是带来好处。

### 进入场景

从参与式观察者的视角来看,进入场景可能不只是获得相关部门的许可或者获得“守门人”的帮助,从而建立必要的联系,融入研究情境。完全进入参与式观察的视角,就会发现还有其他议题会影响研究者融入情境。如果研究者要在场景中扮演某个角色,他就需要具备必要的资格。

如果要在场景中“隐蔽自己”,很显然研究者不应该特别显眼。在各种情况下,这会使许多研究者无法扮演很多角色,比如年龄的因素会让大部分(或所有)的研究者无法使用参与式观察研究学校的学生文化,而使用老师的身份观察更有可能成功。性别也会形成阻碍,比如说,男性研究者很难使用完全的参与式观察来研究鸡尾酒女招待,而扮成一个酒吧男招待来开展观察更有可能成功;黑人研究者会发现自己非常难混进三K党。生物学因素对融入情境有非常严重的限制,技术和资格会带来其他阻碍。要想采用角色扮演的参与方式,研究者必须具备与被研究群体相关的必要的技术和资格。正如研究桌球欺诈的波尔斯基(Polsky, 2006)指出的,他的研究可以用参与式观察者的身份进行——因为经历了“荒废的青春”,他自己已经是一个桌球玩家了。但是,想要成为研究者的人可能不愿意或者无法获得满足某个研究目的需要的特定技术。按照这里的逻辑，有很多角色研究者都无法扮演——从脑科医生到树木整形专家——因为他们缺乏个人技能和相应的资格。

## 选择一个主题

鉴于完全参与有这些限制，两件事对选择主题有直接影响。

- 在很大程度上开展参与式观察的研究者是根据他们之前固有的个人属性来选择主题的。这里的“选择”很少是自由选择，研究者的自我身份——年龄、性别、种族、资格、技术、社会背景和生活方式——都会影响做出的选择，会给研究者能够扮演的角色带来很大限制。
- 尽管参与式观察被认为是社会科学中最有揭示力和最敏感的研究方法，但它也是要求最高的方法，这不是一个容易做出的选择。完全的参与式观察需要研究者付出远多于其他方法的努力——需要研究者付出时间，研究会对研究者的常规生活造成相当程度的侵扰。

因此，很多令人着迷的研究都是“一次性”的就不足为奇了，在这些研究中研究者对社会生活的一个领域进行探究，过去的经验使得他们具有适合参与的独特性。很少有例子是研究者精心规划进入一个群体的(Festinger et al., 1956)，也很少有例子是研究者故意选择了一个自己很陌生的角色，其中又充满了危险和不适感的(Griffin, 1962)。

完全参与的限制带来的另一个后果就是，许多社会研究者决定不采用“完全参与”的参与式观察。参与常规情境和作为观察者参与避开了完全参与中的一些危险，在很多情况下为研究者提供了更舒心的经验(Whyte, [1943]1981; Humphreys, 1975; O'Connell Davidson, 1995)。

**要点提示：选择适合“自我”的主题**

使用参与式观察的研究者一般会选择自己具备一些局内人知识和与个人经验相关的主题。研究场景一般是研究者可以很容易适应，呆着也很舒服而不会干扰场景自然性的地方。因此不管从哪种意义上来说，主题的选择都要适合研究者的“自我”。

# 田野工作的危险

开展参与式观察可能是危险的。第一，有身体的危险。正如李(Lee, 1995)指出的，在田野工作时身体受伤一般不太会发生，但是由于具体情境的不同，不能忽视这种可能性。在一些形式的田野工作中是有这种可能的，比如，那些进入气氛不友好、地形险恶的偏僻地区的人类学家有可能遇到这样的危险。有证据表明，早年间有人类学家被他们的研究对象杀死的案例(Howell, 1990)。对不稳定社会开展研究的政治科学家也有这样的危险，在这种社会中，法律规则薄弱，无法约束平民在派系纷争中的所作所为。当社会学家和民族志研究者与边缘人群、甚至非法人群取得联系时，他们也面临危险。当他们深入贩毒、卖淫、足球流氓、骑行族、宗教教派等群体，他们就是在冒险。他们不仅可能被打劫或者被攻击，而且可能在事情被暴露时遭到报复。生活方式本身也会带来危险，饮食和居所的改变也会对健康产生影响，而这种生活方式的改变本身也就会存在危险。当然，如果研究者开始依赖毒品，对健康的影响就更严重了。

田野工作还有第二种危险：被起诉。研究者成为“场景的一个部分”，身边充斥着毒品，单单这一点就会把研究者置于被起诉的风险之中。在这种情况下，社会研究者没有特权被豁免。

决定进行这种田野工作的研究者同样可能把自己的社会幸福感置于危险之中。他们为了研究目的而过的“另一种”生活可能会对自己原本的生活、与他人的关系以及“常规”生活需要的工作和休闲产生不利影响。实际上研究者需要维持两种生活方式，这两种生活方式可能是互不兼容的。离开家、晚归以及在“非社交”的时间段进行田野工作，这可能给最亲近的人带来负担。因此这种田野工作需要的双重生活还有心理学方面的危险。最糟糕的情况是，生活方式的改变会对研究者产生创伤性影响，或者会对研究者的性格产生持续或者永久性的影响。

## 成为本地人

当研究需要一些形式的“双重生活”时，参与式观察的成功就取决于研究者是否能够在两种角色之间划定一个界限。但是,研究者可能没办法清楚区分自己作为研究者和作为参与者的界限。最极端的情况是,研究者加入了一开始想要研究的群体。如果研究者这样子迷失了“自我”,就像是一个人类学家忘记了所有研究,在一开始想要研究的“部落”中定居生活,成为他们的一员,这被称为“成为本地人”。正如德莱蒙特(Delamont, 1992: 34)指出的:

> 成为本地人当然是用于描述一种充满异议的现象的词语。它意味着对被研究者的过分认同,在双重视角中丢失了研究者自身文化的视角,更重要的是,丢失了他的“研究”和观点。

**小贴士:避免危险的田野工作**

应该对田野工作环境的风险进行评估,辨识其中的危险。尽管有经验的研究者可能敢于冒险进入危险的环境开展参与式观察,但项目研究者不应该这样做。

## 参与式观察的优点

### 基本要求

参与式观察使用研究者的“自我”作为主要的研究工具,因此很少需要技术/统计手段的支持。

### 不干涉

参与式观察在保持场景的自然性方面比其他社会研究方法更有优势。

### 理解被研究者的观点

作为一种社会研究方法,参与式观察很擅长从行动者的视角理解他们的意义。

### 深刻理解

参与式观察提供了一个很好的平台,研究者可以获得对社会过程的丰富理解,适用于研究复杂的事件。

### 生态学效度

参与式观察者收集到的数据可能是适合于特定情境的,因而具有生态学意义上的有效性。

## 参与式观察的缺点

### 进入场景有限

研究者者可以扮演的角色或者可以参与的场景是有限的。

### 奉献高

参与式观察可能在个人奉献和个人资源方面要求很高。

### 危险

参与式观察对研究者来说可能有危险,包括身体的、法律的、社会的和心理的风险。

### 缺乏信度

参与式观察依赖研究者的"自我",把田野笔记作为数据,这就会导致数据缺乏信度。它的信度是受到质疑的,因为参与式观察对作为研究工具的研究者的"自我"依赖很大,这就使得重复一个研究来检验它的信度成为极端困难的事情。即使研究者在田野工作一结束就根据自己对事件的回忆对其进行记录,把田野笔记作为数据,也仍然无法说服那些想要采用传统标准而对这种方法的信度进行评判的人。

### 研究的推广问题

研究的推广存在很多问题。研究者"自我"成为焦点角色,研究强调对特别情境的细节探究,这些都让参与式观察受到批评,认为它的研究结果很难进行推广。从一方面来说,这种批评是有效的,站得住脚。毕竟,使用参与式观察的研究不是基于代表性来选择研究场景的。正如我们已经看到的,研究者对研究场景的选择是基于可行性和方便性的考虑。但是,我们也可以说信度和推广度这样的统一标准不适用于参与式观察这种方法。

### 欺骗

如果研究者想要进行完全的参与，向研究场景中的其他人隐藏了自己真实身份和目的，那么就会因为没有征得被研究者的知情同意而形成欺骗行为，从而产生伦理问题。

## 补充阅读


DeWalt，K. M. and DeWalt，B. R.（2011）. *Participant Observation: A Guide for Fieldworkers*，2nd edn. Lanham，MD：AltaMira Press.

Gillham，B.（2008）. *Observation Techniques: Structured and Unstructured Approaches*. London：Continuum.

Jorgensen，D. L.（1989）. *Participant Observation: A Methodology for Human Studies*. Thousand Oaks，CA：Sage.

Sanger，J.（1996）. *The Compleat Observer?: A Field Research Guide to Observation*. London：Falmer Press.


**参与式观察自测表**

进行参与式观察时，你应该对下面这些问题有信心回答“是”： ☑

1. 是否能对其他方法无法理解的事件、文化和生活方式进行深刻理解？ ☐
2. 是否有理由相信参与式观察不会、或者不曾干扰场景的自然性？ ☐
3. 是否清楚将要用，或者已经用了哪种类型的参与式观察（完全参与、参与常规情境、作为观察者参与）？ ☐
4. 是否考虑了田野工作的伦理（私密性、知情同意、保密性）？ ☐
5. 在考虑以下方面时，是否对研究者的自我身份进行了检查？
   - 田野工作情境的选择 ☐
   - 进入场景 ☐
   - 对事件和文化的感知 ☐
6. 是否在“田野”中花了足够多的时间？
   - 建立信任和友善的关系 ☐
   - 进行细致的观察，对情境有深入的理解（细节、环境、互相联系） ☐
7. 是否在参与田野之后尽快做了田野笔记？ ☐
8. 是否对风险进行了评估，表明田野工作没有特别的危险？ ☐

# 第14章 文档

什么是文档研究？・文档数据的来源・获取文档・文档数据的效度・文章、期刊和书籍的信度・对互联网文档和网页的评价・官方统计的信度・会议记录的信度・基于图像的研究・使用“创造的”图像・使用“找到的”图像・文档研究的优点・文档研究的缺点・补充阅读・文档（文本和视觉图像）自测表

## 什么是文档研究？

顾名思义，文档研究就是使用文档作为数据来源的一类社会研究。更具体的来说，它把文档作为主要数据的来源，在这个意义上，它与社会研究中用的问卷、访谈或者观察都不一样。文档主要以如下形式存在：

- 文字文本（比如书籍、文章、报告）；
- 数字表达（比如网页、短信、博客、社交网站）；
- 视觉来源（比如图片、视频、艺术品）。

无论是哪种形式，文档都有两个对社会研究很有用的特点。

第一，它们包含了可以用作证据的信息。“文档”这个概念本身就意味着它包含了超出字面内容价值的信息。它代表和传达着一些重要和有用的东西，这个特点在合同、宪章、契约、登记、报告、表格和证书等

文档中非常明显。但是，对于社会研究者来说，这意味着文档可以用作数据来源，用这些数据可以揭示一些并不显而易见的东西。研究者并不是只根据内容的表面来判断它的价值，而是要通过深度阅读文档来了解一些东西。因此，文档研究一般不是直接从文档中收集事实：它还要对文档进行解读，寻找作品背后隐藏的意义或者结构。

参见第 16 章“质化数据”

第二，文档本身意味着永久记录。文档提供的记录如果不是永久的，至少也是能够以稳定的形式存在的，它的时间超越产生的那一刻。文档包含的信息既不会消失也不是短暂的：它已经用某种方式保存下来了。这种特点对社会研究也很有用。

## 文档数据的来源

### 政府出版物和官方统计

政府出版物和官方统计看起来可以提供这样的文档信息：

- 权威性。因为数据是由国家提供的，使用了大量的资源和专业人员，这些数据应该是有信度的。
- 客观性。因为数据是官方提供的，他们应该是无偏差的。
- 事实性。在统计中，他们采用的是数字的形式，这些数字可以用电脑来存储和分析，这些数字组成了“硬事实”，不会有模棱两可的地方。

因此，在西方国家中，政府出版物和官方统计已经成为社会科学家使用的主要文档信息来源，这并不奇怪。但是，这些文档在多大程度上是权威的、客观的和事实性的，还取决于它们包含的数据是什么（见下文）。

### 报纸和杂志

“报道”为研究提供了有潜在价值的信息来源。原因之一是报纸和杂志可以提供很好的、及时性的信息。在这种情况下，报纸和杂志对研究的价值来自以下一个或者多个因素：

- 新闻记者的专业知识
- 出版物的专门性
- 报道能够揭示的局内人信息

所以,以英国为例,商业研究者可能会出于这些考虑而使用《经济学人》或者《金融时报》。当然,有见识的研究者也会意识到有很多报纸和杂志不值得信赖,它们无法对真实事件提供任何客观的解释!

## 会议记录

工业社会的科层制创造了与行政、政策、管理、金融和商业有关的丰富文件。这些文件为社会研究者提供了丰富的数据来源,无论他们从事的是哪个领域的研究。

大部分文件的目的是加强问责。原则上,会议、交易、金融等都有记录,这样人和机构可以对他们的行为负责。这意味着记录需要有两个性质,这两个性质正好都对研究特别有用。

一是对发生的事进行系统性的描述。被记录的可能是委员会的决定,或者账户之间的转账。但是,无论记录的是什么,它们背后的原则都是对发生的事提供详细和准确的描述。对读者来说这些记录让事情足够透明,他们可以理解发生了什么以及为什么会发生。

二是对公共开放。只有这些记录向相关的人开放并被他们监督时,它们才能起到问责的作用。

## 信件和备忘录

私人通信可以被用来做研究。可以是人们在工作中互相发送的备忘录,甚至个人信件。当然,通信越私密,研究者获得这些文档的难度就越大。

与对公共开放的报告相比,这些真的是非常私密的,对研究者来说获取这样的文档是很有挑战的,获得当事人的允许把它们用作研究数据尤其困难。

信件和备忘录与报告的区别还在于,写作者没有正式的义务对事件进行全面和准确的描绘。因为它们是写给特定人的,而不是写给公众的，其内容的基础在于假设对方已经知道的事情和他们的感受。它们更多的是用来“填空”而不是描述全景。它们可能是一种个人的观点而不是无偏差的描述。如果你打算使用信件或者备忘录作为研究数据，那么你就需要认识到它们可能在描述客观事实方面不是很可信，但是在揭示作者个人对事件的感知和观点方面，它们是极有价值的数据来源。

## 日记

日记作为一种文档数据的来源，其作者的想法和行为是研究者想要研究的对象。从研究目的的角度来看，这样的日记在记录已经发生的事情方面很重要。我们说的不是作为规划者对未来需要完成之事进行许诺的那种日记，能满足研究目的的日记一般是对已经发生的事进行回溯性的说明。

这种类型的日记有三个重要元素——文学日记和政治家日记碰巧具有这样的元素：

- 事实性数据。记录已发生的事、已做出的决定和已涉及的人；
- 重要的事件。能辨识什么是日记作者认为非常重要的事，同时具有对这种重要性的描述；
- 个人解释。具有对发生事的个人反思和解释，还有对个人围绕所描述之事产生的感受和情感的说明。

这些元素中的每一个都能为研究者提供丰富的数据来源。但是，研究者不应该认为它们提供的说明是对客观事实的描述，如果这样认为是非常幼稚的。作为一种回溯性的说明，任何时候都要认识到日记是从作者的视角看待事物，它是经过作者过去经验、个人身份、个人愿望和个人性格过滤的版本。

另一个值得注意的是，日记作为一种形式的文档数据，可以用多种方式进行分析。作为一种收集数据的方法，它并不规定用什么方法来分析数据，正如阿拉斯切夫斯基（Alaszewski，2006）所说，可以用各种方法对日记进行分析，包括内容分析、扎根理论和话语分析。

参见第 16 章“质化数据”

### 网页和互联网

文档作为一种数据形式,也包括通过互联网获得的材料。从某种意义上来说,通过什么媒介获得文档都不是问题。我们可以读报纸最初的纸质形式,或者通过微缩胶片和光碟读报纸。同样的,我们可以通过网页、移动设备上的应用或者电子邮件获得文档,这些媒介本身并不会影响在研究中使用它们输出的文档。但是,网站本身就是文档,主页等都可以被视为一种文档形式,可以对它包含的文本和图像进行内容分析。实际上,可以把它们视作在线文档。

## 获取文档

也许使用文档来源最有吸引力的一点在于它的可获取性。为了获得材料,研究者只需要去图书馆或者通过电脑上网。互联网为研究者提供了大量的政府网站,这些网站可以提供很多有关社会和经济因素的信息。在英国,https://www.gov.uk 提供了一个政府网站列表,在美国也有类似的网站比如 http://www.gpo.gov 和 http://fedworld.ntis.gov,这些网站提供搜索官方数据和政府出版物的接入点。这就意味着不需要太多成本、等太久、事先预约、获得批准,也不会存在伦理问题,研究者就能获得大量的信息。换句话说,与人作为数据来源相比,文档给社会研究者带来的问题非常少。表 14.1 展示了获取文档来源的例子。

**表 14.1 获取研究文献**

| 文档类型 | 例子 | 获取方式 | 典型的使用方法 |
|---|---|---|---|
| 公开领域 | 书籍、期刊、官方统计、一些公司记录 | 互联网、图书馆 | 学术研究和咨询 |
| 获取受限制 | 医疗记录、政策文件、内部备忘录、个人文章/日记、一些税收账户 | 与守门人、保证人进行协商 | 咨询和学术研究 |
| 保密 | 军事计划、内阁会议记录、合作计划、非法交易记录 | 局内人知识、参与、欺骗 | 调查性新闻报道、诈骗检测、地下工作 |

但是，有时候使用文档无法完全回避使用其他数据来源可能遇到的问题。虽然获取公开领域的文档肯定是非常容易的，但有时候研究者需要使用的材料的网站是被有意设置了访问限制的。如果发生了这种情况，获取文献就成为研究方法的关键部分——不能想当然了。无法获取文档时，研究者需要与掌握数据的人进行协商，说服他们允许自己获得材料。政策文件和医疗记录之类的文档，还有一些公司报告和备忘录，这些可能对拥有这些文档的人来说正好是敏感的、保密的，只有他们相信研究者可以保证对材料保密，使用材料不会使任何相关人员利益受损时，他们才会让研究者获得材料。

**小贴士：获取作为数据来源的文档**

研究者应该事先检查获取作为数据来源的文档是否需要获得许可或者付费。因此应该对使用文档研究的可行性进行评估，要清楚这些因素可能给获取文档带来的所有影响。

获取互联网上的信息是受到“守门人”的特定策略控制的，他们可以影响什么信息可以呈现，以及谁可以获得这些信息。有些信息，比如学术文章和市场调查数据，只有在付费的情况下才能获得。除此之外，互联网研究者需要警惕“调解人”和“网站管理员”在过滤信息方面的作用。有些网站，但绝不是所有网站，控制它的人对网站内容和使用的人进行监视。起这种作用的“调解人”(邮件列表、聊天室)和“网站管理员”(电子邮件服务)就是实际上的“守门人”。他们有权力拒绝一个人进入网站，可能需要说服他们，让他们相信将要进行的研究具有相关性和价值，从而允许研究者进入网站。

当然，如果文档是保密的，拥有数据的人会拒绝任何局外人进入数据。公司可能有保密策略计划，即使对一个真正的研究者也过于警惕。政府“为了国家利益”希望对很多文档进行保密。非法活动的记录，无论是毒贩的日记还是增值税退税的备份记录，都不太可能向研究者开放。为了获取这样的保密文档，研究者需要采用调查记者或者参与式观察的方法，使用一定程度的欺骗，掩盖使用的痕迹。

## 文档数据的效度

为了研究目的,永远不能只根据文档的表面价值来使用。它们的效度是需要研究者建立的,任何作为数据来源的文档都要根据四个基本标准对它们进行评价,这点很重要。

**真实性。**它是真实的文章吗? 是真的东西吗? 我们能够确认文档就是原本意图成为的那个样子——而不是赝品或者伪造的吗?

**代表性。**这个文档是该类型的典型代表吗? 它能够代表它所描绘之事的典型案例吗? 这个文档完整吗? 它被编辑过吗? 抽取的部分符合"上下文语境"吗?

**意义。**词语的意思是否清晰、有没有模棱两可? 是否有隐含的意义? 文档是否包含暗号和微妙的编码? 是否有"言外之意"或者"言下之意"?

**信度。**准确吗? 是否有偏见和误差? 这取决于以下因素:

- 文档写作的目的是什么?
- 谁创作的这个文档? 作者的状态如何? 他是否具有特定的信仰和信念,会对描述的事物产生影响吗?
- 如果它报告的是事件,作者是作为直接见证人做一手报告吗? 文档是在事件发生多久之后写成的?
- 文档是什么时候创作的? 在什么样的社会情境和氛围下创作的?

## 文章、期刊和书籍的信度

学术期刊和商业出版商一般会在出版前请该领域的专家对材料进行评审,所以研究者可以对它们内容的质量放心。但是,这并不能提供绝对的保证。读者如何知道哪个期刊使用了"同行评审",哪个出版社的声誉更好呢? 有一些经验原则可能有所帮助。对期刊来说:

- 期刊存在多久了? 一般来说,历史很长的期刊没有问题。对新期刊就没有那么有信心了。但是,这并不意味着老就等于好,新就等于差：这样太简化了。

- 期刊名字是否含有国家名字（比如英国医学期刊，美国社会学期刊）？同样的，这不是绝对的标准，但它提供了一些判断期刊质量的线索。
- 期刊是由专业协会或者权威机构，或者以它们的名义出版的吗？
- 期刊网站是否提供了编辑委员会和编辑的名单？你认为这些人是该领域的“权威”吗？
- 有明确说明文章都是经过同行评审的吗？

对于书籍和其出版商来说，以下问题可能会对评价文档来源有所帮助。

- 出版商是大学出版社吗（比如剑桥大学出版社）？如果是，这就能为出版作品的学术质量提供一些保证。
- 这本书是第二版或者更后面的再版吗？如果是，就说明书的需求量很大，值得一读。如果一本书被重新印刷了好几次，也多少可以说明这样的问题。一般可以在题目和目录页之间的地方找到相关的详细信息。

## 对互联网文档和网页的评价

对互联网下载文档的评价集中关注一个问题。因为对于什么能够放上互联网很少有限制，所以做研究时用到任何互联网文档都要对其来源、可信度和真实性进行慎重考虑。研究者要根据书籍和期刊建议的标准对文档进行质量审核——但是要投入更多精力，审核要更加严格。

对网站进行评价时标准类似。出于研究的目的，研究者需要对网页所在网站的可信度进行判断，可以基于以下四个标准做出这种判断：

网站的权威性。大学或者政府网站可能提高信息来源的可信度，而对于私人网页可能需要小心查看。

网站的可信赖度。网站是否具有严肃性和合法目的，是否包含对其目的的适当声明和明确说明。

网站是否及时更新。应该注意网页多久更新一次,是否可以看到上一次更新的时间,重要的是,上次更新是最近的事吗?

网站的受欢迎度。大家对网站的兴趣程度和它的访客量可以表明网站的受认可度与受欢迎度。这可以用访问网站的人次来测量——"点击"网站的次数。

## 官方统计的信度

实际上,某些特定类型的官方统计会提供对事实的客观描述。不幸的是,其他特定类型的官方统计不是这样。当政客强调失业率的准确性,或者特定国家经济数据的重要性时,很显然对某些官方统计数据的客观性、准确性、完整性和相关性仍有提出质疑和争议的空间。这一点提醒我们不能想当然认为官方统计就是"客观事实"。

说明这一点并不是要拒绝使用所有官方统计作为社会研究的数据来源,但是在假定一组官方统计是准确的和客观的之前,研究者应该考虑以下因素:

- 被测量的事件或者东西在多大程度上是界定清晰和简单直接的。基本上,越是界定清晰的事件,我们对数据的信心就越足。有关出生、死亡、结婚和离婚的官方统计一般都是完整的。一个人是出生还是死亡,是结婚还是离婚了,这不太需要登记者进行解读。事件本身要么发生要么没发生,没有太多"创造性说明"或者带偏见的解读的空间。当然,有极少的出生和死亡会出现没有被记录,被严密的官方收集数据程序漏掉的现象。但是这个数量非常少,不会对官方数据的完整性和准确性造成严重的挑战。但是,像失业、无家可归和生病之类的事情,界定就没有那么清晰了。有很多种方法可以界定这些东西,所以很难确定统计是否描述了失业率等问题的真实水平,或者说,它们使用的定义是否导致对情况的描绘出现偏差。
- 统计的背后是否有既得利益。如果做统计的人能够从统计揭示的数据中有所获益或者损失,那么精明的研究者应该谨慎看待这些统计。贸易数据、医院等待列表、销售数据，所有这些对于想要或者需要根据统计了解特定趋势的人都有影响。官方统计也存在这种情况，政府可能在各种统计中都有既得利益，从贸易到通货膨胀，从失业到健康状况。

- 统计在多大程度上是人做出的一系列决定和判断的结果。统计越是依赖人的决定和选择，最终产生的官方统计受到挑战的可能性就越大。统计越是来自人的一系列选择——选择中包含了判断和自行处理——官方统计越是被认为是“社会建构”的而非对真实世界的无偏差描述。

犯罪行为统计为官方统计的建构性提供了很好的说明。犯罪行为统计的是人们决定向警察报告的那些犯罪行为。但是，有很大一部分犯罪行为从未有人向警察报告过。小偷一般都不会被报告，尤其是人们发现不可能找回丢失的财物或者没有给财物买保险时。（如果办理保险时需要警察提供“犯罪号码”，那么人们报告犯罪行为的动力就会大一些。）许多犯罪行为没有被发现，当然也就不会被报告（比如挪用公款）。还有一些“没有受害者的犯罪行为”，除非有人被警察抓到，不然也不会有相关的记录（比如吸食娱乐性毒品）。另外在一些犯罪行为中，受害人可能因为耻辱（比如强奸）或者害怕被报复而不愿意说出来。

即使一个犯罪行为被报告给警察，他们会如何解释事情，是否会把事情立案，这里面仍有自行处理的空间。很多犯罪被非正式地处理了，没有进入犯罪记录系统。即使它在该系统中，犯罪行为的性质仍有很多可以解读的空间。在接案的警察看来，对以下问题仍有解读的余地：(1) 是否起诉；(2) 属于什么类型的犯罪；(3) 是否给予警告；(4) 是否移交到法庭；(5) 起诉是否能成功。在每一个阶段，人都要做决定、自行处理以及做判断。总体来说，这些会对最后的结果即官方统计产生很大影响。这意味着（在犯罪的例子中）真实的社会犯罪水平和政府公布的“犯罪率”之间会有很大的差异，估计被记录的犯罪行为只有“真实”犯罪行为的五分之一。

## 会议记录的信度

会议记录,无论是公开的还是获取受限的,都想要用一种完整和准确的方式描述发生了的事情。但是,有大量的证据表明这样的记录是片面的——从各个方面来说,它们可能在报告什么不报告什么方面会有所选择,强调一些东西而忽略另外一些东西,这样全部事件只有一部分被记录下来;它们还反映了对发生之事的特定解释,即是从特定角度对事件的记录。当这些记录成为公共问责的一部分时,我们应该谨慎对待被记录的内容。说过的话可能"没有记录下来"或者有人说"不要记录这一点但是……"。换句话说,记录可能被微妙地编辑过,排除了一些内容,这些内容可能会导致记录公开时有人因此受到批评。因此,研究者需要小心,不要只根据这些记录的表面判断它的价值。公开的记录是用给定时间和给定社会环境下公众可接受的方式反映事物的情况,它们提供的可能是为了迎合公众期望而对事实进行美化之后的版本。

**小贴士:永远要对文档来源的信度进行评价**

在把文档用于研究之前,研究者总是应该对它们的来源、目的和作者的可信度进行检查。

## 基于图像的研究

目前为止说到的都是基于文本的文档,但是,还有其他类型的文档数据可供社会研究者使用,即那些基于视觉的图像。作为图像研究的核心,视觉图像本身就可以作为数据——它们与文本、数字或者声音这些潜在的研究信息来源不同。正如其他文档一样,视觉图像可以在以下方面满足研究的目的:

- 它们包含的事实性信息;
- 它们表达事物的方式(通过文档或者图像表达符号和隐藏意义)。

### 图像的类型

由于实践的原因，有一种趋势是集中于二维的“静态”图像，比如把照片作为图像数据的来源。照片相对比较便宜，他们也可以与更传统的基于文本的研究一起进行分析和复制，比如印刷版的杂志或者学术论文中的研究。但是，还有很多其他类型的视觉图像也有用于研究的潜力。研究者有时候会产生更冒险的想法，比如去寻找动态的图像甚至三维的物体（Banks，2001，2007；Emmison et al.，2012）（见表 14.2）。

**表 14.2　图像文档数据的潜在来源**

| 静态的 | 动态的 | 物体 |
| --- | --- | --- |
| 照片，广告，绘画，涂鸦 | 视频，电影胶片 | 文化工艺品，衣服和时尚物品，建造的环境和地方，身体符号/语言 |

## 使用“创造的”图像

研究者可以专门为了研究目的生成图像——所谓的“创造的”图像。从这种意义上来说，视觉的图像成为主要的数据来源。这些图像是作为记录事情的手段，研究者可以用拍照、录像或者画画对事件、人物、文化等等进行记录。除了磁带记录（声音），文字文档如田野笔记、日记或者会议记录（文本），量化数据如问卷得出的图表或者系统观察得出的统计（数字）之外，这样的视觉记录为研究者提供了另外的记录方式。

参见“对图像数据的分析”，第 308 页

如果打算使用创造的图像，有一些实践问题需要考虑。首先是设备。用来拍照的照相机/手机以及用来录制视频的便携式录像机，它们的技术专业性和价位不等。研究者需要决定最适合研究目的的设备和选择实际可行的设备。在设备的质量、形式与现有的资源之间可能需要找到平衡，做出一些妥协性的决定。在做决定时研究者需要意识到更复杂的设备可能需要特定的技术技巧和专业知识，否则可能会因为

没有人充分利用它而造成浪费。与此相反,便宜的设备产生的图像质量不佳,可能并不是节省资源的理想办法。同时,研究者需要提前考虑收集图像的环境,如灯光足够亮吗?如果要用照相机闪光灯可能会形成干扰。高质量的设备能够解决这个问题吗?变焦镜头能够捕捉到足够的细节吗?

研究者打算通过亲自"创造"图像来捕捉数据的时候,除了图像研究要考虑的技术问题,他们还会遇到各种社会的和文化的因素,这些因素会影响他们按照事物"本来的样子"进行记录。即使事物看起来清楚明了,表面之下仍会暗藏问题。比如说,拍摄建筑物、交通设施和工艺品之类的东西,看起来是完全没问题的收集数据的手段。但是,在一些环境中录像和拍照是不被允许的,有些国家甚至可能会把这些行为视为对当地的安全威胁。还有隐私的问题需要考虑,如美术馆和博物馆一般会限制对艺术品进行拍照和录像。因此,要提前考虑收集数据时所在地区的法律和文化环境,把对特定物体进行录像或者拍照会被认为是种冒犯或者令人不快的风险降到最低。

如果图像研究涉及人,就更需要对社会和文化环境保持警惕。正如普罗瑟和施瓦兹(Prosser and Schwartz, 1998: 119)指出,研究者需要认识到"拍照可能是一种威胁性行为(这一可能性被摄影的比喻说法放大了:我们'定位''瞄准'然后'射击(按快门)')"。即使研究者的初衷是善意的,但人被"捕捉"到胶片上也有可能被认为是受到了威胁,这种可能性会给数据收集的过程带来两种严重后果:

- 它会限制研究者进入研究现场。如果人们感觉受到了威胁,觉得隐私受到了侵犯,他们可能会拒绝与研究者合作。
- 它可能会让人变得有自我意识,这使得他们按照不寻常的方式作出行为。

事实上,在收集"创造的"图像时包含一种反思性的元素。普罗瑟(Prosser, 1998: 104 - 105)把它称作"程序性效应"和"个人效应"。"程序性效应"指的是拍照的动作使得研究者在收集数据时更容易被看到,这会通过不习惯、尴尬改变事情的自然状态,或者通过其他方式改变被拍摄人的行为和活动。"个人效应"是指摄影者/研究者的身份和个人性格，以及对拍摄性质的判断，会对情境产生影响。举个例子，一个摄影者拍摄生孩子的图像，拍摄者的性别和年龄可能会对拍摄的类型产生影响，也会影响被拍摄的母亲、父亲和医护人员在如此私密时刻的反应。

了解了这个反思性问题，研究者需要意识到别人如何感知他们的行动，并考虑以下几样东西带来的影响：

- 设备。闪光灯拍摄会比日光灯拍摄更引人注意，与低调的小型数码相机相比，大块头的专业摄像设备更引人注意。
- 情境。有些特定情境中的拍摄会更寻常。比如说，在庆祝活动中，研究者可以用在私人的、私密的环境中无法使用的方式来创造图像。
- 涉及的人。生活在“公众视野”中的人，从事高调工作的人和媒体知名人士之类的人，在得知自己被录像或者被拍照时会比别人更适应，因为这就是他们工作生活的常规部分。但是他们在“下班之后”也有保留隐私的权利，那么他们就会认为拍摄的是自己的私人生活。
- 个性。外向的和寻求公众注意的人会喜欢被照相机关注的感觉，而更为内向和羞于被拍摄的人不会喜欢这种感觉。

当然，只有在人们意识到自己正在被拍摄时，这些因素才会起作用但有时他们意识不到。研究者可能选择采用隐蔽研究，拍摄的过程是对被拍摄者保密的。这种情况会产生特别的伦理问题，要想获得相关权威机构（比如伦理委员会）的许可，需要有很充分的理由说明为什么不向被研究者征求知情同意。当然，这适用于各种社会研究方法，但是胶片上捕捉的数据很完整，与访谈或者问卷数据之类的东西相比，完整的数据更容易引起人们的防御心理和谨慎态度。

参见第 17 章“研究伦理”

## 使用“找到的”图像

文档研究可以基于已经存在的图像，而不是研究者为了特定研究目的创造的图像。他们可以使用其他人已经创造出来的“可找到的”图像,这些人创造图像的目的并不直接与研究者的研究有关。

所使用的图像类型取决于研究者的学科领域。媒体研究和市场营销一般使用广告和新闻照片。人类学家、历史学家和社会学家会使用通过电影、摄影、绘画、涂鸦或者工艺品进行描绘的群体或者文化事件图像。这些东西包含视觉的记录,这些记录可以用来提供有关群体或者事件的事实性信息,或者图像可以被理解为能够提供对创造图像之人的想法和生活方式的更好理解。

作为一种数据来源,“找到的”图像避免了收集“创造的”图像数据产生的很多问题。比如,不存在设备的技术问题和进入现场的实践问题,因为图像已经存在了。紧接着,这意味着使用“找到的”图像对社会研究者来说是一个有吸引力的方式,因为它需要的技术很少,如果能够节省田野工作、旅行和产品的成本,那么它就更便宜。同样有吸引力的是,它解决了涉及人的图像需要获得知情同意的伦理问题。除此之外,互联网提供了大量可下载的图像,社会研究者都可以使用。不需要田野工作,也不需要旅行。

但是,研究者不应该因为获得图像容易就决定使用这些图像,应该认识到在容易获得和成本低的同时,还有一些特定问题——关于图像真实性和版权保护的问题。

## 真实性

和使用其他文档数据时一样,使用视觉图像的社会研究者要确定图像是真实的。用“找到的”图像做事实性信息来源时,尤其是这样。研究者需要小心,看图像是否被篡改、改动或者编辑过。当然,计算机软件让改动图片变得越来越容易。尤其是照片,相对其他文档数据更容易改动,因此研究者不应该轻易就相信图像是真的。正如罗伊佐斯(Loizos, 2000: 95)警告的:

> “照相机不会说谎”这句话中包含了一种谬误。操作相机的人类可以说谎:……他们可以扭曲视觉数据的记录能力,正如他们

很容易扭曲文字一样。

## 版权

图像的所有权是个很重要的问题，尤其是要在研究中复制或者公开图像时。如果是研究者创造的图像，一般没什么问题，这个图像一般归研究者所有。但是，并不是所有情况都是如此，有时候图像的所有权可能属于被拍摄的人或者事件。但是，正如班克斯(Banks，2001：168)说的，这个问题“与名人的图像特别相关”，使用这些图像确实会带来经济利益。

如果图像已经存在了，它有可能“属于”某个人、公司或者机构，这样就有必要获得使用图像的许可。一种极端的情况是，获得许可可能是一件很非正式的事情。比如说，如果要使用的图像是一个家庭相册中的个人照片，这里必要的许可就是从拥有者那里获得批准(最好是书面批准)，让研究者可以把图像用于研究。另一个极端的情况是，基于广告的图像，或者从艺术作品，或者新闻媒体、娱乐杂志或者互联网中拿到的图像，这类东西可能需要向版权所有者提出非常正式的请求，获得许可后才能复制图像。如果版权所有者同意，其条件可能是付费，而且费用可能会很高。但很重要的是如果研究者在提出请求时说清楚图像是用于小规模个人研究的，以及这种研究是不盈利的，那么，这种情况下费用可能会变化或者降低，但是这取决于图像的性质和具体产权所有者的政策。如果要用的图像来源不明，无法追踪到版权所有者，对此类问题有一个标准解决办法，在任何报告或者论文的开头作一个清楚的声明：“已经努力试图从版权所有者那里获得所使用的(摄影图像)的使用许可。如果没有标明版权所有者，作者邀请任何相关或者能够解决此问题的人提供更多信息。”当然这就假定了研究者确实已经很努力寻找过了，不能因为有这个声明就不寻找版权所有者。

**要点提示：版权和视觉图像**

要特别留意确保研究所用的视觉图像，尤其是从互联网下载的图像，有没有违反版权法。

**注意：使用基于图像的数据**

尽管与过去相比，现代社会已经有了更多“视觉文化”，尽管有迹象表明人们对视觉研究的兴趣越来越浓厚，但社会科学仍然相对较少使用基于图像的数据。其中一部分原因是电影、视频和三维图像不是很适合于呈现研究数据和分析时所用的媒介。它们可能不适合论文、期刊或者电脑文档，这些媒介更适合二维的、基于文本的形式。尽管现在的数字技术使得在这些文档中插入图片和视频数据很容易，但是很明显，基于图像的研究仍然是边缘化的，还在社会科学研究中争取平等地位，因为社会科学研究中的数据都是数字或者文字的形式。因此，承担小规模研究的项目研究者最好牢记这一点。

## 文档研究的优点

### 获取数据

大量的信息都在文档中。根据文档的性质，大部分研究者会发现获取数据来源相对比较容易，而且不贵。

### 性价比

文档研究是一种获取数据性价比很高的方法，尤其是官方统计提供的大规模数据。

### 数据的永久性

文档一般提供永久性的数据，这些数据可以让他人进行检查，也可以被进行公开查看。

## 文档研究的缺点

### 来源的信度

研究者需要辨别他们使用的信息。他们需要评价来源的权威性和产生原始数据的程序，以便衡量文档的信度。有时候这不容易做到。尤其是互联网文档，需要特别地查看。互联网上找到的信息可以是更新非常及时的、质量很高的东西。但是，它们同样很容易是过时的、质量很低的材料，因为没有人控制什么东西可以放上互联网。

**二手数据**

如果研究者使用文档作为数据来源，他们一般依赖于出于其他目的，而不是为了本研究的具体目的产生的数据。

**社会建构**

文档更多的是被创作者解读，而不是对事实的客观描述。

## 补充阅读


Banks, M. (2007). *Using Visual Data in Qualitative Research*. London: Sage.

Marion, J. S. and Crowder, J. W. (2013). *Visual Research: A Concise Introduction to Thinking Visually*. London: Bloomsbury Academic.

Plummer, K. (2001). *Documents of Life 2: An Invitation to a Critical Humanism*. London: Sage.

Prior, L. (2003). *Using Documents in Social Research*. London: Sage.

Rapley, T. (2007). *Doing Conversation, Discourse and Document Analysis*. London: Sage.

Scott, J. (1990). *A Matter of Record: Documentary Sources in Social Research*. Cambridge: Polity.

Spencer, S. (2011). *Visual Research Methods in the Social Sciences: Awakening Visions*. London: Routledge.


**文档(文本和视觉图像)自测表**

| 进行文档研究时，你应该对下面这些问题有信心回答“是”： | ☑ |
| --- | --- |
| 1. 我对文档/图像的真实性是否满意(不是草稿、伪造、有误导信息的版本等)？ | ☐ |

2. 我是否考虑了文档或者图像在以下方面的信度?
   - 来源(公开出版的书籍、期刊文章、官方统计) ☐
   - 作者或者创造者(地位、角色、知情人) ☐
   - 资助者(组织、基金、施压群体) ☐
   - 可获得信息的程度(公开领域、获取受限制、保密) ☐

3. 是否对网站来源的准确性、更新频率(如果适用)进行了评价? ☐

4. 我是否考虑了文档或者图像在以下方面可能存在的偏见?
   - 目的(描述、理论、说服) ☐
   - 代表性如何(典型的、极端的) ☐
   - 摘取时使用的编辑和选择 ☐
   - 对事实或者理论的解释 ☐
   - 所包含信息或者图像的敏感性 ☐

5. 我是否提供了所使用的文本或者图像来源的全面细节? ☐

6. 研究是否遵守了版权法? ☐

# 第三部分

# 数据分析

分析东西的目的是更好地理解它。通过详细地查看被研究的事物,分析的目的包括以下几点:

- 描述它的组成成分;
- 解释它的运行机制;
- 诠释它的意义。

## 描述

描述本身就可以为研究提供基础。有一些类型的社会研究,比如民族志和现象学,研究者的目的是深入地详细描述特定文化或者经验,把所研究情境的结构和微妙之处呈现给读者。这种情况下,描述本身就是有价值的,通过描述可以获得新的深刻理解。在其他情况下,描述是研究的起点——为接下来的解释或者诠释分析提供平台。这里的逻辑是,需要弄清楚事物属于哪种情况,然后才能对它的运行机制进行准确的解释或者诠释。不管是哪种情况,不管是利用描述本身的价值,还是把它作为进一步研究的线索,描述的重点是提供以下方面的细节:

- 东西看起来是怎样的:测量、组成、外表、时长等。

- 它什么时候发生：日期、情境中的其他事件等。
- 涉及谁：个人、样本/总体的人口学特征等。
- 多久发生一次：频率、时长等。

## 解释

解释寻求的是特定社会现象发生背后的规则和规律。目的是通过寻找数据中的因果关系证据，发现事情是如何运行的。一旦研究者发现了特定行为、事件或者互动的原因，就有可能预测未来事物会在什么时候以什么方式发生——这种预测对于经济学和心理学等学科来说很有吸引力，卫生、教育和商业研究领域的很多研究者也同样喜欢这种预测。这些研究者试图发现：

- 事物间的联系是怎样的：关联、相关等。
- 事情为什么发生：潜在机制、原因等。
- 事情什么时候发生：再次发生的概率、未来预测等。

## 诠释

诠释与解释一样，对社会现象发生背后的模式和规律有兴趣。两者的区别在于诠释研究者认为他们的分析可以提供一种理解而不是提供一种客观的、普遍的真理。诠释主义者也对事物是怎样的、为什么这样的知识有兴趣，但是对提供永远纯粹客观的解释，他们表示怀疑。他们认为理论或多或少不可避免地反映了研究所在的文化和历史情境，理论也是被研究者个人的价值观和经验塑成的。任何产生的理论都是“价值负载的”而不是客观的。这种逻辑的结果是，对于诠释主义者来说，分析的目的在于对事物如何运行做可行的说明(而不是发现社会世界中客观存在的规律)。基于这样的想法，他们倾向于关注以下几个方面：

- 事情怎样发生，为什么发生：可能的机制、潜在的原因、合理的理论等。

- 谁开展研究：研究者自传、身份认同和经验。
- 什么时候以及在哪里做研究：文化和历史情境、社会价值观。
- 还有什么其他解释：在不同理论之间进行比较。

## 量化的和质化的研究

社会研究者可以用很多类型的分析，对数据进行描述、解释或者诠释。但是，实践中，选项一般是围绕“量化的”和“质化的”研究这样的概念。这些术语使用广泛，在社会研究中普遍能被理解，而且他们已经成为对立事物的代表，代表两种不同的、甚至有人认为是互不兼容的立场，这些立场是关于更大范围的与社会研究有关的信仰和实践。一开始，两者的对立点在于他们使用的数据类型不同，第 15 章和第 16 章会探究这些不同意味着什么。总而言之，两种方法的区别集中于两个事实：

- 量化研究使用数字作为分析单位；
- 质化研究使用文字或者视觉图像作为分析单位。

与此相关，这些术语也关系到它们对社会世界的性质的特定假设。量化研究与实证主义有关，而质化研究与诠释主义有关。这种区分不是绝对的，但它一直是对量化研究和质化研究各自立场的初始假设。量化研究与数值型数据的产生有关，这些数据是“客观的”，它们独立于研究者存在，不是研究者影响所致的结果。理想状态下，数值型数据被视为研究工具的产物，这些研究工具已经经过效度和信度检验，确保数据能够准确反映事件本身而不是研究者的偏好。相反，质化研究强调研究者在建构数据方面的角色。质化研究中一般很少使用标准化的研究工具，研究者才是重要的“测量设备”，因此研究者的背景、价值观、身份认同和信仰可能对数据收集和数据分析的性质有重要影响。本质上来说，这意味着：

- 量化研究与研究者的脱离有关；
- 质化研究与研究者的参与有关。

这些术语也关系到相应的研究在规模、焦点和设计方面不同。量化研究一般是更大规模的研究,包含更大的数字和更多的数量。所涉及的大量资料一旦被转变成数值型数据,就不会减缓数据分析的速度。计算机处理1 000 个样本的统计程序可以与100 个样本一样快。但是,处理1 000 个样本得到的结果比100 个样本更可信。从统计的角度来说,涉及的数字越大,得到的结果的可推广性和信度越大。与此相反,质化研究涉及的人物和事件相对较少。大部分原因是质化研究更偏好深入探究和与此相关的“深描”,只有数量有限时才能实现这样的偏好。质化研究者往往“接近数据”,熟悉数据的细节,目的是对数据进行分析。他们更喜欢小规模研究,这也反映了计算机不能用分析数字的方式来分析文字这一事实。对质化研究者来说,分析大量数据和少量数据所花费的时间是非常不同的。因此:

- 量化研究与大规模探究有关;
- 质化研究与小规模探究有关。

量化研究与质化研究这两个术语还意味着研究聚焦的广度不同。量化研究一般关注具体的变量,对它们进行探究,研究一个变量时,即使不是孤立的,至少也是参考非常有限的其他变量。与此不同,质化研究一般喜欢“在情境中”看事物,强调某个时刻的情境中很多因素之间多重相互关系的重要性。质化研究的假设是“(社会)事实是完整的,不能孤立它存在的情境去理解,也不能与研究的其他部分分裂开来”(Lincoln and Guba,1985:39)。所以,总体来说:

- 量化研究与分析具体变量有关;
- 质化研究与整体视角有关。

最后,量化研究和质化研究的概念呈现出来的就是研究设计的不同取向。量化研究与精确的研究设计有关,数据分析的过程与数据收集的过程清楚分开。在研究的开始,研究者小心地形成研究问题或者假设。然后是数据收集的过程,一般包括事先决定要收集的样本或者要开展的实验程序。然后是数据分析阶段,之前收集的数据接受统计检验或者其他量化分析。与此不同,质化研究倾向于认为研究问题不应该、也无法在数据收集之前就精确地确定,数据分析也不能被分离成数据收集完成之后的一个阶段。以扎根理论方法(参见第7章)为例,这种样式的质化研究把形成研究问题、收集数据和分析数据看作浮现和循环往复的过程。实际上,在研究的早期阶段分析就开始了,并且一直贯穿研究的整个过程。所以,两者的区别在于:

- 量化研究的数据分析是在数据收集之后;
- 质化研究的数据分析是在数据收集过程中。

**注意:量化研究与质化研究之间的区别**

在社会研究的真实世界里,事物不会被清楚地划分成两类。主要有三个原因:

1. 从理论上来说,这种区分太简化了。与两种取向有关的假设,有时候是共享的,有时候是重合的。

2. 从实践上来说,许多研究者使用的是混合方法取向,也就是结合了量化研究和质化研究,而不是把它们看作互不兼容的选择。

3. 严格来说,"量化"和"质化"之间的区别应该与如何对待数据有关,而不是与研究的类型有关。

## 数据分析的过程

分析研究数据的过程包括五个步骤。这些步骤可以用于量化数据也可以用于质化数据,如下表所示。但是,它也表明了量化数据分析和质化数据分析之间有一些区别,与质化取向相比,量化取向倾向于在更早的阶段就对数据进行更有意识的、更明确的处理。关于数据分析的具体取向,第15章和16章会详细讲述。

**数据分析的五个阶段**

| | 量化数据 | 质化数据 |
|---|---|---|
| 1. 数据准备 | 编码(一般发生在数据收集之前)<br>数据分类<br>检查数字 | 文本或者视觉数据编目<br>文本转录<br>准备数据并存入软件(如果适用) |

(续表)

| | 量化数据 | 质化数据 |
|---|---|---|
| 2. 对数据的初步探索 | 寻找明显的趋势或者相关 | 寻找明显的重复出现主题或者议题<br>为数据补充笔记、记下想法 |
| 3. 分析数据 | 使用统计检验(比如描述性统计、因子分析、聚类分析)<br>联系研究问题或者假设 | 对数据编码<br>把编码放进类别或者主题<br>对类别和主题进行比较<br>寻找能够概括类别的概念(也就是数量更少、更抽象或更具体的类别) |
| 4. 呈现数据 | 表格<br>图形<br>对统计结果进行解释 | 对研究发现进行解释<br>通过引用和图片说明观点<br>使用视觉模型、图形和表格 |
| 5. 数据效度 | 外部标准<br>内部一致性<br>与其他的解释进行比较 | 数据和方法三角互证<br>成员效度<br>与其他的解释进行比较 |

来源:改编自 Creswell and Plano Clarke (2007:129),表 7.1

# 第15章 量化数据

量化数据的来源 · 量化数据的类型 · 描述中点或者平均数 · 描述数据分布广度 · 寻找数据的模式和关系 · 对关联和差异进行统计检验 · 呈现数据：表格和图形 · 信度与效度：量化研究 · 量化数据分析的优点 · 量化数据分析的缺点 · 补充阅读 · 量化数据自测表

这一章关注分析和呈现量化数据的基本方面。这里不会涉及使用量化数据检验假设或者预测结果的高级统计程序。这样的推论统计是有价值的，但是它们需要对统计比较熟悉，项目研究者可能没有时间或者意愿去掌握这些内容。对于想要更深入学习量化数据统计分析的读者，有很多教科书和在线资源可以利用，读者可以参考这些资料。但是，大部分项目研究者更喜欢把他们的分析局限于使用基本的描述性统计。这一章的假设是，如果使用得当，简单的描述性统计也可以在以下几个方面为项目研究者提供直观但严格的方法：

- 描述研究发现的概况（频率、平均数、分布）；
- 探索不同部分数据之间的关系（相关与关联）；
- 总结和展示研究发现。

**要点提示：在小规模研究中使用量化数据**

不需要复杂的统计分析，就可以很有效地利用量化数据。“每个研究者都可以也应该在研究中使用数字”。(Gorard，2006：2)

## 量化数据的来源

量化数据的形式是数字。它们主要与调查和实验之类的研究策略有关，主要与问卷和观察之类的研究方法有关。但是，这些不是量化数据的唯一来源。正如表 15.1 所示，量化数据可以来自各种研究方法。

**表 15.1 量化数据的来源**

| 数字 | 研究方法 |
|---|---|
| 问卷中封闭式问题的答案 | 问卷 |
| 对转录的内容分析 | 访谈 |
| 实验中的测量<br>事件中的观察表 | 观察 |
| 官方统计(卫生、教育、贸易等)<br>商业数据(表现、就业等)<br>对公司报告之类的内容分析 | 文档 |

## 量化数据的类型

数字可以表示不同类型的事物，想要使用量化数据的社会研究者需要对他们使用的数值型数据的类型非常清楚。对不同类型的数据，从统计角度来说处理的方式也非常不同，从数据分析中得出的结论也非常不同。特定的统计技术适用于一些类型的数据，但是不适用于其他类型的数据。从这方面来说，数值型数据可以分成六类。前四类是根据史蒂文斯(Stevens, 1946)建立的四种测量类型进行区分的,它们被称作定类型、定序型、定距型和定比型。除此之外,研究者还应该意识到离散数据和连续数据之间的区别。

## 定类型数据

正如定类型数据的名字所表示的,它是指一些被赋予了名字的事物。在社会研究中,这种数据的一个例子是任何收集到的与人们的性别或者种族有关的数值型数据。如果我们想要对总体的性别和种族进行量化,这种类型的数据是很有用的,但是人的这些身份特征并不是天生以数字形式出现。任何有关它们的数值型数据都是基于我们想要使用的对性别和种族的名称分类(比如男性/女性或者白人/南亚人/非洲加勒比海人)。这种定类型数据在社会研究中使用广泛,通过它们我们可以讨论一系列类别的总量、比例和频率,比如地点、宗教、疾病、性格等。我们可以对每种分类进行计数,更有效地使用图形。但是,与其他类型的数据相比,定类型数据可用于数学计算的可能性非常小。比如说,计算居住地的平均数或者生病的平均数,并没有什么意义。这些数字只是基于事物的名字,这些名字并不指明任何潜在的顺序。

## 定序型数据

与定类型数据一样,定序型数据的基础是对特定类别的事物进行计数,但是在定序型数据中,这些类别之间具有清楚的、有序的关系,即这些类别是按顺序进行排列的。这意味着每个类别的数据可以与其他类别的数据进行比较,比它们高或者低,比它们多或者少,等等。定序型数据最明显的例子来自问卷,应答者被要求对五点量表进行作答,也就是李克特量表。如果他们的应答被编码为 2(同意),那么我们可以认为这个应答比编码为 3(中立),4(不同意)或者 5(非常不同意)的应答更为正向,但是不如编码为 1(非常同意)的应答正向。

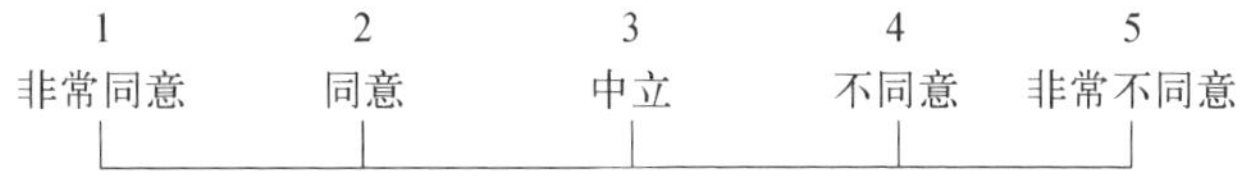

### 定距型数据和定比型数据

在定距型数据中,数据点之间的距离是均衡的。这意味着研究者不仅可以按照“更多”或者“更少”的方式处理数据,而且可以说多多少或者少多少。日历年份为这种数据提供了很好的例子,收集到的1974,1984,1994,2004 和 2014 的年份数据,不仅其中一个比另外一个更早或者更晚,并且早多少和晚多少是一个已知的时间跨度距离。这样研究者就可以测量不同时期之间的差异:1984 和 1994 之间的差异可以直接与 2004 和 2014 之间的差异进行比较,诸如此类。定比型数据与定距型数据类似,区别在于定比型数据在其标尺上存在一个绝对零点或者说是一个绝对参照点。当我们考虑收入、距离和重量之类的类别时,它们是定比型数据,因为标尺存在一个零点。在前面日历年份的例子中,不存在这样的标尺,因为 0 年并不表示所有时间和历史的起点。但是,定距型数据和定比型数据的重要之处在于研究者可以根据比例,使用乘法和除法来比较和对比每个类别的数据。如果根据在多大程度上可以使用数学计算来看,它们是最高等级的数据。

### 离散数据

有些数据的基础是天然以整数为单位的。在现实中,每个家庭的孩子数量必须是整数。我们可能会把数字加起来得到平均数 1.9 或者其他的数字,但是我们不会认为一个家庭存在 0.9 个孩子。在这个例子中,我们对每个家庭孩子数量的测量可以精确到每个家庭的情况,不需要近似值或者是精确到最近的分数。离散数据是一个一个的:如 1,2,3,4,等等。

### 连续数据

与离散数据不同,为了满足实践的目的,有一些数据不可避免的要“根据最接近的单位”进行测量,因为它们不是边界清晰的离散数字。这样的事物用最接近的小单位来测量,因为它们是连续的变量。人的身高、年龄和体重都是很明显的连续数据的例子。原则上来说,我们测量这些事物的精确程度是没有上限的。我们可以用毫米来测量身高,用克来测量体重,用秒来测量年龄。但是,出于实践目的,这样的精确程度可能不是我们想要的,因为它会产生很长的数据队列,无法对它们进行分析。如果变量是连续的,实践中的研究者需要对数据进行分类。数据的单位不是精确的身高、体重和年龄,而是“精确到 2 厘米的身高”,“精确到 0.5 千克的体重”或者“上次生日时的年龄”。

连续数据的重要性在于研究者设定的潜在分类,研究者利用这些分类来解决在一个连续标尺上确定测量点/单位的难题。研究者需要对这种分类的边界十分清楚,知道类别的中点在哪里。连续数据统计的精确性,取决于对数据类别的边界和中点的了解。

**要点提示:不同类型的数值型数据**

使用量化数据的研究者需要了解,它们使用的是什么类型的数据,明白与特定类型数据有关的可能性和限制。

## 描述中点或者平均数

研究者针对量化数据需要做的基础工作之一就是对中点或者平均数进行描述。有三种方法可以完成这项工作,选择哪种测量集中趋势的方法取决于涉及的数值型数据属于哪种类型。

### 平均值(算术平均数)

平均值是大多数人一般提到平均数时所指的东西。它测量集中趋势的基础是,想象如果所有数值没有差异而是全都一样会怎样——如果数值都是均衡分布的。其方法是把所有数值加起来,然后除以数值的个数,这很容易计算。如果要计算以下数值的平均值:

- 把变量或者类别的所有数值相加(=116)
- 除以数值的个数(÷8)

得到平均值是14.5

1 4 7 11 12 17 17 47

对社会研究者来说,平均值在描述数据时有一定的优势和限制。

- 平均值可以用于定距型和定比型数据。在实践中,它也常用于定序型数据,尽管对于这一点还有争议。但是,计算平均值对于定类型数据就绝对不适用了。很明显,当研究者处理的是定类型数据比如性别、族群或者职业时,思考平均数是没有意义的;你怎么计算 2 个性别、4 个族群或者 10 个职业的平均数呢?
- 平均值受到极值(异常值)的影响。因为平均值包括所有的数值,它容易受到与其他数值非常不同的一个或者两个数值的影响。极端的或者不寻常的数值进入总体平均值,会导致平均值向这些异常值靠近。两件事可以将这种异常值的影响最小化。第一,大量的数据会覆盖掉一两个异常值的影响。一个异常值对大样本的扭曲影响小于对小样本的影响,因为当样本容量增大时,异常值对其他数值的偏离程度也会被均摊到更多的数值上。第二,与此相关的是,当异常值相对较少时,计算平均值是最安全的,确实存在的异常值趋向于相互抵消它们的作用。
- 使用平均值可能会导致奇怪的描述。比如说,我们总结到,英国的家庭平均规模从 1979 年的 2.91 人减少到 2014 年的 2.1 人,很明显我们的意思并不是说现实情况如这里的字面意思所示的那样。0.3 个人是什么样的?它只是一种统计学的描述。

## 中位数(中间点)

"平均数"的概念有时候是指"全距的中间",这就是中位数的意义。中位数是一个全距的中间点。

计算中位数的方法非常简单明了。按照升序或者降序将数据中的数值进行排序,在中间位置的点就是中位数。如果有偶数个数值,中间两个数值的中间点就是中位数。所以,在以下数据中,中位数是 11.5,中间两个数值的中间值。

1　4　7　11　↓　12　17　17　47

用中位数来测量集中趋势有一些重要的优势和限制。

- 它可以用于定序型数据也可以用于定距型数据和定比型数据。这使得中位数的适用范围扩大到很多不适用算术平均数的领域。
- 因为它是一种排序的操作，中位数不会被极值，也就是不被异常值影响。看一下上面的数值，很明显 47 是一个异常值，它并没有影响中位数的计算。但是，它确实影响了平均值。计算中位数的时候，异常值可以是 18 到无穷大之间的任意值，因为它唯一的作用在于充当一个大于 17 的值。当然，这个优势同时也是限制。中位数在不受到异常值影响的同时，同样也对任何这样极值的含义不敏感，它有效地把这样的数据排除在研究者视野范围之外。
- 数值的个数较少时，中位数最起作用。事实上，与平均值不同，中位数更适合较少数量的数值。
- 我们能够知道正好有一半的数值大于中位数，另一半数值小于中位数，这个信息让我们获得优势。它提供了测量数据中间点的快速和易掌握方法。
- 中位数最大的缺点在于无法对它进行更进一步的数学计算。

### 众数(最常见的)

顾名思义，当社会研究者使用众数来测量集中趋势时，他们脑中想的是最时髦或者最流行的人物。但是这并不意味着他们在寻找数据中自己最喜欢的数值，众数是最常见的数值。辨别众数只需看看哪一个数值在数据集中出现频率最高：它就是众数。在下面的数据集中，众数是 17。

1　1　4　4　7　11　12　<u>17　17　17</u>　47

与平均值和中位数一样，使用众数有一定的优势和缺点，在进行数据分析时需要对这些有所考虑：

- 众数可以用于定类型数据，也可以用于定序型、定距型和定比型数据。因此，对社会数据它有最广的应用可能性。比如，作为测量集中趋势的方法，我们可以谈论最常看的电视肥皂剧，而无法谈论平均值或者中位数的电视肥皂剧。

- 与中位数一样,众数不受异常值或者极值的影响。它只关注最常见的数值而忽略其他信息。
- 众数与中位数有一个共同的限制,即对它不能进行更进一步的数学计算,它是一个独立的最终结果。
- 中位数的另一个限制:可能不止一个最流行的数值,或者会有一些数值共同占据榜首,所以可能会有两个或者更多的众数。

**要点提示:平均值、中位数和众数之间的区别**

社会研究者在描述数据时需要意识到平均值、中位数和众数这三种集中趋势测量方法之间的差异,并决定哪种方法更适合他们的具体研究目的。

## 描述数据分布广度

当研究者想要描述一组频率时,如果他们不仅能够提供集中趋势的测量,也能够提供数据从集中点向外分布的方式——离散度测量,那会对研究很有帮助。

### 全距

这是描述数据分布的最简单方法。它也是快速描述数据离散程度最有效、最有价值的方法。数据的全距是用最大值减去最小值得到的。在下面的一组数值中,全距是44(也就是47减去3)。

3　4　7　11　12　17　17　47

尽管全距可以对数据分布有多广进行快速描述,但它作为一种统计方法有一个非常严重的限制。在任何数据中它都受到极值的牵制,很多时候全距提供的是极值之间的分布广度,这是一个有偏差的描述。在上面的例子中,全距44明显是被异常值47决定的。从视觉上来看,很明显8个数值中有7个位于14的全距范围内(也就是17减去3)。所以尽管参考数值的全距是快速而且简单的方法,使用全距仍需要十分谨慎，注意任何极值，以及它们如何误导人们对数据分布广度的印象。

## 分位数

分位数的原理是把数据的全距分成几个部分。每个部分包含相同数量的数据值。如果使用的是四分位数，数据被分为四等份。十分位数的工作原理是一样的，但是顾名思义，它是把全距分为十等份。百分位数是把数据分成一百等份。

分位数对社会研究者来说有两种用途。第一种用途，它们可以用于选择分析的个案。研究者可以用它来剔除想要检查数据中的极高值和极低值。比如说，如果关注的是落在第二个和第三个四分位区间的个案，研究者知道他们处理的正好是一半的个案，不仅如此，他们处理的还是“位于中间的”一半。全距中的这一半被称为“四分位差”。比如说，处理收入时使用四分位差就可以排除一些非常高的收入对整体状况影响的情况，因为这些会发生在第三个四分位数以上的部分。同样的，研究者不使用最小的四分位区间就能从他们的研究分析中排除收入非常低的个案。

分位数的第二种用途是比较。用分位数可以比较位于全距两端的个案，即可以比较最大的 1/4 和最小的 1/4 部分的数据，也可以比较最大的 10% 和最小的 10% 部分的数据。而使用这种比较的主要是收入和财富统计，可以比较最高 10% 的人的收入(高于其他 90% 的人)与最低 10% 的人的收入，比较他们挣了多少钱。这里研究者可以计算最高 10% 的人的收入平均值，并把它与最低 10% 的人的收入平均值进行比较。这样分位数对社会科学家来说是非常有价值的工具，可以用它来描述数据的频率分布。

## 标准差

处理数据分布的另一个方法是标准差。标准差的原理是，如果我们想要理解数据的离散程度，就要知道平均来说，这些数值距离它们的平均值有多远。与全距不同，标准差不是测量最高值和最低值之间的绝对差异。标准差更巧妙地利用所有数值(不只是最大的和最小的)来计算总体,让我们知道这些数值的分布离平均值有多远。

计算标准差的公式有所不同,用它来计算成群的频数有一些复杂。但是,这不应该成为我们的障碍,因为计算机软件一般会负责数学计算。基本点在于:离散程度越大,标准差越大。

用标准差测量离散程度,在分析量化数据的时候有一些突出的优势。尤其是:

- 可以对标准差进行更进一步的数学分析,而对数据离散程度的直观描述无法进行更多的数学分析。
- 在这个基础上,标准差在社会研究中扮演重要角色,因为它是许多其他统计程序的基础。

但是,更重要的是要记住,标准差不能用于定类型数据。因为它用算术平均数作为计算的基础,只有可以用算术平均数测量其集中趋势的数据类型才能使用标准差。也就是说,标准差可以用于基数(定距和定比型数据)。在定类型数据中使用标准差没有意义,或者更严格地说,在定序型数据中使用标准差也没有意义。

**小贴士:计算标准差的逻辑**

从技术上来说,我们想用标准差了解“偏离平均值的平均变化”。用普通的语言来说,我们想要了解“我们的数据离开中间位置的平均量”。为了得到标准差,我们可以把每个数值与平均值的差异相加,为了获得它们的“平均数”,用这个相加的总和除以数值的个数。但是,如果我们这么做了,结果总会是零。这是因为有些数值大于平均数得到正值,有些数值小于平均数得到负值,加在一起,总是会相互抵消的。为了处理这个问题,数值与平均数的差异需要进行平方,因为这样可以确保每次得到的都是正值,不会相互抵消。当我们把这些“数值与平均值的差异的平方”相加再除以数据中个案的个数时,它们就能够测量数据偏离中间位置的“平均”偏离程度。或者用统计学的术语来说,我们可以计算“平方和”的平均值,得到数据的方差。为了把单位回归到我们想要的真实分布上,我们需要计算“方差的平方根”——这就是我们所说的“标准差”。

## 寻找数据的模式和关系

对数据的概括进行了描述之后，分析的下一个步骤是寻找数据的模式和关系，也就是寻找联系。研究者想要检查一个数据集的变量中是否存在一些关联的模式，或者两个及以上的数据集之间是否存在一些关系。一个类别的数据是否会与另一个类别相匹配，或者一个类别是否跟随另一个类别而变化？两组并不预期存在差异的数据之间是否有差异？

在一个层次上，寻找关联可以说是非常直接明了的过程。基本上只需要看一下表格或者图形中的数据，看看有什么表明联系的证据。但是，这些数据的表现可能具有欺骗性。从研究的目的来说，表面的关联还不够。好的研究者想要了解：

- 这种发现是否只是意外；
- 两个变量之间的关联有多强；
- 是其中一个引发另外一个，还是两个变量相互依赖。

这些看起来是需要针对数据进行的有理由提问，而且这是显著性统计检验非常有用的地方。这样的统计检验能预测我们发现的任何存在于两个或者多个变量之间的联系，有多大机会是纯粹的偶然，有多大机会是真正的关联——即其他时候也可以发现这种关联。它们为研究者提供了一个基准，研究者根据这个基准判断，应该假设表面呈现的关联是真实的，还是认为在这个问题上数据只是不可靠的证据。

**小贴士：谨慎的取向和零假设**

社会研究者一开始应该假设数据组之间不存在模式或者关系，只有当统计结果显示偶然性低于 1/20($p<0.05$)时，才能拒绝这样的零假设。

好的研究者在研究数据的模式和关系时会非常谨慎。他们对事物采取一种怀疑的态度,从假设任何数据中发现的模式都可能是纯粹的偶然开始进行研究。为了表示这种谨慎取向,采用统计的研究者从零假设开始进行研究。他们的研究发现是基于一种推测,即数据集之间不存在真正的模式或者关系,只有当“压倒性的”统计证据证明相反的情况时,他们才会说服自己拒绝最开始的立场。在社会科学中有一个传统是,研究者不认为观察到的模式或者关系是“真实的”,除非它们出于偶然的几率低于 1/20。用技术术语来说,就是显著性水平 $p<0.05$。只有当模式或者关系来自偶然的“概率低于 5%”($p<0.05$)时,一个好的研究者才会说服自己拒绝零假设。就好像一个陪审团的成员,需要有东西来说服研究者的合理怀疑,当 20 次证据/发现中至少有 19 次是真的时候,研究者才会被说服。

**注意:“显著性”的意义**

统计显著性不一定意味着社会显著性。研究者需要小心不能混淆这两种意义的“显著性”。统计显著性只与我们对于研究发现不是基于纯粹偶然的信心有关,它并不能说明研究发现是“重要的”,而这种重要性还需要通过其他手段加以证明。

## 对关联和差异进行统计检验

### 如果两个变量在显著性的水平上相关,我如何发现?

卡方检验也许是解答这个问题最灵活的方式,也肯定是最常用的方式。卡方检验可以用于定类型数据,也可以用于定序型、定距型和定比型数据——这很大程度上解释了它为何如此受欢迎。行和列中可以用定类型数据,比如性别、种族和职业,这些都是社会研究者收集的主要数据(见表 15.2)。

它的工作原理是基于这样的假设,如果变量之间没有相关性,那么分析单位会在列联表的各个单元格中均匀分布。这就意味着如果样本中女性的数量是男性的三倍,我们就可以先假设女性会在我们测量的频率

**表 15.2 卡方和列联表**

去年因生病缺勤的天数，根据雇员的性别列出

| | | | 性别 | | |
|---|---|---|---|---|---|
| | | | 男性 | 女性 | 总计 |
| 缺勤天数 | 0—5 天 | 计数 | 8 | 7 | 15 |
| | | 期望计数 | 7.0 | 8.0 | 15.0 |
| | 6 天及以上 | 计数 | 6 | 9 | 15 |
| | | 期望计数 | 7.0 | 8.0 | 15.0 |
| 总计 | | 计数 | 14 | 16 | 30 |
| | | 期望计数 | 14.0 | 16.0 | 30.0 |
| 皮尔逊卡方 | | 值 | d.f. | (双侧) | |
| | | 0.536* | 1 | 0.464 | |

注意：* 没有任何(0%)的单元格期望值小于 5。最低期望值是 7.00。

中占到 75%，比如说，缺勤记录。如果在性别和缺勤之间没有关联，我们可能会期望样本中女性比例大会导致缺勤人数中女性比例也大——严格的比例是 3∶1。换句话说，这种“期望的”分布（基于零假设）是一种理论上的分布，这种理论的前提是，涉及的两个变量不会互相影响。在现实中，几乎不会出现研究发现与理论分布相匹配的情况。可以肯定的是，我们期望的情况与实际中发现的情况会有差异。而这种差异，“被观察到的”情况与“期望中的”情况之间的差异，是卡方检验的关键所在。卡方检验利用我们观察到的和我们期望中的数值之间的差异程度（列联表的单元格），来计算我们是否可以确信观察到的关系不是来自纯粹偶然——它是真实存在的关系还是偶然。

使用卡方检验的主要限制就是，需要有足够大的数据集，不同类别之间的分布需要足够平均，这样才能使得每个单元格中的数值大于等于 5。如果列联表中哪个单元格的数值小于 5，它就会影响统计的精确性，有很多方法可以解决这个问题。可以利用统计手段（比如，耶茨校正），大部分计算机程序都会自动运行这种校正。或者，可以合并不同的类别，降低类别的个数，保证每个单元格有足够的数据。

使用卡方检验有一个危险,就是它的结果受到所使用类别的极大影响。如果合并了类别(比如说,为了保证每个单元格的数值大于等于5),或者类别是根据成组频率得出的,研究者就需要意识到以下问题:

- 类别的"边界"是由研究者制造出来的;
- 使用的合并方式或者类别边界,会影响卡方统计。

列和行里的类别具有灵活性,这种灵活性既是卡方检验的优势,也可能是它的弱点。

## 如果两个组或者类别在显著的水平上有差异,我如何发现?

项目研究者经常想比较两个数据集,看看它们之间是否有显著性的差异。比如说,一个老师可能想比较两组学生测验成绩:一组是在学年开始的成绩,另一组是同样的学生在学年末做同样测试获得的成绩。或者,老师可能想要比较一个班级的学生成绩与另一个班级的学生成绩。在小规模研究中,经常需要用这种方式比较两个这样的群体或者类别。

想要达到这种目的,最合适的统计检验是t检验,它为研究者提供了显著性的统计检验。它利用两组数据的平均值和它们的标准差获得一个数字,这个数字可以告诉研究者两组数据之间的差异有多大可能性是来自偶然。

使用t检验的研究者一开始采取零假设的立场。他们假设没有真正的差异,只有当统计检验强烈表明两组数据之间的任何变化都不是纯粹偶然因素引起的,他们才能被说服。与卡方检验一样,一般来说,研究者发现两组数据之间的差异来自偶然的可能性小于1/20(一般表示为"$p<0.05$")时,他们才会认为差异是"真的"(而不是偶然的)。

t检验有两个显著的优势,这两个优势对于小规模研究尤其有用。t检验对于小样本容量(少于30)很好用——这对于小规模研究是个很明显的优势——而且组别之间不需要容量一致。比如说,20个项目的数据集可以与15个项目的数据集进行比较。

## 例子 15.1

### t 检验

我们从两个班级拿来了两组成绩，他们在同样的时间进行了同样的测验。A 班学生的成绩（平均值＝60.25）与 B 班学生的成绩（平均值＝57.00）之间是否有显著差异呢？独立样本 t 检验可以回答这个问题。

| 班级 A | 班级 B |
|---|---|
| 70 | 50 |
| 60 | 45 |
| 45 | 70 |
| 80 | 75 |
| 55 | 50 |
| 65 | 55 |
| 65 | 40 |
| 50 | 60 |
| 80 | 75 |
| 55 | 50 |
| 65 | 55 |
| 65 | 40 |
| 50 | 60 |
| 25 | 70 |
| 80 | 55 |
| 45 | |
| 75 | |
| 70 | |
| 55 | |
| 50 | |

$t=0.73$　$p=0.471$ 也就是说没有统计学上的显著差异

有其他统计检验也可以比较两组数据的结果，这些统计检验可能用于定序型变量，而不是定距型或者定比型变量。比如说，曼-惠特尼 U 检验是一个非常著名的检验，它利用的是每个组中个案的排列顺序。这就是为什么它可以用于定序型数据，比如说如果没有真实的百分比成绩，可以使用等级（A，B，等）。曼-惠特尼 U 检验从被研究的两个组中抽取数据，形成一个总的序列。根据每个组的数字在这个合成序列中的位置,可以计算两个组之间是否有统计学上的显著差异。

## 我如何发现,三个或者以上的群组或者类别之间是否显著相关?

这个问题可能会超出项目研究者的兴趣范围。它指向的是非常大规模的数据集,有两个以上的变量可能有关联,这就值得对此进行统计检验。而这需要一个基本的因子分析,比如说单因素 ANOVA 分析(对方差进行分析),这种检验通过比较平均值来分析组(类别)内和组(类别)间的变动。

## 我如何评价两个变量之间关系的强度?

这个问题关心的不是两个变量表面上的关联有多大可能性是真实的,它关心的是两个变量的关联有多近。这里有关的统计是相关性。

两个变量之间的相关性可以通过散点图得到直观的表现。这种数据检验用于定比型、定距型或者定序型变量,不能用于定类型变量。另外,其还需要相当大规模的数据集才能得到最好的效果(见图 15.1)。

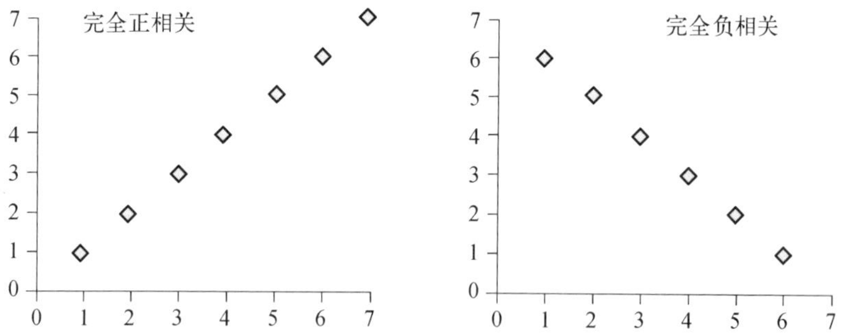


图 15.1 相关性与散点图

最常见的两种校正统计是斯皮尔曼等级相关系数(用于定序数据)和皮尔逊积差相关系数(用于定距和定比数据)。

基于数据,我们使用这些统计检验来获得相关系数。相关系数的范围从 -1 到 +1(见表 15.3)。

表 15.3 相关系数的范围

| +1 | 0 | −1 |
| --- | --- | --- |
| 完全正相关<br>（一组上升，另一组也上升） | 没有关系 | 完全负相关<br>（一组上升，另一组下降） |

在现实中，很少达到完全相关。一般相关系数在 0.3 到 0.7（正的或者负的）之间时，研究者就会认为两个变量之间存在相关。0.3 的相关性很弱，0.7 的相关性很强。

**注意：相关不表示因果**

很重要的一点是要认识到，相关性不同于因果关系。用相关性检验得出两个变量之间有联系，并不代表一个变量是因变量，另一个变量是自变量。它并不说明一个变量是原因，而另一个变量是结果。它只能说明两个变量之间存在一定紧密程度的联系。想要探究原因与结果之类的关联，研究者需要进行回归分析。

## 呈现数据：表格和图形

统计软件和电子表格一般包含制作表格和图形的工具，所以"画"一个表格和图形对于项目研究者来说一般不成问题。制作好的表格和图形的技术更多是靠设计，它与研究者以下方面的能力有关：

- 呈现足够多的信息，但又不让读者被"淹没"在过量的信息中；
- 通过视觉线索和合适的表述，帮助读者解读表格或者图形的意思；
- 根据当时的目的，使用合适的表格或者图形类型。

### 重要信息

表格和图形必须包含一些特定的信息。因为如果缺了这些信息，表格或者图形对于读者来说就没有价值了。表格或者图形必须包括：

- 题目;
- 表格的列或者图形的坐标使用的单位(这个单位有时放在坐标轴旁边,有时放在柱形或者线的旁边,有时放在图例中);
- 数据的来源,如果它们是来自其他出处。

另外,尽管不是都适用,但是在大多数案例中:

- 横轴是"x 轴",用于自变量;
- 纵轴是"y 轴",用于因变量。

也有一些例外,不把 x 轴作为横轴,这种情况会在下面提到。但是,制作一个图形或者表格时很重要的是,关于哪个变量作为"因",哪个变量作为"果",研究者需要有一个清楚的想法。被作为"因"的变量就是自变量(一般放在横轴),受影响的变量是因变量(一般放在纵轴)。时间(比如说,1984,1994,2004,2014)一般在横轴,它们被视为自变量。

如果研究者注意到了这些内容,那么影响表格或者图像成功的危险来自研究者野心过大,加入太多的细节。简单是种优点,在制作表格和图形时怎么强调都不为过。如果一个表格中提供了过多的数据,读者几乎不可能理解这些数据了。如果有太多的模式,话语、图、表格或者图形的影响力也就会因此消失。

**小贴士**

在呈现表格和图形的时候,简单是种优点。

## 表格

表格的主要优点就是它的灵活性。它们可以用于所有类型的数值型数据。计算机软件提供了各种表格的模板,这些模板让数据呈现的方式在视觉上很有吸引力。

表格的复杂程度取决于两件事:表格的读者是谁和表格所在文档的格式带来的限制。对于大多数项目研究的目的来说,很有可能表格的结构不需要太复杂。如果表格确实需要包含相当数量的行,研究者应该做好准备插入水平的或者垂直的"间隙"或者空白行,让阅读更加容易，同时避免读者阅读数据时看错行（见表 15.4）。

**表 15.4　表格**
去年 30 位员工因生病缺勤的天数

| 天　数 | 频　率 | 天　数 | 频　率 | 天　数 | 频　率 |
|---|---|---|---|---|---|
| 0 | 4 | 5 | 2 | 10 | 3 |
| 1 | 1 | 6 | 3 | 12 | 1 |
| 2 | 1 | 7 | 1 | 13 | 1 |
| 3 | 6 | 8 | 2 | 15 | 1 |
| 4 | 2 | 9 | 1 | 36 | 1 |

来源：健康生活保险公司人力资源部

表格常见的用法是用来呈现多组定类型数据的比较。这样的表格被称为列联表（见表 15.5）。他们实现了数据之间的视觉比较，同时也是关联性统计检验，比如卡方检验的基础。

**表 15.5　列联表**
**去年 30 位员工因生病缺勤的天数**

| 缺勤天数 | 男性(n=14) | 女性(n=16) |
|---|---|---|
| 0—5 天 | 21 | 18 |
| 6 天及以上 | 74 | 82 |

来源：健康生活保险公司人力资源部

## 柱形图

柱形图是一种呈现频率的有效方法，在小规模研究报告中这种方法很常用。它可以用于定类型数据和离散数据。它的工作原理是柱形应该等宽，柱形的高度代表了频率或者各个类别的总量。一般来说，每个柱形之间有一定间隔。柱形图的优势是看起来直观、简单、易懂——前提是不要使用太多的类别。类别（柱形）越少，它的效果越直观。多于十个类别的柱形图就太拥挤了，让人看起来容易产生混淆。图 15.2 展示了一个简单的柱形图。

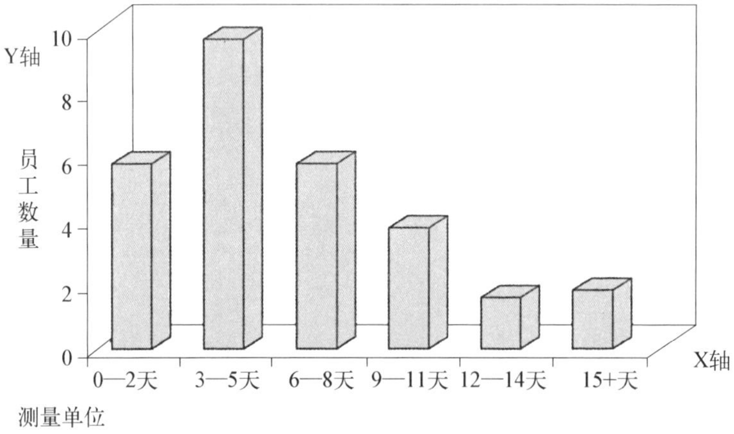


图 15.2　简单柱形图

来源：健康生活保险公司人力资源部

柱形图的标准有很多。象形图不使用标准的柱状，而是通过使用符号或者图像表达最基本的想法。它无法提供比标准柱形图更多的信息，却更能够抓住读者的眼球。

有时候柱形图改变方向，这样更容易给类别赋予标签(见图 15.3)。在这样的水平柱形图中，纵轴成了 x 轴——这是与传统做法不同的例外。

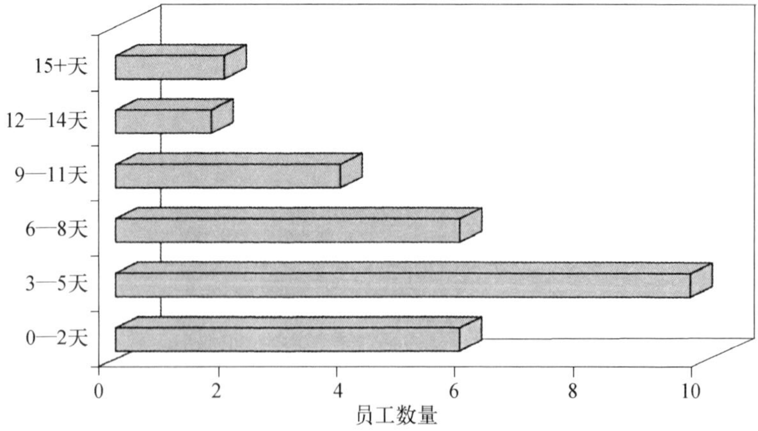


图 15.3　水平柱形图

来源：健康生活保险公司人力资源部

有时候每个柱形包含一个类别的各个组成部分。这是堆积柱形图（见图 15.4），有趣的是它可以被看作是另一种饼图（见下文），因为它们清楚地展示了组成总体的各个因素之间的相对比例。它们也有优势，如多个堆积柱形可以放在同一个图中，与放置同样数量的饼图在一起相比，堆积柱形图可以进行更直观的比较。

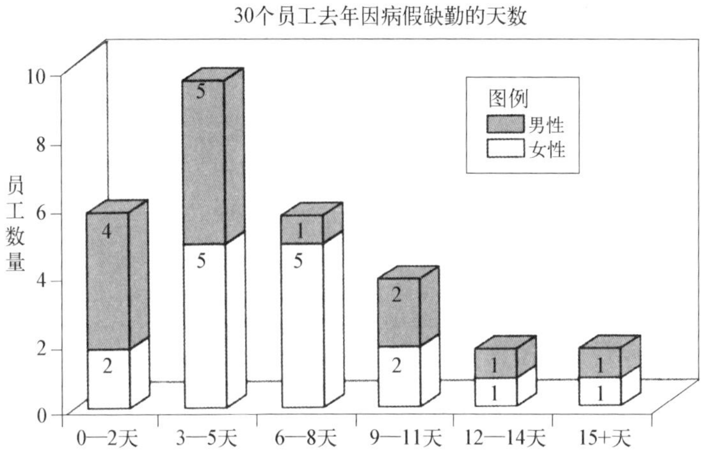


图 15.4　堆积柱形图

来源：健康生活保险公司人力资源部

## 直方图

直方图与柱形图一样是呈现数据频率或者总量的一种有价值的工具（见图 15.5）。与柱形图一样，柱形一般具有同样的宽度，柱形的宽度是一样时，它们的高度用来描述频率或者总量的变化。直方图与柱形图的区别在于直方图用于连续的数据，而柱形图用于离散数据或者定类型数据。直方图与柱形图不同点在于：

- 柱形之间没有空隙；
- 数据沿着 x 轴“流动”，而不是相互分离的项目。

## 散点图

散点图用于展示两个变量之间的关系程度（见图 15.6）。数据由网格上不相连的点来表示，这些点的聚集或者分散状况是探究两个变量

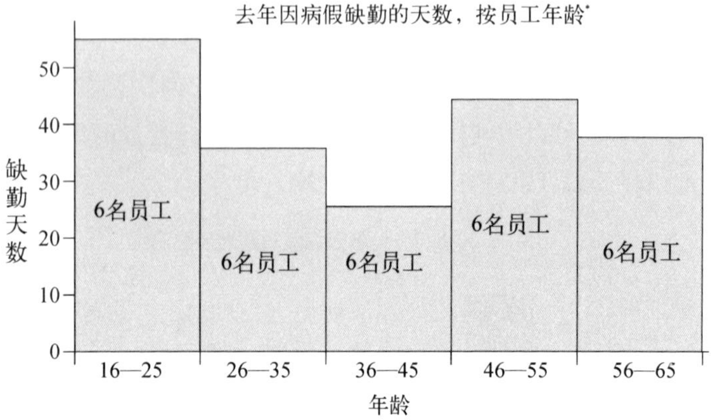


图 15.5 直方图

注释：* 上一次生日时的年龄

来源：健康生活保险公司人力资源部

之间共变关系的基础，这种共变关系或远或近。这些点离得越近，x 轴和 y 轴表示的变量之间的关系越紧密。这些点越分散，变量之间的联系越远。关系的程度可以很清楚的从散点图上看出来；散点图确实特别适合于展示模式和偏离程度。但是，散点图有一个缺点，即它需要相当数量的数据才能揭示这种模式。

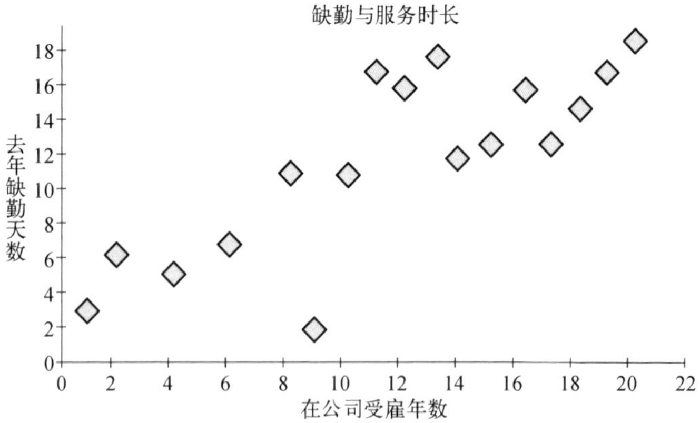


图 15.6 散点图

来源：健康生活保险公司人力资源部

## 折线图

折线图用于描述一系列数据的发展或者进程状况(见图 15.7),可以很好地呈现数据的趋势。折线图最常见的是用于日期,在运用时时间序列在 x 轴上从左到右分布,折线的高度则根据频率或者单位的总量不断变化。数据量很大,变化很大时,折线图才能够更好地发挥作用。柱形图也可以用来做同样的事,因此,有时候在同一个图中会结合使用柱形和折线。

图 15.7　折线图

来源:健康生活保险公司人力资源部

## 饼图

顾名思义,饼图用一整个饼型的不同部分表示数据(见图 15.8)。饼图在视觉上很有优势。它用简单、直接明了的方式呈现每个类别的比例,这些类别合在一起组成了整体。在大多数情况下,每个部分是根据百分比来表示的。

为了加强饼图的影响力,想要让人关注饼图某个具体组成部分,研究者会把这部分与其他部分进行分离。其他时候,所有部分都被放置在远离饼图核心的地方,这被称作分解式饼图。

与饼图的视觉优势相比,它的局限性在于只能用于一个数据集,它们的影响力也取决于不能分割成太多的部分。基本原则是,饼图的部分不能多于 7 个,而且每个部分的百分比不少于总数的 2%。

作为一种图形,饼图在页面上占用的空间很多。标签需要水平放

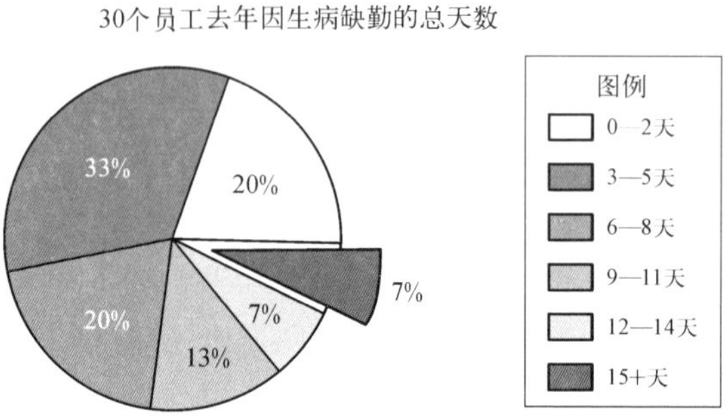


图 15.8 饼图

来源：健康生活保险公司人力资源部

置，这会让图形跨页。有时候也会有好的实践，就是用数字表示比例，在可能的情况下，把数字放在每个部分的图形中。

**注意：避免扭曲数据**

在图表中呈现量化数据可能会给人误导，形成错误印象。操控 x 轴和 y 轴可以人为地夸大或者缩小数据表现出来的差异。需要小心，避免用这种方式扭曲数据。

## 表格与图形：选择哪一个？

要选择用哪种类型的图形或者表格时，研究者面临的是各种可能性。但是，他们的选择不仅仅是选出“最好的”，特定类型的表格和图形本身并没有更好或者更差的层级划分。选择应该基于这样的事实，在描述特定性质的数据时，某些类型的图形比其他类型更合适。正如表 15.6 所示，呈现量化数据时，特定类型的表格或者图形可以用于特定的目的。理解这一点很重要，这样研究者就可以用合适的方法呈现数据。

**表 15.6 使用合适图形或者表格**

| 目　　的 | 合适的图形或表格 |
|---|---|
| 总量或者频率 | 表格<br>柱形图<br>直方图 |

（续表）

| 目　　的 | 合适的图形或表格 |
|---|---|
| 关系的程度 | 散点图<br>列联表 |
| 涵盖一段时间 | 折线图 |
| 占总数的比例 | 饼图<br>堆积柱形图 |

## 信度与效度：量化研究

量化数据的可靠程度取决于研究方法在多大程度上能更好地产生精确的和前后一致的数据。数据必须是有效的，方法必须是可信的，一般会用以下标准判断这些内容。

### 数据的效度

效度是指数据的准确性和精确性。它也指根据要研究的问题，数据是否合适。基本的问题是："数据是探究该问题的合适类型吗？对它们的测量正确吗？"

研究者需要根据相关领域的现有理论和知识，考虑是否提出了正确的问题。但是，可以对数据进行分析，用下面的方法检测数据在多大程度上准确反映了"事实"：

- 在问卷中使用"检查问题"，看看人们的应答是否与非常相似的问题一样；
- 检查一个数据库中答案的一致性，其假设是，相似的应答者应该在相似的问题上提供同一类型的答案。

当然，数据的效度还取决于对数据进行检查确保数据输入时有没有错误。这可能是一个非常费劲的过程，但是它很重要（除非数据文件是自动生成的）。只要数据文件是手工输入的，从一个数据源输入到另一个数据源，就有可能会出错。研究者有责任检查数据文件，与数据源进行比对。

## 方法的信度

信度是指一个研究工具在其效果上是否是中立的,在不同的时刻使用时是否具有一致性。这一般会被翻译成这样的问题"研究工具是否在不同的时刻(其他条件都不变)得出同样的结果?"

研究者可以用各种方法分析数据,检查信度。比如说,他们可以:

- 晚些时候再使用一次研究工具,对比结果。测量-重测方法产生的结果应该是非常相似的;
- 把整个数据拆成两半,对比两半数据包含的研究发现。同样,折半方法应该得出较高水平的一致性。
- 针对观察数据,可以找出不同的研究者对同样的事件进行观察,是否会得出相似的结论。这种观察者之间的信度应该比较高。

## 推广研究发现(外部效度)

推广是指把研究发现从一个研究应用到其他现象的可能性。它包含研究发现的解释能力,或者研究发现可以应用在更大范围的相似现象中,而不是研究使用的特定案例的特殊现象。当数据是基于大量有代表性的样本时,研究发现的推广就有比较扎实的基础。

## 研究者的客观性

客观性是指研究中没有偏见。客观性表示在研究者对研究结果的影响方面,研究是无偏的和中立的,还表示数据收集和分析过程是公平无私的。研究者应该做到以下几点:

- 用公平和无偏的方式对待数据;
- 考虑与数据相关的各种竞争理论和不同观点;
- 详细说明研究的所有资助者;
- 对研究结果的所有既得利益进行声明。

参见"信度与效度:质化研究",第313页

## 量化数据分析的优点

### 科学地位

可以对量化数据使用各种形式的统计技术，这些统计技术是基于数学和概率的原理，这样的统计让分析带上了受人尊敬的科学性光环。这种数据分析看起来是基于客观的规律，而不是基于研究者的价值判断。

### 对研究发现的信心

显著性统计检验让研究者对自己提供的解释增加了可靠度，也增加了他们对自己研究发现的信心。

### 精确的测量

量化数据的分析为描述和分析提供了牢固的基础。解释和研究发现是基于测量出来的数量而不是印象，至少从理论上来说，其他人可以对这些数量的真伪进行检验。

### 对大量的数据进行分析

如果提前做了足够的准备和计划，可以很快地对大量的量化数据进行分析。一旦程序“启动并且运行”，研究者很快就能得到研究结果。

### 简洁的数据呈现

表格和图形可以足够和有效地组织量化数据、向他人说明研究发现。广泛获得的计算机软件可以辅助表格和图形的设计，可以承担统计分析的绝大部分辛苦工作。

## 量化数据分析的缺点

### 数据的质量必须有保证

如果具有优势的量化数据的分析和呈现只是基于很差的数据，那么表面现象就可能具有欺骗性。如果想要数据分析具有任何价值,就要保证数据是有效的。

### 沉迷技术

有一种危险是,研究者沉迷于分析技术,而忽略了研究背后更广泛的问题。尤其是研究者动动手就可以操控的计算机能力,他们的注意力可能从真正的研究目的转向关注分析的技术方面。

### 数据超负荷

能够处理大量的数据是量化分析的一个优点,但是如果不小心,它就可能给研究者带来数据超负荷。太多的个案,太多的变量,太多的因素要考虑——分析可能会变得过于复杂,研究者可能就会被淹没。

### 量化分析可能不像表面看起来那样具有科学客观性

研究者在进行数据分析时具有自行判断和选择的空间,这一点与质化数据一样,他们的决定可以影响研究发现。尽管量化数据分析可能看起来是技术性的和科学的,实际上研究者仍然有能力以微妙的方式影响研究发现。

## 补充阅读

Balnaves, M. and Caputi, P. (2001). *Introduction to Quantitative Research Methods: An Investigative Approach*. London: Sage.

Field, A. (2013). *Discovering Statistics Using IBM SPSS Statistics*, 4th edn. London: Sage.

Gorrard, S. (2006). *Using Everyday Numbers Effectively in Research*. London: Continuum.

Rowntree, D. (1981). *Statistics Without Tears: An Introduction for Non-mathematicians*.London: Penguin.

Walker, I. (2010). *Research Methods and Statistics*. Basingstoke: Palgrave Macmillan.

## 量化数据自测表

在研究中使用量化数据时，你应该对下面这些问题有信心回答"是"：☑

1. 是否清楚使用的是哪种类型的量化测量(定类型、定序型、定距型、定比型)？ ☐
2. 是否对频率分布的中点和范围(比如均值、标准差)进行了描述？ ☐
3. 研究是否探索了变量之间的模式和关系？ ☐
4. 是否用合适的表格或图形类型对数据分析的结果进行了呈现？ ☐
5. 表格或图形是否清晰，而且进行了整体设计？ ☐
6. 对于表格中的行列或者图形中的坐标轴，是否提供了有关所呈现分析单位的必要信息？ ☐
7. 是否用基本的统计检验方法检查了数据的关联和相关？ ☐
8. 如果是这样，数据的量是否足够大，以确保可以进行统计分析？ ☐
9. 是否针对以下方面采用了合适的统计程序：
   - 收集的数据的类型(即定类型、定序型、定距型、定比型)？ ☐
   - 寻找关联(比如相关、卡方、t 检验)？ ☐
10. 显著性统计检验是否达到足够低的概率($p<0.05$)，以证明基于数据的结论是可接受的？ ☐

# 第16章 质化数据

质化数据的类型(文字和图像)·为分析准备质化数据·转录访谈录音·计算机辅助质化数据分析·对谈话和文本的分析·内容分析·扎根理论·话语分析·会话分析·叙事分析·对图像数据的分析·呈现数据·信度与效度:质化研究·质化数据分析的优点·质化数据分析的缺点·补充阅读·质化数据自测表

## 质化数据的类型(文字和图像)

质化数据采用的形式是文字(讲话或者书写)和可视图像(观察到的或者创造的)。它们主要与个案研究、扎根理论、民族志和现象学等研究策略有关,与访谈、文献和观察等研究方法有关。但是,质化数据也可以通过其他方法产生。比如说,使用调查问卷中的开放式问题可以产生文本形式的答案。记住这一点很重要,要认识到质化数据可以用各种研究方法产生(见表16.1)。

表16.1 质化数据的类型

| 数据来源 | 研究方法 | 数据类型 |
| --- | --- | --- |
| 访谈 | 访谈 | 谈话、转录 |
| 报告、日记、会议记录、脚本(比如政治演讲或者媒体项目) | 文档 | 文本、图像 |

（续表）

| 数据来源 | 研究方法 | 数据类型 |
|---|---|---|
| 人们的互动（包括自然发生的行动、回应和语言）<br>事件（比如典礼、仪式、表演）<br>工艺品、符号、文化装置（例如绘画、广告） | 观察<br>物体 | 照片<br>图片<br>视频 |
| 开放问题的答案 | 问卷 | 文本 |

## 为分析准备质化数据

在分析之前，需要对质化数据进行准备和组织，很重要的是要认识到“原始”质化数据可能很难用系统和有意义的方式进行分析。因此，在数据可以用于研究目的之前，需要通过一定的程序使它们变得可以用于分析。

首先，应该保护原始数据。应该对所有原始材料进行备份，一般建议在数据分析过程中使用这个备份，这样就能保留原始数据，保护它们免遭无意的破坏。

**小贴士：做备份**

因为质化数据是不可代替的，建议备份任何记录，复制计算机文件，对任何可视图像或者文档进行拍照备份，比如田野笔记或者转录。

其次，应该对数据进行分类和索引。每一个“原始数据”片段应该被标示一个唯一的数字以便引用。这样做的重要性在于，在分析数据时研究者能够回到有特别兴趣的数据点是十分关键的。没有充足的引用体系，研究者就不可能在数据之间来回穿梭，或者记录哪些数据是重要数据。有多种方法可以形成引用体系，但是这里只说明其中一种可能性，在针对多尔代夫（Dovedale）高中的哈勒姆（Hallam）女士的访谈转录中,对第十页标记索引时,哈勒姆女士可能被标为T07(也许是第7位被访谈的老师),多尔代夫高中可能被标为编号13(作为第13所学校),所以加到转录上的真正编码可能是采用匿名的[T07:13:p.10]。

## 转录访谈录音

录音一般需要进行转录和注释,转录有助于对数据进行详细地研究和比较。使用质化数据软件的时候也有必要进行转录(见下文),而需要转录的原始数据量取决于用数据做什么。如果访谈的内容是用来获得事实性信息,那么研究者可以挑其中一些进行转录;为了满足这个目的,可能只需要提取转录的一小部分,撰写研究发现的时候可以"引用"这些部分来表明特定的观点。如果研究者想要寻找谈话背后的结构,或者讨论背后蕴含的意义,那就需要很详尽地对录音进行转录——尽可能地保持它们的完整性。

参见第12章"访谈"

转录录音是非常费时间的事情。录音中每一个小时的谈话,可能要花更多倍的时间来转录。到底花多少时间取决于录音本身的清晰程度、是否有转录设备以及研究者打字的速度。如果你打算做访谈研究,要牢记这些。从项目研究者的角度来看,转录的过程应该被认为是访谈方法的基本组成部分,而不是把它看作附加在真正的访谈结束之后的繁琐之事。

转录可能是很繁重的,但也是研究非常有价值的部分,因为它给研究者带来"亲近数据"的机会。这个过程再次重现谈话,把访谈用于质化数据时这真的是一个优点。除了这一点,转录过程的最终成果给研究者提供了比原始形态的录音更容易进行分析的数据形式。

**小贴士**

留够时间做录音的转录。录音的转录是非常费时的活动,每一个小时的访谈录音,很有可能要花三个小时或更多的时间才能把它转录成文本。

### 注释

转录录音时，研究者应该在被访者说的话旁边做非正式笔记和评论。这些注释可以是访谈时的田野笔记或者是访谈之后马上记下的相关内容。注释应该包括对访谈氛围的观察，以及手势、外部干扰、让人不舒服的沉默或者其他感受之类的内容，这些内容可以为所说的话提供更丰富的意义。因此，应该在页面上设置特定的一栏用来放这些注释。

### 行号和编码

为了定位转录的不同部分，为了有助于在记录中导航到特定点，理想的状况是转录的每一个行都有一个唯一的行号进行标识。质化数据分析软件一般都包含完成这个任务的工具，但是用基本的文本处理软件，比如 MS Word 同样很容易完成这项工作。转录的页面应该包括一个合理的空白处，在这里可以做笔记，页面的一边应该有一个宽的页边距，可以用于之后进行数据的编码和归类以及写笔记，而质化数据分析软件可以自动分配这部分空间。

### 转录的问题

录音的转录很少是简单直观的机械操作，研究者不是只要写下研究参与者说的话就行了。在实践中，转录可能是很有挑战的，包括以下三个方面的原因：

- 录音中的谈话并不总是很容易听清楚。尤其在小组访谈中，录音中的谈话不容易听清楚，但是一对一的访谈也有可能听不清楚。有时候可能多个人同时在说话，有时候外界有噪音干扰或者录音质量本身不高时，这些都会使转录工作变得很困难。什么情况下需要把这样的访谈记录剔除和忽略，什么情况需要对谈话进行更合理的解释，说明到底谈论了什么，这需要明确的划分标准。
- 人们并不总是用工整的句子讲话。一般来说，研究者需要为谈话增加停顿和句子结构,这样读者才能理解词语的秩序。从某种意义上来说,研究者需要对谈话进行重新建构,让它们成为有意义的书面内容。这个过程需要花时间——这同时也意味着研究者把原始数据变得更清楚了,这样录音时不在场的读者更容易理解访谈的内容。

- 讲话中使用的注释、重音和口音很难在转录中进行描述。有一些约定俗成的规则,根据这些规则可以把这些内容加入到书面的转录中,但是项目研究者可能没有时间学习这些规则。结果就是小规模研究的转录一般是基于文字,而且只基于文字,很少试图展示注释、重音和口音。停顿、沉默也不总是反映在转录中。在实践中,这种情况的结果就是数据的一些意义被剥夺了。

**要点提示**

转录并不总是简单和直观的。转录不是机械的过程,不是把录音记录的谈话变成书面句子就行了。研究者需要对谈话进行"清理"以及稍稍编辑,把它们变成读者能够理解的书面形式。因此,这个过程不可避免地会失去一些真实性。

**例子 16.1**

**访谈转录**

某项研究针对 15—16 岁孩子进行了酒消费方面同辈压力的小组访谈,这是访谈转录的一部分,其名字已经改过了。

注意多个人是如何试图同时说话的,这在小组访谈中很典型。伊利斯(Elise)打断了詹姆斯(James),然后又被戈登(Gordon)打断了,戈登成功地在一段时间成为了谈话的焦点。当多个人同时说话时,转录就变得困难,因为很难跟得上说话内容。

| 转录行数 | | 内容编码 | 笔　记 |
|---|---|---|---|
| 46 | 访谈者：你与伙伴出去时，会 | | |
| 47 | 因为他们喝酒你就觉得有压力 | | |
| 48 | 要喝酒吗？ | | |
| 49 | | | |
| 50 | | | 詹姆斯看起来很 |
| 51 | 詹姆斯：会，但不总是这 | | 不高兴，因为伊 |
| 52 | 样……（没有转录） | | 利斯和戈登抢了 |
| 53 | 伊利斯：……与那些小子一起 | | 他的话。 |
| 54 | 的时候更糟糕，我觉得，因 | | |
| 55 | 为…… | 08 | 戈登后来说他现 |
| 56 | 戈登：……我在休假，我不喜 | | 在常喝酒了。 |
| 57 | 欢啤酒，我所有的朋友都喝酒。 | | |
| 58 | 我喝了半杯，我觉得自己可以 | | |
| 59 | 顶得住因为我根本不喜欢。我 | | |
| 60 | 喝了，我觉得这很恐怖，只是为 | 15 | |
| 61 | 了看起来合群，因为我感到有 | | |
| 62 | 些不合群了。我哥哥站在我面 | | |
| 63 | 前当着大家的面说："戈登你不 | | |
| 64 | 喜欢啤酒！"所以所有的朋友都 | | |
| 65 | 发现了，他们说："看，如果你不 | | |
| | 喜欢我们也能理解"——其中 | | |
| | 一些人像我一样，他们并不喜 | | |
| | 欢喝酒。 | | |

# 计算机辅助质化数据分析

很多计算机软件包都是专门为分析质化数据而开发的。这些一般被称为 CAQDAS（computer-assisted qualitative data analysis software），它代表的是计算机辅助质化数据分析软件。一些比较流行，一些比较贵。最著名的是 NVivo，但是还有其他很多选择，也有一些有价值的网站对各种选择进行了回顾，还有很多书提供了针对 NVivo 之类软件的详细指导（比如 Gibbs，2002；Di Gregorio and Davidson，2008；Bazeley and Jackson，2013；Lewins and Silver，2014）。

给项目研究者的建议是使用这些软件包的其中一个,因为这与其他软件不同,这些软件是针对质化研究设计的,它们保证了用合适的方式组织和存放质化数据。实际上,使用其中一种软件也促使研究者用合适的方式准备数据,同时还可以利用计算机的能力做到:

- 存储数据。访谈转录、田野笔记和文档都可以用文本文件的形式保存,并且这些方式很容易快速制作副本。
- 对数据进行编码。很容易对数据编码——不管是把数据索引(序列编码)还是把数据分类组块作为初步的分析。
- 检索数据。一旦对数据进行了编码,软件的搜索工具会使我们很容易定位数据,也很容易把它们拉出来进行进一步的审视。

**小贴士**

使用计算机软件分析质化数据。质化研究者应该使用计算机辅助质化数据分析软件包,因为它们有助于准备、组织和存储质化数据。

但是计算机辅助质化数据分析软件包不应该被视作分析质化数据的快速简单方法。首先,它们并不真的做分析——研究者仍然需要决定怎么编码,寻找数据之间的联系。软件可以有助于做这些——但是与统计软件包分析量化数据不同,它不对数据进行自动处理。而且,不管多么简单明了,使用计算机软件当然都包含一些熟悉和学习的时间。对于第一次使用的研究者来说,需要花时间了解软件,了解它的潜力,还需要时间输入数据。

## 对谈话和文本的分析

质化研究分析主要是对谈话和文本进行分析,本章接下来的部分来讨论内容分析、扎根理论、话语分析、会话分析和叙事分析,并概述项目研究者可以选择的主要选项。表 16.2 总结了这些方法的不同目的,以及这些目的如何反映在它们对数据的处理上。对图像数据的分析在社会研究中占据着重要的位置，因此图像和人工制品分析这个特别议题会在本章后面部分单独讨论。

表 16.2 对文本和谈话的分析：五种方法的比较

| | 内容分析 | 扎根理论 | 话语分析 | 会话分析 | 叙事分析 |
|---|---|---|---|---|---|
| 分析目的 | 寻找隐藏信息 | 形成概念或理论 | 展现权力是如何通过语言运作的 | 揭示谈话和互动的潜在规则与结构 | 描述个人身份认同和社会世界的建构 |
| 数据 | 文本和谈话 | 文本和谈话 | 文本和谈话 | 文本和谈话 | 文本和谈话 |
| 词语的功能 | 表征事物 | 意指事物 | 推测事物 | 产生事物 | 建构事物 |
| 数据的意义 | 出现的频率 | 衍生的意义 | 隐含的意义 | 展现的意义 | 隐含的意义 |
| 关注焦点 | 字面内容 | 内容的意义 | 字里行间之意 | 内容的结构 | 内容的结构或意义 |
| 分析单位 | 词语和短语 | 句子和段落 | 段落和整个文献 | 文本或谈话的片段 | 整个故事或文本 |
| 对数据的处理 | 测量（基于频率和出现位置） | 编码（使用持续比较的方法） | （与社会结构和过程）相关联 | 解构（展现潜在的规则） | 解码（寻找故事的符号意义） |
| 数据分析 | 对文本进行量化 | 对文本进行诠释 | 探讨文本隐含的意义 | 分析谈话的次序和结构 | 分析文本的结构或社会性含义 |

这些不同的策略表明，对于通过文字完成的工作是可以有不同理解的。这背后的哲学意义对于社会科学来说是基础性的，但是从项目研究者的立场来看，唯一必要的就是要认识到文字所做的不只是描述事物。正如不同的策略所反映的，分析文字可以是分析解释文字所需的背景假设（它们意味着什么，假设了什么），或者分析文字如何强调社会结构和互动（它们如何产生和建构事物）。所以，可以从表面的层次看待文本和谈话，研究它们包含的事实和信息；也可以“读取字里行间之意”，看看表面的背后蕴含了什么。这样做可以让研究者解释谈话和文本包含的隐藏意义，或者可以让研究者看到演说、故事或者对话之类

的事物是如何通过特定的方式被建构和排列的。

这些策略的不同之处还在于,它们在多大程度上把谈话和文本脱离它们的上下文语境来使用。这里的区别不是清晰确定的,但是项目研究者应该认识到这些策略中的上下文语境的程度差异。分析的单位有时候是单个单词,有时候是句子或者段落,有时候甚至是整篇文本,不同的策略在这里的区别是让文本在多大程度上远离它前后的文字和使用这些文字的社会情境。对于一些内容分析,聚焦于文本中抽出来的单独的单词不成问题。对于话语分析和叙事分析等策略,很重要的一点是不要把作为分析单位的文本脱离它们的社会情境。在会话分析中,特别重要的是分析单位在整篇文本或谈话中的位置。

最后,有关各种策略背后的哲学。内容分析很看重测量,有趣的是虽然它用于质化数据,产生的却是量化的测量。在这方面,它的取向可能特别实证主义。与扎根理论类似,它对归纳法的依赖表明了其与实证主义的关系——尽管我们在第七章看到,这只是扎根理论中特定的一个分支。但是,话语分析、会话分析和叙事分析与实证主义并没有关系。关于应该如何对待数据,这些数据分析对社会事实的假设和偏好是基于批判现实主义、实用主义和后现代主义。宽泛地说,这些方法是基于诠释的质化数据分析。

## 内容分析

内容分析可以用于任何"文本",不管它是书写的形式、声音或者图片,是用于量化文本内容的方法。政治科学家可能用它来研究演讲稿,教育学家可能用它来研究儿童读物的内容,历史学家可能用它来研究政客之间的通信。不管具体怎么运用,一般来说内容分析遵循有逻辑的、相对比较直观的程序:

1. 选择一个合适的文本或者图像的样本。选择这种样本的标准应该是清晰的,如果选择包含了抽样,那么应该对使用的抽样技术(参见第 2 章)进行说明。

2. 把文本拆成小的组成部分。分析的单位可以是每个词,也可以是完整的句子、整个段落或者标题之类的东西；分析也可以基于视觉图像或者图片的内容。

3. 为分析数据形成相关的类别。研究者需要对自己考虑的类别、议题和想法的类型有一个清晰的认识，同时清楚地知道这些东西如何出现在文本中。可能是以与主题有关的“关键词”的形式出现，比如说，有关儿童故事中性别偏见的研究可能要寻找文本中的男孩名字和女孩名字——能够反映内容本质的那些名字。研究者也可能想要根据名字的类型对文本进行编码，而不是只计算这些名字出现了多少次。

4. 根据类别对分析单位进行编码。缜密地注意文本，对所有相关的词、句等进行编码。在文本上写下这些编码用于日后参考，或者通过专门设计用于编码的计算机程序输入。

5. 对分析单位出现的次数进行计数。分析的第一部分通常是对各个分析单位出现的次数总计。

6. 根据分析单位出现的频率和它们与其他分析单位的关系对文本进行分析。分析单位被编码之后，就可以对其进行更复杂的分析了，解释它们何时发生，以及为什么以这种方式发生。

内容分析有潜力揭示很多书写的文本传达的“隐藏”方面（见表 16.3）。其原理是，除了写作者有意识想要表达的东西，文本还携带了一些有关更深层的，可能是无意识但实际上被传达出来的信息的线索。当文本包含了很多相关信息的确凿证据时，你未必要把作者认为自己在说什么作为分析的基础（Gerbner et al., 1969；Krippendorf，2013）。

参见第 14 章“文档”

**表 16.3　内容分析**

| 内容分析揭示什么 | 通过测量什么来揭示 |
|---|---|
| 文本具备的相关性 | 包含的内容（比如具体的相关词语、观点） |
| 文本描述呈现的属性 | 发生频率：发生的次序 |
| 文本传达的价值 | 对事物的正反面看法 |
| 观点如何相互关联 | 文本中观点的相似性，逻辑关联 |

内容分析的主要优势在于,它通过使用清晰的、原则上可重复的方法,实现了对文本内容的量化。它的主要限制在于,它有一种与生俱来的倾向,会把分析单位和它的意义与产生这些内容的语境脱离开来,甚至脱离作者的意图。内容分析很难处理文本隐含的意义,以及说出来的内容是如何表达了这些隐含的意义,接下来要说什么甚至言外之意是什么。对于处理文本所含意义的微妙复杂之处,内容分析在许多方面都是一个相当粗糙的工具。因此,在实践中,内容分析用于直观明了、明显、简单的表达时效果最好。文本越是依赖于作者对微妙复杂意义的表达或者读者对这种意义的解读,内容分析在揭示文本意义时的价值就越小。

## 扎根理论

扎根理论方法主要是关于访谈记录的分析(尽管它也可以用于各种类型的质化数据)。分析要求对文本进行详细的审视,包含循序渐进的数据编码和类别化过程,分析的最终目标是获得能够表现数据所含意义的概念和理论。扎根理论方法倾向于“归纳的”方法,它把个别案例得出的发现作为更普遍结论的基础。

参见第7章“扎根理论”

### 探索数据

研究者的第一个任务是彻底熟悉数据,这意味着要不断地阅读转录。这样肯定能够获得对数据的感觉,沉浸在数据中的每一句话、每一个动作、观察到的和描绘的每样东西。一开始研究者可以粗略地浏览一下文本(或者图像),因为有时候距离收集数据可能有一段时间了,或者可能有大量的数据需要处理,浏览的目的是重新激活研究者有关数据内容的记忆,提醒自己材料可能的范围。然后重新回到数据做更进一步的考察,研究者应该开始交叉参考田野笔记中的材料,以便更好地理解语境之中的数据。接下来的重读数据应该可以让研究者找到数据中的主题。

## 备忘录

在分析推进的过程中，新的相关内容会出现，或者新的解读会出现在脑海中。当研究者有了新的理解时，需要把这个想法记下来。可以在数据上添加简要的想法，但是更详细的理解如果记在备忘录中会更方便。作为记录与数据分析有关的新想法、探索新的可能性的手段，这些备忘录特别有用。另外，这些备忘录的作用还在于它们用存档的方式记录了研究者完善编码和类别时的分析性思考。从这个意义上来说，备忘录是一个记事本，研究者在上面记录与数据分析有关的决策是如何做的，为何做这样的决策。事实上，备忘录让分析过程清晰、有据可查，从而可以成为“审查跟踪”的一部分（见下文）。

**小贴士：使用备忘录**

研究者应该写备忘录，用备忘录跟踪自己做出的有关数据分析的决策。备忘录提供了永久性的记录，可以回头参考，提醒研究者自己在研究过程中的某个点是如何思考的。

## 数据编码

编码是贴在“原始”数据上的标签。他们可以是名字、首字母或者数字；只要编码是简洁的，可以用系统的方式把一段数据联系到与分析有关的一个想法上，那么使用哪种形式的编码都无所谓。在各种数据碎片上放置参考编码，这样各个部分就可以用一种有组织的方式进行标识和存放，用编码来连接对数据的诠释与这种参考编码的做法非常不同。在诠释数据的过程中，研究者进行的是分析编码。

不管数据的形式如何——访谈转录、田野笔记、文档、照片或者视频——研究者需要做的第一件事就是决定数据编码要用的单位，这个过程有时候被称作“组装”数据。对于文本数据，单位可以小到单个的词，也可以是文本中的几行、完整的句子或者几个段落。无论是哪种单位，首先要决定使用多大的数据进行编码。

下一步，要决定什么类型的内容要编码。很明显，这很大程度上会

导向研究问题的本质是什么的问题,但是为了表明这个阶段的编码决定,研究者可以把以下内容作为编码的基础:

- 一种事件;
- 一种行动;
- 一种观点;
- 一个特定词语或者表达的使用案例;
- 一个暗含的意义或者情绪。

最后,要决定应用于数据的初始编码。研究者可以使用应答者类别,也就是用数据内容中的一些东西作为初始编码的基础。或者可以根据个人/专业预感来判断什么样的初始编码有利于分析。在分析的初始阶段这个选择不是很重要,因为编码是一个在研究中不断完善的过程,所以如果初始编码"不对",后面的版本可以对其进行完善和改进。

## 编码的类别化

下一个任务就是找到可以把编码分组成类别的方法。类别是一个涵盖性术语,一系列的编码可以放在它的下面。"分类学"和"类型学"这样的术语有时候会用于这个阶段的分析,这反映了把数据的各种组成部分分类放到关键标题之下的普遍原理。研究者的任务是"建立连接"。

## 减少编码和类别的数量

一开始可能会有大量的编码和类别——太多了以至于无法进行有意义的分析。那么,分析的一个部分就是辨识编码和类别之间哪里有足够的空间,可以让其中一些合并在一起,其他的一些放在更大范围的类别下面。每个类别下面的编码,相互之间会有一些共同的特征,当然,这个特征与浮现出来的数据分析会特别有相关性。这时,同样要做一些决定,决定哪部分数据比其他数据更重要。研究者的注意力必须集中在这些重要的部分,而把其他数据作为支流。应该强调的是,这些数据的重要性只取决于它们对于数据分析的显著作用。

### 形成编码和类别的等级系统

解释数据的意义需要区分高层次和低层次的编码。高层次的编码范围更广、更具包容性。但是研究者的关键任务是通过把一些(低层次的)编码归入到范围更大的(高层次的)编码,来形成编码的金字塔。类别肯定具有较高层次的概括性,它们可以包含很多低层次的、更为具体的编码(见图 16.1)。

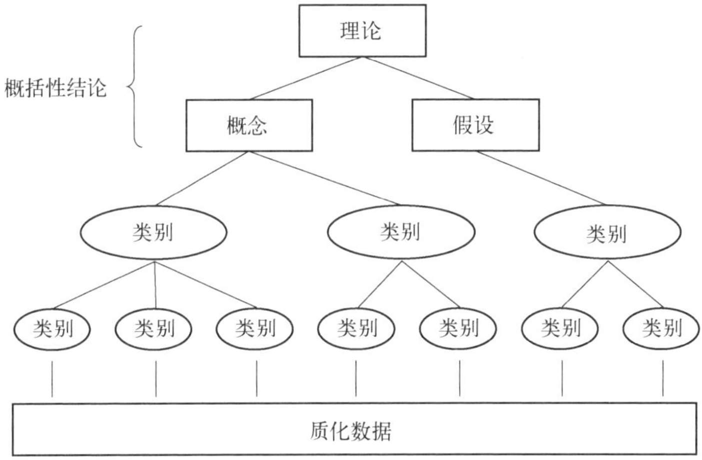


图 16.1　用扎根理论方法分析质化数据

### 检查数据中涌现的编码、类别和概念

逐步完善类别和概念是一个重复的过程。它们是"数据分析螺旋"中的步骤,这就意味着在编码、类别和概念形成与改进的过程中,每个任务都可能进行多次。

**小贴士:根据竞争性理论和其他解释检查涌现出来的分析**

研究者应该根据其他相似数据的解释来检查自己的分析。应该考虑竞争性理论,应该与其他可能性联系起来评价自己的分析,尤其要关注研究者自己数据中可能与分析相矛盾的地方。

### 走向关键概念

原则上来说,扎根理论分析的目的是把较高层次的编码和类别作为辨识关键概念的基础。这些概念的形成是分析的主要目的,因为概念提供了对数据新的理解,同时以概念为基础才能从研究中得出理论或者概括性的结论。

## 话语分析

话语分析看待质化数据时认为,不应该按照“表面价值”来看它们。而是应该对数据进行“解构”,揭示数据包含的隐含信息。这种分析质化数据的方法关注的是文本的隐含意义,而不是它外显的内容。即其关心的是通过词语表达了什么——词语“做”了什么而不是它们字面上说了什么——这种方法受到维特根斯坦(Wittgenstein, 1968)和奥斯汀(Austin, 1962)等人的哲学影响。话语分析是由福柯和德里达等后现代主义者们形成的,与社会心理学、社会学和语言学关系密切。它可以用在各种社会研究领域,包括文化研究、营销(尤其是广告)、教育和女性研究。

与其他分析质化数据的方法一样,话语分析可能会与数据保持紧密关系。研究者的任务是审问数据,目的是展现话语是如何通过研究的具体数据而被察觉的。在这个意义上,话语分析与本章提到的其他质化数据分析并没有不同,它们都同样程度地依赖于:

- 对文本/图像进行近距离的审视;
- 紧密围绕数据产生结论。

但是,话语分析与内容分析、扎根理论等不同的地方在于,它的分析超越了在数据所用的文本、谈话或者图像中找到的“证据”。这几乎是不可避免的,因为话语分析的目的在于揭示文化假设,这种文化假设是我们理解数据所需要的,看起来它并不出现在文本、图像或者其他内容里,看起来它隐含的内容与外显的内容一样多。那么问题就来了:“如果你不知道应该用什么来‘填补空隙’和‘说出未被说出的’,你怎么知道遗漏了什么?”答案是进行话语分析的研究者需要操控“外部的”因素，来脑补整个画面，读出字里行间的意思。也就是说，他们必须运用现有的有关社会、文化、政治等方面的知识，借助更普遍的、背景性的知识来解码数据中包含的信息的意义。

批判话语分析倾向于在方法中加入一些政治的口吻。它探索文本或图像使用的隐藏的、背景性的意义，让人理解这些文本和图像是如何更多服务于一些群体的利益而相对忽视其他群体的利益。事实上，这种方法探索的是社会中的权力是如何通过话语形成的，在文本或图像的具体例子中如何为此提供证据。这样，这种方法就非常依赖使用政治的、经济的和社会的意识形态，以此作为理解数据所含意义的参照框架。

使用话语分析的一个限制是它不能进行审查跟踪（见下文），对于传统的研究评价方式，审查跟踪是需要的。其他人很难核实话语分析的方法和研究发现，因为这种方法非常依赖研究者诠释数据时的理解和直觉。有些话语分析回避了这个问题，那就是他们的研究可以，或者应该，经受任何核实的程序。事实上，他们认为研究发现只是“研究者的诠释”——这种诠释并不比其他任何人的好，也不比它们差，并没有比它们更科学或者更可靠。这是一种有争论的立场，采用这种立场对项目研究者来说并不是聪明的做法。但是，除非研究者做好了准备，决定要冒险采用这种“后现代主义者”的立场，否则他们需要意识到这种方法本身在核实方面的困难。既然有这个问题，针对话语分析有什么具体的指导意见呢？

### 弄清楚要研究话语的哪些方面

研究者需要明确，所使用的具体谈话、文本或者图像是否与以下方面有关：

- 为了理解数据本身所必须的共同背景性意义和文化假设（微观的）；
- 被数据创造出来的和强化了的更大范围的意识形态与文化关系（宏观的）。

### 弄清楚解构的哪些方面最适用

话语分析没有必须遵循的标准程序,但是想要解构数据的研究者需要清楚地知道,他/她在寻找什么东西,这些东西与微观的、宏观的话语有什么联系。研究者需要回答一系列有关的问题:

- 是否有证据表明谈话、文本和图像传达了更大范围的意识形态?
- 数据是否反映了产生它们的特定社会、政治或者历史条件?
- 谈话、文本或者图像通过何种方式来源于其他东西('文本间性')?
- 谈话、文本或者图像是如何体现权力或者影响力的?
- 通过谈话、文本或者图像,描述了谁眼中的事实?
- 人、过程和客体是如何通过谈话、文本或者图像而类别化的?
- 是否有值得注意的人、过程或者客体缺席或者被排除在外?
- 谈话、文本或者图像内部是否有矛盾? 这些矛盾是如何处理的?
- 谈话、文本或者图像中遗漏了什么?
- 有什么观点看起来是被抑制的?
- 有什么东西想说但是又没有说的?
- 表达观点时使用了什么修辞或者语言学的手法?
- 什么被描述为正常的/不正常的、合法的/不合法的、道德的/不道德的、自然的/不自然的,等等?
- 对于谈话、文本或者图像是否有其他可能的诠释,或者如何诠释可能取决于具体的读者?

## 会话分析

会话分析聚焦于日常谈话的结构与次序。一般认为它是话语分析的一个变种,因为它的关注点在于事情是如何通过语言的使用完成的。这时候研究者观察自然发生的谈话,观察日常生活的常规方面是如何通过语言实现的(Hutchby and Wooffitt, 2008; Sidnell, 2010)。有一些研究关注的是日常会话、打招呼、开始一堂课等情境下的轮流讲话——这看起来是社会生活的世俗事件,但是提倡民俗方法学的人强调,这些是社会互动的基石——没有这些就不会有社会生活这样的东西。

对于自己在多大程度上使用了预先假设，会话分析者倾向于轻描淡写。但是，他们的分析仍然必须依赖文化理解。事实上，可以认为研究者的背景知识对敏感地诠释常规谈话绝对具有重要作用。对任何合理的诠释都很重要的一点是，研究者需要具备合适的背景知识，能够理解被研究的行动和谈话。否则，他们真的没有办法理解正在发生的事。

## 叙事分析

叙事与故事有关。讲故事有很多种形式；通过书籍的写作形式和通过访谈的讲话形式都可以讲故事，也可以把其他社会研究者也许不常用的数据来源作为媒介来讲故事，比如视觉图像、音乐和戏剧。但是，如果把故事看作叙事，这个故事就需要具有一定的属性（Riessman, 2003, 2008; Elliott, 2005; Andrews et al., 2013）。一般来说，我们期望故事具有以下特征：

- 有一些具体的目的。这个目的可以是传达一个道德信息，或者对个人境遇的说明。无论故事的主题是什么，它必须有所导向。
- 包含连接过去与现在的情节线。这一般是随着时间的发展和变化，其中过去的时间与现在有明显的关联。
- 包含人物。故事主题需要有人物的要素在里面，涉及社会事件情境下的感受和经验以及人的互动。

对质化研究来说，这样的故事通过两种方式发挥作用。首先，可以分析它们是如何建构社会世界的。这里的要点是故事可以超越娱乐，对文化具有特别的重要意义。它们可能用比喻的方式传达很强的道德教训。它们可能是当代的新闻故事，蕴含着政治中关于对和错的信仰。或者它们是“经典”，包含巨大的象征价值，作为文化传播被一代又一代地继承下来。这些经典故事讲述了事情是怎样的，为什么会发生这样的事情，同时这些故事也是共建社会的信仰和价值基础。其次，可以分析故事如何建构个人世界。叙事分析的这个方面与生活史和口述史研究非常相近，它关心的是人们如何用故事向他人呈现自己和自己的生活。有意或者无意的，人们通过这些故事来描述和解释自己，以及他们所在的周遭环境。

运用这些故事的叙事分析不会过分关注故事的内容是真实的还是神话，其关注的焦点更多在于怎么讲这些故事。通过分析故事可以揭示故事建构和诠释社会世界的方式，关注的焦点在于：

- 故事传达的意义与意识形态；
- 讲故事的人使用的技术和沟通手段；
- 故事如何与它发生的文化和历史情境相联系。

## 对图像数据的分析

对于图像数据使用何种类型的分析，这取决于收集数据的目的何在。宽泛地说是出于以下一个或者两个目的来使用图像：

- 使用它们包含的事实性信息；
- 使用它们内容背后蕴含的文化价值和符号意义。

分析视觉图像有很多方法。不陷入对各种方法细节差异的讨论，我们也有可能辨识图像数据分析的三个要素：

- 图像本身：内容，流派，风格。
- 作者：意图和情境（谁、何时、什么情况下、为什么、创作者的意图）。
- 观看者：诠释与情境。

图像本身可以因为提供的事实性信息而具有价值。有人认为图像能够提供相对更可靠的数据——按照科利尔(Collier，2001：59)的说法，至少是提供比“文字的虚伪世界”更好的数据。图像客观上冻结在某个时间点上，它包含了事物的证据，这是文字永远无法企及的。档案中的照片，遥远田野工作情境下拍的电影，家庭相册中记录的一个瞬间，这些都包含了对事件的确凿记录，可供研究者进行接下来的分析。“制造这样的图像是为了记录事实，它们为所描述的人物、地点、事物、行为和事件提供了文档证据。对这些图像的分析就是要把这些信息从图像中抽取出来”(van Leeuwen and Jewitt，2001：4)。

参见“基于图像的研究”，第 248 页

为了有助于抓住大量图像中包含的信息，研究者可以使用内容分析，完全有可能产生量化数据，把它作为图像分析的一个部分（参见Bell，2000，有相关的详细说明）。但是在实践中，基于图像的研究大部分喜欢用质化的方法。这样做的主要原因是近年来社会研究者已经不再愿意只看图像内容这样的“表面价值”。21世纪的大多数社会研究者不再认为图像是对事实的中立描述（这含有实证主义的意味），正如罗斯（Rose，2012）所说，他们认识到图像不是只包含“一种正确的意义”。图像描绘的东西是可以有各种诠释的，而假定视觉图像的内容是不证自明的，是一种相当幼稚的想法。研究者并没有完全放弃图像的表面内容（它们描绘的“事实”），而是更倾向于认为这些内容是需要进行诠释的。对研究者来说，图像的意义是有价值的东西，图像产生在特定文化、特定时间、特定社会情境中，因而具有了这样的意义。

一种诠释图像的方法是把它作为文化制品。把图像看作文化制品，关注点就不只是图像的内容，而是研究者要针对图像产生的情境提问。它的目的是什么？为什么制造它？作为证据的来源，图像的价值在于其表面现象背后的东西。举个例子，一张照片可能看起来展示了海边的一家人。研究者可以根据图像获得事实性信息，比如照片拍摄时人们所穿泳衣的风格。假设照片是真实的，图像就成为事实性数据的来源。但是，同样一个图像也可以被诠释为一种文化制品，可以提出问题，比如它是如何产生的，为什么产生？谁拍了这张照片？为什么要拍？它为什么如此重要，会被保存这么久？拍照片时用的是什么设备？这样的提问可以帮助研究者理解家庭度假的意义，相簿的角色，以及他们文化情境中休闲活动的性质。这样，照片不只是描述了海边的两个成人和两个孩子，它的意义已经超越了这样的表面内容。

另一种分析图像的方法是对它们的象征意义进行诠释。这种方法把图像视为一种符号表征来研究，它的兴趣不在于图像包含的“事实”，而在于看图像的人赋予内容的意义。使用这种方法，图像成为揭示意识形态和文化符码的来源。借助“符号语言学”，研究者首先需要考虑内容的各个方面，看他们象征了什么。从表面来看，图像“说”了什么。然后，研究者再考虑图像关键要素的言外之意，看着这些要素的时候脑中联想到了什么。接下来,在分析的最后阶段,符号语言学借助与其他标志对比得出的异同,帮助我们理解图像的符号意义。(参见 Penn,2000,有更多关于静态图像的符号语言学分析的信息。)

很重要的是,读取信息并不完全是个体的、私人的事情,不同的观看者对事物有不同的诠释。尽管有一定程度的差异,符号语言学和文化研究的前提是,不同的观看者关于图像的意义能够达成一定程度的共识。来自相似文化背景的人,同一个社会的成员,或者在同一种意识形态传统中长大的人(比如民族、基督教),他们会用差不多的方式理解图像。作为社会群体的成员,他们看待视觉图像的方式已经被社会化了——他们很早的时候就从别人那里学习如何理解标志、广告、肖像和音乐视频中的视觉线索。

**注意:情境很重要**

把图像用于研究时,常有一种危险就是让图像"脱离情境",因为图像前后发生的事件可能对我们赋予图像的意义具有重要影响。

## 呈现数据

使用量化数据做研究时,常常要有对统计技术和数据操控的解释,但是使用质化数据的研究报告中,一般不会或者很少有这样类似的说明。从数据到研究者得出结论的过程被忽视了,对于研究报告的读者来说,没有或者很少有关于数据分析情况的说明。在这个方面,质化研究的质量越来越受到质疑(Seale, 1999; Seale et al., 2007; Silverman, 2011),很自然地,现在人们希望使用质化数据的人在研究中能够说明从原始数据到研究发现的过程。

**要点提示**

研究者需要清楚他们使用的分析程序。只说"这是我如何收集数据的"(方法),"这是我的研究结果"(研究发现),而不解释数据是如何分析的,这是不能接受的。

但是，当质化研究者想要描述他们分析数据的过程时，会面临一个特别的挑战（Woods，2006）。一方面，这是因为质化数据分析是“一个混乱的、模棱两可的、耗时的、创造性的迷人过程。它不是以线性的方式推进的：它不是简洁的”（Marshall and Rossman，2011：207）。另一方面，这是因为无法用呈现量化数据时的那种精确的方式来呈现质化数据。量化数据可以用统计和表格来呈现，这种方式让研究者可以把大量的数据压缩到简洁、整齐的呈现方式中，给读者带来有关数据分析所用技术的明确信息。质化研究者遇到的挑战是用相对较少的有限空间描绘数据分析过程，他们要处理的是：

- 相当复杂和混乱的数据分析过程；
- 数量相对更大的文字或者图像数据。

为了迎接这个挑战，质化研究者需要尽快认清的事实是呈现所有的数据是不可行的。他们需要有所选择，决定呈现哪些内容，他们要认识到自己必须扮演编辑的角色——识别数据/分析的重要部分，有重点地关注其中一些而相对忽视另外一些。

接下来，与编辑的角色相关，研究者要认识到被选中放在报告中的数据不能构成支持观点的证据。纳入这些数据更像是对要提出的观点进行一个说明。因为报告的读者一般不会接触到所有的数据，他们无法知道研究者的选择是否能够公正地反映数据。有关这一点，摘录访谈转录的相关内容中有更进一步的讨论。

最后，质化数据/分析的呈现包含“修饰”的成分。也就是说，研究的可靠程度与研究者的技能有关，他要能够管理好对研究进行说服式说明的过程，这些说明可以“开启正确的按钮”，传达一种权威和真实性。质化研究者可以采用一些不同的写作风格达到这个目的（van Maanen，1995；Woods，2006）。不需要深入挖掘修辞手法本身是什么，只需要注意质化研究的可靠程度尽管仍然取决于是否可以提供与研究程序相关的事实性细节，但它同时也取决于研究者是否有技巧写出一个让人信服的说明。

参见第 18 章“研究”报告

## 在研究报告中使用访谈摘录

从访谈转录中提取的摘录在质化研究中起着重要作用。它们本身就可以很有趣,让读者感受到数据,让他们"听到"受访者的观点。或者研究者在报告中建构自己的论点,而这可以用访谈摘录为自己的论点提供支持。但是,这些摘录不能用来证明某个观点。原因有两点:

- 转录摘录的重要性总是受限于它们呈现的事实,这些事实在一定程度上是脱离其情境的。摘录,顾名思义,是数据的片段,是从其他被记录的访谈情境中拿出来的,这就使得引用的内容有可能"脱离情境"。大家都知道断章取义的危险,如果词语不能与它所在的上下文相联系,就有可能改变它的意思。精明的研究者会试图向读者解释摘录所在的语境,但是在研究报告中,这种解释是有限的。
- 对摘录的选择过程在一定程度上包含着研究者的判断和决定。选择转录的哪些部分进入摘录,完全在于研究者的决定,这不可避免地限制了摘录的重要性,也许任何一段摘录都可以放进来。这是一种编辑式的决定,反映了特定研究报告的需要。研究者怎么知道他的选择对于整个数据来说是公正的、有代表性的呢?

结果就是,项目研究者撰写的大部分报告中,摘录都是作为观点的说明和论点的支持材料——不能再起到其他更多的作用了。很重要的是,项目研究者在使用摘录时要意识到这一点,避免在引用受访者所说内容的时候,把它处理成被讨论观点的确凿证据。

如果注意到了这一点,有一些方法可以帮助研究者最大程度地从所选的摘要中获益。

- 进行原文引用和摘录。尽管前文提到了转录的困难,研究者应该尽可能原封不动地引用人们说的话,并使用精确的词语。
- 改变人物的姓名以保证匿名(除非你得到了他们明确的许可,表明他们愿意透露个人身份)。
- 提供你引用之人的一些细节信息,同时不能破坏匿名的原则。这里通用的最佳建议是提供足够多的细节,让人们可以区分不同的受访者,为读者提供一些与这些人相关的背景因素信息,但是也要保护你所引用之人的身份,严格控制提供多少背景信息(比如教师 A,女,学校 4,地理,职业中期发展阶段)。

- 尝试对引用片断所在的语境进行一些说明。在研究报告范围内,尝试提供一些有关摘录所在语境的说明,这样读者才能理解受访者原来想要表达的意思。如果可行,研究者应该尽可能地给读者提供一些与谈话背景有关的指导,这样就可以处理摘录“脱离语境”这个不可避免的问题。

**小贴士:使用图表**

在质化研究的报告中,可以用图表展示产生概念之间的关联,给读者提供复杂关联的视觉图像。同时,图表也可以将数据分析的过程透明化。

## 信度与效度:质化研究

质化研究的可靠度不容易用量化研究的传统方法来判断。比如说,像科学家重复实验一样,通过重复研究的方法检查研究和研究发现的质量,在质化研究中就不可行。第一个原因是,质化研究没法重现社会情境。时间不可避免地改变事物,想要把相当的人物放在相似的不会改变的社会环境中,希望是很渺茫的。第二个原因是研究者倾向于深入参与质化数据的收集和分析过程,由于他们介入太深,以至于其他研究者很难获取同样的数据,得到同样的研究结论。

参见“信度与效度:量化研究”,第 286 页

认识到这样的困难,一些质化研究者建议不要用任何传统的方式来评价质化研究,但是大多数人并没有提出要放弃使用实证主义研究的那些传统标准。他们指出,尽管质化研究的本质决定了其永远不可能用与量化研究同样的方法进行检验,但仍然有必要提出验证的需求(比如 Kirk and Miller,1986;Seale,1999;Gibbs,2007;Silverman,2011;Miles et al.,2014)。这样质化研究者采用的是更为实用主义或

者“微妙”的现实主义视角，这种视角“并不抛弃传统上的科学目标，但是它也借用社会研究的后科学概念”(Seale，1999：x)。下面的讨论和指导就是来自这种观点：

## 可靠度(效度)

这里的问题是质化研究者能够在多大程度上表明他们的数据是准确的和合适的。林肯和古巴(Lincoln and Guba，1985)指出，质化研究者不可能用绝对的方式证明他们“做对了”。(结果是，他们更愿意使用“可靠度”这个词语，来表明对研究的检验。)但是，有一些步骤可以帮助研究者说服读者，让他们有理由相信数据应该是准确的和合适的。这些步骤不能提供保证，因为它们做不到这一点。但是它们可以确保质化数据是根据好的实践产生并被检查过的。在这个基础上，我们可以对数据的可靠度进行判断。关于数据的准确度和合适程度的问题，质化研究者可以使用：

- 应答者效度。研究者可以带着数据和研究发现重访参与者，以此为手段检验研究发现的效度。这可以核对事实性的准确程度，让研究者的理解得到被研究者的确认(或者修正)，研究者研究的正是这些人的观点、看法或者经验。
- 扎根数据。质化研究的一个关键好处是研究发现是广泛扎根于田野工作和经验数据的。质化研究要花相当长的时间在“研究场地”，进行田野工作，它的基础是对文本或者视觉图像的仔细审视。这就为基于这些数据得出的结论提供了坚实的基础，也增加了研究的可靠度。
- 三角互证。为了避免任何幼稚的三角互证，研究者可以使用对比鲜明的数据来源增加自己的信心，让自己确信数据是“在正确的轨道上”。

参见“三角互证”，第160页

## 可信性(信度)

在质化研究中，研究者的“自我”一般与研究工具的关系非常紧密——有时候研究者就是研究工具的一个组成部分。比如说，作为一个参与式观察者或者访谈者，研究者几乎成为数据收集技术的一个组成部分。结果是，信度的问题就从“被不同的研究者使用时，研究工具是否可以产生同样的结果（其他条件都一样）？”变成了“如果其他人做这个研究，他或者她会得到同样的结果并得出同样的结论吗？”在绝对意义上，可能没有方法能够让我们确定这一点。但是，质化研究中有一些方法可以处理这些问题——这些方法广泛来说是根据林肯和古巴(Lincoln and Guba，1985)所说的“可信性”。从原则上来说，这些方法主要是说明自己的研究使用的程序和决策，让其他研究者可以“看到”和评价研究在多大程度上包含了可重复的程序和合理的决策。这可以作为一个指标反映研究是否可重复。只有提供了这样的信息，才能知道另一个研究者可以在多大程度上得出可比较的研究结论。作为检查信度的一个方法，这种做法需要对方法、分析和决定进行清楚的说明，而且“能够提供对程序和方法的全面反思性说明，也向读者展示了尽可能多的细节，让他们知道得出特定结论的研究思路是怎么样的”(Seale，1999：157)。事实上，研究程序是必须向审查公开的。

**小贴士：审查跟踪**

应该构建审查跟踪并为读者设置标志——允许他们跟踪研究者从研究概念到研究发现和研究结论的路径和关键决定。但是，正如林肯和古巴(Lincoln and Guba，1985：319)强调的，“没有来自研究的记录，就无法构建审查跟踪，正如没有商业交易的记录就无法构建财务审查一样。”所以好的实践是详细记录研究决定的过程。审查跟踪背后的原则是其他研究者可以检查研究的程序和决定，他们可以对现有数据进行确认，对数据收集和分析有关的决定进行评价。

## 可转移性（可推广性）

质化研究倾向于对相对较少的个案进行深入的研究，这不可避免地会引起疑问,这些个案有多少代表性,在少数个案上得出的结论也在其他相似个案上成立的可能性有多大。令人烦恼的问题往往来自“你基于这么少个案得出的结论具有可推广性吗?”从统计学意义上来说,这是一个合理的问题,也是一个很难处理的问题。

一些质化研究声称他们的任务不是要做这样的推广,以此试图回避这个问题。他们认为个案研究得出的研究发现本身就有价值,因为它们提供了对具体的、可能是独特的情境的描述。但是,这是少数派的立场。大多数质化研究者都认为可推广性是一个相关的问题,但是他们认为在质化研究中需要用不同的方法来提出这个问题。他们指出可推广性是基于另一些情况中的数据某些方面的统计概率,这种概率依赖的是能够代表更广泛总体的大规模的代表性样本。基于小样本质化数据的研究需要换一种方式来提出这个问题。这个方法就是林肯和古巴(Lincoln and Guba, 1985)所说的“可转移性”。这是一个想象的过程,在这个过程中,研究的读者使用被研究的特定案例的信息做出一个判断,判断能够在多大程度上应用到其他具有可比性的案例上。这时,问题就变成了“研究发现可以在多大程度上转移到其他案例上?”而不是“研究发现是在多大程度上存在于其他案例中?”

**小贴士:研究发现的可转移性**

研究者需要提供信息让其他人可以做出推断,判断研究发现的(对于其他人、情境、个案研究,组织等的)相关性和可应用性。换句话说,为了衡量研究发现在多大程度上是可转移的,读者需要掌握比较要用的相关细节。比如说,如果研究是关于年轻人的饮食习惯,进行访谈的是55名某所学校的学生,那么研究发现可能无法推广到所有学校的学生总体。但是,如果提供了学生的年龄/性别/种族以及学校社会环境等信息,就可以考虑研究发现如何应用于相似学校的相似学生。有了这些合适的信息,读者就可以考虑研究发现是否具有可转移性。

## 可确认性(客观性)

客观性的问题是指质化研究在多大程度上可以产生不受研究者(们)影响的研究发现。从根本上来说,需要马上意识到没有哪个研究可以完全避免研究者的影响。质化数据,不管是文本还是图像,总是一种诠释过程的结果。数据不是"在那里"等着被发现(如果采用的是实证主义方法,可能会做这样的假设),而是通过被研究者诠释和使用的方法制造出来的,这就会影响它的客观性。第一,它引起的一个问题就是会使研究者的"自我"参与到数据的诠释中;第二,它会阻碍研究者保持开放的心态,即愿意考虑对数据的不同解释。

## 研究者的"自我"

研究者的身份认同、价值观和信仰无法从质化数据的分析过程中完全剔除。但是,有两种方法可以让质化研究者处理自我的参与。一方面来说,他们可以这样说:"研究者的身份认同、价值观和信仰在产生和分析质化研究中起到作用,所以研究者应该保持警惕,在研究过程中让自己与日常的信仰拉开距离,悬置对于社会议题的判断。"

在这一极端情况下,研究者知道他们的自我是与研究活动缠绕在一起的,但是他们可以对自己的平常态度进行足够的控制,这让他们处于一种超然的状态,研究就不会被个人偏见笼罩。在这种情况下,研究者需要为了产生和分析数据而悬置个人价值观和信仰。

另一方面,质化研究者可以采用以下立场:"研究者的身份认同、价值观和信仰在质化数据的产生和分析中起作用,因此研究者应该坦白交代研究议题会被个人经验和社会背景所影响。"

在这种极端情况下,研究者对自我的处理可以用宣布自我在多大程度上参与研究过程的形式来进行。有些人认为自我给了他们深入理解社会议题的优势,因此我们不应该把研究者的自我视为研究的限制,而是作为一个重要的资源。一些女性主义研究者和研究"种族"的研究者指出他们的身份认同、价值观和信仰实际上促成了研究,因此应该对其进行充分的挖掘,帮助自己进入那些其他身份的人很难进入的领域。所以一些女性主义者认为只有女性才能真正把握社会中女性附属地位的相关重要因素，而一些黑人研究者可能会在“种族不平等”等相关问题上持有相似的观点。

对于研究者的自我可以和应该在多大程度上影响质化数据的产生和分析，在以上提到的这两个立场之间还存在着各种观点。但是，这些观点在关键点上存在共识：质化研究中的自我是重要的。因此，不建议在质化研究中忽略研究者自我的作用。

### 对研究者自我的反思性说明

对质化数据的分析要求研究者对于自我和自我对研究的影响进行一种反思性的说明。质化数据分析中越来越被接受的观点是，研究者的一些传记细节可以作为分析的一个部分并为研究结论提供辩护，因此这可以让作者探索自己是怎么感觉到个人经验和价值观可能会对研究有影响。同样的，研究的读者也获得了有价值的信息，根据这些信息他们可以判断作者有关自我的身份、价值观和信仰脱离或者参与研究的声明是否合理。

### 开放的态度

与所有其他研究者一样，质化研究者需要用开放的态度进行数据分析。如果他们没有开放的态度，他们会被质疑缺少客观性。在实践中，展示这种开放性的方法之一就是研究者严肃地认识到“出错”的可能性，这实际上是知识生产的基本观点。与之有关的论点是，好的研究不在于证实研究发现，而在于“证伪”研究发现。对于项目研究者来说，也许有两个方面很有实践意义。质化研究者应该：

- 不要忽视那些不适合分析的数据。如西尔(Seale，1999)和西尔弗曼(Silverman，2011)这样的质化研究者指出好的研究不应该忽视那些与研究者的分析不一致的数据。这样的“极值”只是少数情况，可能偶尔有一些数据不能完美地符合整体的趋势，或者与这种趋势相矛盾。研究者不能忽视这些数据，而是应该认真研究它们，看看是否有一些解释能够把它们放在分析中，看看它们之中是否存在一些真正的重要性。寻找和解释相反的案例或者偏离主流与分析相矛盾的案例，这是很重要的。

- 检查竞争性的解释。研究者需要探索其他可能的解释，表明自己不是简单的支持第一个碰到的合适解释，而是要看一下竞争性的理论是否适用，以及在提出的解释背后是否有隐藏的问题。

**小贴士：对于研究者的“自我”需要保持开放态度**

质化研究者应该提供一些关于自己和他们的研究兴趣的自传细节。他们还应该考虑客观性的问题，表明自己在多大程度上是用“开放态度”来做研究的。

## 质化数据分析的优点

### 数据丰富而且具有细节

对于相对聚焦领域的深入研究，小规模研究的趋势和“深描”的流行，都意味着质化研究在处理复杂社会情境和社会生活的微妙方面有其优势。

### 数据和分析是“扎根的”

在质化研究中，研究发现是从真实情境的证据中得出来的，很少有空间让研究者“闭门造车”或者“凭空想象”。

### 允许其他的解释

因为质化分析有赖于研究者的解释技巧，有效的解释可能不止一种。质化研究并不假设肯定只有一种正确的解释，它允许不同的研究者得出不同的结论，尽管广义上来说这些研究者使用的是同样的方法。

### 允许有一定的模糊性和矛盾性

既然社会存在具有一定的不确定性，对这种存在的解释也应该允许有模糊性和矛盾性，在这方面质化研究比量化研究表现得更好。这不是反映了质化分析的弱点，而是反映了被研究的社会现实就是如此。

## 质化数据分析的缺点

### 研究发现的可推广性难以确定

质化研究依赖对少数案例的详细深入研究，这一点引起的后果之一是更难确定研究发现能够在多大程度上推广到相似的案例上。

### 分析时间长

计算机程序可以辅助管理数据，甚至可以帮助研究者进行分析，但是其程度远不及量化研究中计算机程序的使用。这里的一个关键因素是质化数据在一开始收集到的“原始”形态，一般是非结构化的（比如访谈、田野笔记、照片），需要在分析之前进行编码。

### 研究发现的客观性可能受到质疑

与量化研究相比，质化研究认可更多的开放性，研究者的身份认同、背景和信仰在产生数据和分析数据中都会起作用。

### 有把数据“脱离情境”的危险

对质化数据进行分析需要小心，不要把数据从它的上下文（比如访谈对话）和发生情境中抽离出来，这些东西都对文本的意义有影响。

## 补充阅读


Bazeley, P. (2013). *Qualitative Data Analysis: Practical Strategies*. London: Sage.

Gibbs, G. (2002). *Qualitative Data Analysis: Explorations with NVivo*. Buckingham: Open University Press.

Grbich, C. (2013). *Qualitative Data Analysis: An Introduction*, 2nd edn. London: Sage.

Miles, M. B., Huberman, A. M. and Saldana, J. M. (2014). *Qualitative Data Analysis: A Methods Sourcebook*, 3rd edn. Thousand Oaks, CA: Sage.

Richards, L. (2009). *Handling Qualitative Data: A Practical Guide*, 2nd edn. London: Sage.
Silverman, D. (2011). *Interpreting Qualitative Data*, 4th edn. London: Sage.

## 质化数据自测表

在研究中使用质化数据时,你应该对下面这些问题有信心回答“是”: ☑

1. 数据分析是否要完成以下一个或多个任务?
   - 寻找隐藏的信息——内容分析 ☐
   - 开发概念或理论——扎根理论 ☐
   - 揭示语言如何实现权力运作——话语分析 ☐
   - 揭示谈话背后的规则和结构——会话分析 ☐
   - 为自我和社会世界的建构提供解释——叙事分析 ☐
   - 解释图像的含义和文化意义——基于图像的分析 ☐
2. 对研究发现的报告是否包含了对数据分析过程的明确说明? ☐
3. 是否提供了足够充分的细节,让读者可以“审查”研究过程中的关键决定? ☐
4. 数据分析是否采用了迭代的方式? ☐
5. 分析是否基于对数据的深度查看? ☐
6. 是否提供了相关的细节,让读者思考研究发现的可转移性? ☐
7. 话题的讨论是否采用了“开放的态度”? ☐
8. 是否考虑了其他的解释? ☐
9. 研究报告是否包含了对研究者自我及其可能影响的反思性说明? ☐

# 第四部分

# 环　境

社会研究发生在一定的环境中，这个环境决定了研究者可以做什么，这个环境就是社会。社会限制了研究者在追求知识时能够做的事，也对研究应该怎样做提出了期望。

对研究者的限制和期望最明显的体现就是与研究伦理有关的责任与义务。社会有一系列的行为准则，期望研究者能够遵守这些准则，好的研究必须满足这些准则。研究发生在社会中，它的方法必须是社会文化规则范围内可接受的，要考虑各种道德、法律和安全的因素。第17章列出了21世纪西方世界存在的那些期望，也提供了满足这些期望的指南。

研究环境的重要性还在于，研究者要承担责任，他们有义务保证研究发现可以被公众查看。随着21世纪的发展，大家越来越强调研究发现的传播，越来越强调让其他研究者或者任何对研究项目的成果有兴趣的人能方便地获得研究的发现。这些变化把研究报告放在了显著的位置上，使它成为研究者与其他人交流自己作品的方式。第18章列出了研究报告的一般特征，也给出了建议，即项目研究者该怎样向特别关注研究质量的读者说明自己的研究。

# 第17章 研究伦理

伦理委员会许可 · 需要伦理许可的研究类型 · 研究伦理准则 · 研究伦理的主要原则 · 书面知情同意书 · 数据保护 · 伦理与互联网研究 · 总结 · 补充阅读 · 研究伦理自测表

社会研究者应该用道德的方式开展工作。从道德的角度来说，这种期望是因为我们相信公众应该被保护，他们不应在某个话题上受到不择手段获取知识的研究者的伤害。这种期望的假设是：研究者在社会中没有任何优先权可以有理由以被研究者为代价来满足自己的研究兴趣——无论他们希望自己的研究发现多么有价值。

**要点提示**

研究伦理不是一个选项——它是任何优秀研究的基本特征。

## 伦理委员会许可

社会研究者一般需要在研究之前从伦理委员会那里获得许可，这可以明显地反映出研究伦理的重要性。即使是小规模研究，越来越多的情况也是在研究之前需要由合适资格的专家组成委员会，对研究进行审查,保证研究设计采用了合适的措施来保护研究所涉人和群体的利益。健康领域的研究者会发现,医疗伦理委员会在这方面很有权威,所有为了获得学术资格而进行的研究,一般都要让所在大学的伦理委员会审查他们的研究计划,审查通过后才能开展研究。伦理委员会会根据以下这些伦理研究的宽泛原则对提交的计划进行判断,根据研究领域的不同,可能还会有更深入更具体的规定。

**小贴士:在开始收集数据之前获得伦理许可**

研究者应该在收集研究涉及人群的主要数据之前获得伦理委员会的许可。获得许可的过程可能需要几周,有时候需要几个月,在计划数据收集的阶段要把这个时间考虑在内。

## 需要伦理许可的研究类型

涉及从活着的个人那里收集数据的研究,一般来说都需要伦理审查。这意味着如果研究项目要使用以下方法直接从人那里收集数据,或者收集关于人的数据,一般需要让伦理委员会考虑是否可以进行研究:

- 问卷;
- 访谈或者焦点小组;
- 参与式观察或者系统观察。

这种审查的目的是保证研究不会引起伤害。为什么要进行这样的审查?很多时候,社会研究可能看起来是无害的,包含一些有关人们消费习惯或者其他询问的市场研究问题,这些问题看起来不会给参与研究人的生活带来什么风险。但是,社会研究可能真的会带来实质性的危险。伦理委员会的作用就是考虑研究提议中可能存在的风险,判定研究者是否已经考虑了这种风险,是否采取了有效的预防措施把风险降到最低,以及研究工作是否能够在不危及参与者的利益的前提下提供有价值的研究结果。

用经济学和社会研究委员会(ESRC)的话来说,有些研究给参与者带来的“不只是最低程度的风险”，伦理委员会会特别关注这样的研究。这些研究涉及：

- 弱势群体（比如儿童、有学习障碍的人）；
- 敏感话题（比如性、宗教或者法律行为）；
- 欺骗或者不经过参与者同意就开展研究；
- 使用可辨别身份的个人的保密信息；
- 可能会引起心理压力、焦虑、耻辱的过程，或者会带来超过最低程度的痛苦的过程；
- 侵入式的干预（比如不属于参与者常规生活的用药或者各种身体运动）。

### 规则的例外

有一些类型的研究不需要经过伦理委员会的正式审查。第一种情况，研究被认为是常规和日常工作的一部分，因此并没有真正的“研究”发生。比如说，在国家医疗服务体系中，数据收集和分析是常规工作和组织管理的一部分，一般不需要向伦理委员会提交材料并获得许可（Department of Health，2005）。研究和数据收集不需要获得许可的类型包括：

- 审计；
- 服务评价；
- 临床个案研究；
- 设备测试；
- 客户满意度调查。

第二种情况，研究只是基于公开发表的二手资料。基于图书馆的研究、文档研究、历史研究，使用官方统计数据和经济数据的研究，都属于这种类型。如果研究使用的是汇集在一起的数据，其中无法辨识个人的身份，或者研究使用的数据已经是公开的，或者是有关历史人物和虚构人物的，那么我们认为这种研究风险很小，不需要事先获得伦理委员会的许可。这里的考虑是收集数据的阶段不会产生什么问题（因为数据已经在之前收集过了），也没有隐私的问题，因为数据是公开的，任何人都可以拿到。

但是,与社会研究有关的风险不局限于数据收集阶段可能形成的危害。我们会看到,研究伦理也和研究发现发表之后导致的参与者反应有关。无论进行的是哪种类型的社会研究,都有可能存在这个问题,因此,越来越明显的趋势是,所有社会研究项目都要经过一些初步的审核和某种类型的审查,才能开展。即使数据收集看起来没有问题,机构也需要确保它们资助的所有研究(为了获得学位所做的研究,或者雇员做的研究)在进行数据分析和数据传播时,同样满足伦理标准。

**注意**

要认识到,研究伦理适用于所有社会研究,即使不要求获得伦理委员会的正式许可。

## 研究伦理准则

研究伦理准则提供了指导,说明了做研究时什么类型的行为可以做,什么类型的行为必须避免。专业的研究协会会一直发布希望成员能够遵守的行为准则,研究资助机构和委托研究的政府部门也会发布类似的指导原则,对研究中什么是可以做的事进行管理。这些准则的重点有所不同,市场研究协会与医学协会制定准则的方式会稍有不同。这反映了研究者使用的程序,以及它对参与者可能形成的伤害方面的性质不同。比如,市场研究者收集有关消费者喜好的数据,健康研究者研究一种新药或者手术过程的效果,这两者给参与者身心方面带来的风险是不一样的。

**小贴士:遵守特定的研究伦理准则**

项目研究者应该找到能代表自己所在学术领域或专业协会的伦理准则,并且应该在研究中遵循这些准则,更重要的是应该在研究中的方法部分明确说明这些准则。

## 研究伦理的主要原则

研究伦理背后有四个关键原则。这些原则源于医学研究，最初是针对“二战”中的暴行，这些暴行是以科学和医学知识进步的名义进行的。通过纽伦堡准则（1947 - 1949）和后来的赫尔辛基声明（1964），国际社会建立了研究伦理的基础，也确立了一个根本原则，那就是追求知识的目的不能证明手段的合法性。

纽伦堡准则和赫尔辛基声明这么多年来已经得到了发展，很多专业团体、学术规范和政府部门对其进行改编，并用于社会研究，以此区分于医学研究。这些社会研究的伦理准则仍遵循核心原则（那就是研究者不能为了追求知识而不择手段），同时也沿着四条路线发展了原来的准则。社会研究者应该用以下方式开展研究：

- 保护参与者的利益；
- 保证参与者是自愿的、知情的；
- 避免欺骗，用科学的、正直的方式开展研究；
- 遵守当地法律。

### 原则 1：参与者的利益应该受到保护

参与者不应该因为参与研究而遭受痛苦，这一点大家基本都同意。那些作为受访者为研究做出贡献的人，或者作为研究对象的人，与他们没有参加研究时相比，不能因为参加了研究而有所损失，也不能因为他们参与了研究而形成任何形式可能不利于他们的长期反应。

根据这条原则，研究者有义务事先考虑参与研究可能带来的后果，并采取措施保护有助于研究的那些人的利益。

第一，需要确保研究不会给参与者带来任何身体伤害。在某些研究中，需要谨慎考虑参与者的人身安全，预测见面的时间/地点、往返差旅可能带来的威胁，甚至要预测是否会有人感觉参与者参与研究或者透露信息会给他们带来威胁，并因此对参与者进行报复。这种可能性看起来很遥远，但是研究者有责任预测这样的风险，避免任何形式的身体伤害。

第二,需要注意避免研究带来的心理伤害。任何有可能带来创伤、压力或者其他心理伤害的研究都可以被认为是不符合伦理规范的。因此研究者需要预测自己的研究是否会让人感到受侵犯,是否涉及敏感话题,或者是否威胁到参与者的信仰,因为这些都是可能引起心理伤害的因素。

第三,参与者不应该因为透露研究要收集的信息而遭受任何个人伤害。透露个人信息可能令参与者感到尴尬,根据信息的类型不同,透露信息也有可能造成经济损失,甚至如果透露信息引起了相关部门(比如雇主、税务局、社保审查员、警察、消费者、海关官员)的注意,可能导致针对参与者的法律诉讼。因此,广泛的共识是研究者需要保护参与者的利益,保证对他们提供的信息进行保密。在发表研究结果的时候需要小心,不要泄露为研究发现作贡献之人的个人身份。

第四,参与者应该能够从研究结果中获益。这并不意味着每个参与者都能马上从参与研究中获益,而是从原则上来说,一个像他们一样的人可能会在未来某个时间点上因研究而获益。这里的理由是参与者不是"小白鼠",他们的价值不只在于提供数据。他们愿意付出时间和精力,在医学研究中愿意让自己冒风险,理应获得一些收获。这个收获不是金钱,而是对像他们一样的人有所帮助。这来自"获益"这项伦理原则,这项原则表明,针对人的研究总是应该"有利于人",而不能漫无目的地进行研究或者心怀恶意地进行研究。

第五,与第四点有关的是,参与者应该在参与研究时得到公正和均等的对待,不应该因为不公正或者无关因素而把人加入研究或者排除在外。这样做不只是为了获得有代表性的样本,它也是一个伦理观点,其理由是,任何与研究有关的好处或者风险,都应该均等地分布在相关人身上。在医学研究中很容易理解这一点,正如格尔达克尔(Goldacre, 2012)所说,如果艾滋病疫苗试验取得的任何突破性进展,其获益者都是西方富裕国家的居民,而风险都是那些负担不起新的突破性疫苗的人承担的,那么在非洲进行这种试验就是不公正的。在社会研究中,这个原则的意思是,研究者需要保证研究设计没有歧视,若存在歧视,则受歧视者可能需要通过参与研究发出自己的声音,表达自己的利益诉求。出于伦理考虑,研究设计应该保证代表了所有相关人群的利益,包括底层的、弱小的、弱势的和少数群体。

**小贴士:保护参与者的利益**

研究者应该:

- 预测任何可能给参与者个人安全带来的威胁,采取措施避免发生这些情况;
- 尊重参与者的隐私和敏感,收集数据时避免不应有的干扰;
- 对研究中所有获得的信息进行保密处理,不要向其他参与者或者其他与研究无关的人泄露这些信息;
- 在任何与研究有关的出版物中保证个人和组织的匿名——除非参与者明确(书面)说明同意署名;
- 保证参与研究可能带来的收益与风险在相关人群中的分布是公正和均等的。

### 原则 2:参与应该是自愿和知情的

不能强迫或者胁迫人参与研究。参与者参与研究必须是自愿的,他们必须获得有关研究的充分信息,依此作出判断是否要参与研究,这些是"知情同意"的前提。尤其是收集敏感信息时,需要获得参与者的知情同意。不仅如此,研究者往往还要获得书面形式的知情同意。当知情同意写下来,它就正式记录了与参与者达成的协定,表明他们愿意参加研究,以及已经了解研究的性质。这保护了研究者免受可能的指控,比如在招募人参与研究时有不规范行为。

**小贴士:知情同意**

为了获得参与者的知情同意,研究者需要:

- 说清楚参与是自愿的;
- 为参与者提供有关研究的充分信息;
- 具体说明参与者需要作出什么承诺。

使用同意书(见下面的模板)是确认参与者知情同意的正式方式。

### 无法获得书面同意怎么办?

对于某些研究项目,有时候可能无法获得所有被研究者的同意书。有关足球比赛中群体行为的研究或者对艺术画廊参观者的观察,这些显然是无法让所有人填写同意书的案例。还有其他情况,获得书面同意是不可行的,或者根本就是没有必要的。比如说,在大街上找人询问一些有关消费习惯的问题,可能不需要填写同意书。在这种情况下,被研究者会有一些默认的同意。同意回答问题就清楚地表明他们的参与是自愿的,因为参与者参与这种研究是相对"低风险"的,这种情况下,"口头同意"就足够了。专业协会的行为准则一般认可这样的做法,也会说明有关书面同意的普遍规则允许有例外情况。一般来说,没有书面同意,研究者收集数据也不会产生伦理问题的条件有:

- 数据收集的形式不会给受访者带来太多个人风险;
- 获得这样的同意书并不现实。

### 原则 3:研究者应该用公开和诚实的方式开展研究

研究者应该避免欺骗,或者在进行研究时误导参与者。研究者应该公开和清楚地说明自己在做什么——让人们知道他们是研究者,想要为某个特定话题的研究收集数据。另外,他们应该告诉参与者研究性质的真相,以及参与者在研究中的真实角色。

**小贴士:开展研究的公开性**

研究者应该:

- 对研究的目的和要收集的数据性质进行简要的概括。这些内容不要超过一页纸,不要包含术语,这样潜在的参与者和其他可能对研究有兴趣的人能够清楚地理解研究的目的;
- 在有可能的情况下,为项目开发一个网站,这样有兴趣的人都可以看到有关项目的信息。主页可以设置链接,为想要了解更多情况的人提供有关研究者的更多信息(资历和经验),以及项目背景的更多细节。

研究者还应该遵循“科学正直”的原则。这意味着，在实践中研究者应该在对待数据和其他研究者时保持专业和诚实的最高水准。首先，工作时遵循伦理规则意味着尽可能用客观和诚实的方式收集和分析数据。研究者不应该为了得出符合研究资助者需求的研究发现而影响自己的研究，也不能让个人喜好和想法影响了自己的判断，应该用客观和冷静的方式解释研究发现，应该做到公正和无偏。第二，研究者应该承认其他人对研究的贡献，不能剽窃他人的研究。研究者肯定需要“使用”其他人的研究——不管是发展还是批评——但在使用时，应该明确告知其他研究的来源。

“科学正直”还包含了研究者要承担的两个义务。第一，研究者应该有适当的经验和能力来做研究。如果没有经验和能力，参与者可能受到伤害。看一下医学研究，就容易理解这背后的原因。社会研究也一样，伦理委员会会确保研究者只做自己有资格做的研究，保证他们的经验足够承担这项研究。第二，正如我们已经注意到的，研究者不应该进行无关紧要或者异想天开的研究，或者进行那些从科学的角度来看无法得出有价值结果的研究。这些观点背后的原则是，参与者不应该冒着受伤害或者不方便的风险，参与那些可能没什么好处的研究。这是“获益”的原则。

**小贴士：开展研究的诚实与正直**

研究者应该：

- 避免在对待参与者时进行欺骗或者误导；
- 对研究发现进行公正和无偏的解释；
- 对所有资助和与研究有关的既得利益进行明确说明；
- 避免剽窃他人研究；
- 具备开展研究的必要技术和经验；
- 表明研究能够带来真正的好处。

### 如果有些欺骗是必要的怎么办？

有时候研究者没办法对受访者完全公开和诚实，这样做会让已经开始进行的研究泡汤,或者参与者的反应会影响研究结果。比如说,如果被试事先知道研究者在研究什么,很多心理学实验都会失败,估计有3/4的心理学实验都会给参与者提供误导信息,让他们不知道实验的真正目的是什么。同样,一些类型的民族志研究包含田野工作,研究者需要伪装自己的真实角色,因为如果人们知道了研究者正在进行研究,他们就会用反常方式行动,情境的“自然性”就遭到了破坏。

如果有些类型的欺骗是必要的,研究者就面临一个伦理的两难困境:从好的研究设计的角度来说,欺骗被视为是必要的,但是从研究伦理的角度来看,这样的欺骗是不好的。专业委员会发布的行为准则一般会说明,在特定的情况下,研究者要保证这些欺骗是达到研究目的所必要的。而这样的情况需要被视为规则的例外——只能根据具体研究的具体情况来判断。以下情况一般是可以接受的:

- 研究者提供清楚的说明,证明为什么欺骗是重要的,为什么没有其他合适的替代方案让研究者可以告知研究的性质。
- 研究者设置“事后询问”环节,在事情结束之后,让参与者知道研究的真实性质,以及为什么一开始不能告知。

### 原则4:研究应遵循当地的法律

研究者不能凌驾于法律之上,也不能把自己置于法律之外。当然,在法律范围内行事并不能保证行为是遵循伦理规则的。实际上,研究者的很多行为有可能是完全合法的,但在做研究的时候,这种行为可能被视为完全不符合伦理规范。也有可能一个研究者在做符合伦理规则的事,但是他的行为违反了法律。比如一个调查记者,他要使用不道德的方法来曝光一个腐败的或者有组织的犯罪事件,一个社会研究者有可能为了躲过法律的限制而做同样的事。但是,除了非常有经验的研究者,这种做法对谁来说都是危险的,对项目研究者来说,这是最不建议的做法。大部分研究伦理准则都对此有十分清楚的说明:社会研究者应该遵守当地的法律。

要记住,有一些法律与社会研究者尤其相关。首先,有一些法律限定了可研究的话题。在一些领域,任何研究项目的性质对法律规定来说都是“越界的”，因此项目研究者应该十分清楚这些领域的范围。明显的例子是，研究者参与有关恐怖主义、贩毒、恋童癖、卖淫或者色情的经验研究，很容易在无意间就违反了法律。其次，有一些类型的数据收集可能会违法。研究者需要考虑到有一些数据保护法，包括禁止黑客攻击电脑的法律，禁止欺诈的法律，版权法，这些都限定了哪些方法是收集数据的合法手段。数据保护法也对研究者存储数据的方式和个人数据能在多大程度上分发给没有真正参与研究的第三方有约束力(参见下文)。

参见“数据保护”，第 335 页

**小贴士：遵守法律**

为了让自己遵循法律，研究者应该：

避免研究敏感性话题，在这些问题上收集数据和分析数据的方法可能导致违法；

小心与数据所有权、知识产权和版权相关的问题；

采取合适的措施保证数据的私密性和安全性。

## 书面知情同意书

正如我们所见，“知情同意”是研究伦理的基石。基本上来说，所有参与研究的人都应该知道他们同意做的是什么事。但是也有例外，有时候同意是默认的而不是明说的。但是如果研究者可以获得更为正式的知情同意，标准的做法是使用“同意书”。这种同意书可以完成两件事。首先，它为可能的参与者提供有关研究和他们参与情况的充足信息，让他们在知情的情况下做出决定。其次，它为研究者提供了书面证明，证明参与者同意参加研究——书面同意。同意书的长度和细节根据研究的性质会有所不同，但是一般来说都包括以下几个部分。

### 研究者的身份

参与者有权知道研究者是谁，怎么能够联系到研究者。因此同意书应该包括：

- 研究者的姓名；
- 能够联系到的地址和其他联系方式；
- 如果适用，还要包括研究的赞助机构的名称。

### 有关研究的信息

需要有一个声明，提供足够的细节让参与者明白研究大概的目的、方法和预期结果。这一点必须很简要，因为参与者一般不想花太多时间看很多页的细节。一些研究者把信息放在单独的一页上，可以留给将来涉及的参与者。其他情况下，声明也会限制在几句话之内，放在同意书中。不管是哪种方式，参与者需要知道有关以下方面的大致信息：

- 研究什么；
- 怎么研究；
- 谁在资助研究(如果有的话)；
- 研究能带来什么好处。

### 期望参与者做什么

知情同意假定了参与者事先知道研究者期望他们做什么，他们可能因此获得什么奖励(如果有的话)。他们需要知道是否要参加访谈，参加实验室实验，或者完成问卷。应该给他们一些说明，大概需要多长时间。他们可能还需要知道研究者是否会支付产生的费用，他们是否会收到一些报酬或者其他形式的奖励(比如免费的研究报告)。所以知情同意书应该具体说明：

- 为什么要选择他们进行研究；
- 参与者需要完成什么任务；
- 大概要花多长时间；
- 参与研究有什么普遍的好处和具体的奖励。

### 收回同意的权利

签署同意书并不意味着在接下来的阶段中，如果参与者改变主意了，仍然有义务继续参加研究。同意书不是约束一个人必须协助进行研究的合同——这一点要在同意书中说清楚。参与者应该了解，只要愿意，他们有权在任何时候收回承诺。

### 数据的保密和安全

同意书需要包含研究者有关开展研究和处理数据的一些承诺。任何针对参加研究达成的同意，其前提都应该是了解研究者会使用哪些伦理准则，以及会采取什么措施保证数据安全，保护参与者免受个人信息的泄露。这些保证包括：

- 说明研究过程将使用哪个专业协会的伦理准则；
- 将采用哪些安全措施保证数据的保密性；
- 数据的匿名性如何保证（如果适用）。

### 所有权和数据使用

对研究者来说，谨慎的做法是获得参与者的正式许可，允许研究者使用参与者提供的信息、所说的话来完成学术研究和发表与项目有关的内容。

### 参与者的签名和日期

这个签名相当于一个声明，说明参与者已经被告知研究的要求，理解了涉及的事项（比如，“我已经阅读并理解了有关研究的细节，同意参加项目。签名……”）。

### 研究者的签名和日期

好的例子是，研究者与参与者都在同意书上签字，这就有效地表明了研究者关于协议的承诺。

## 数据保护

计算机可以存储和处理大量的量化信息，再加上互联网发展带来的进一步刺激,大多数社会都有数据保护法,目的是保护公众的个人数据免受不道德的收集和使用。和许多国家一样,英国的人权法和信息自由法对不正当地使用数据有一定的控制,但是主要与其相关的法律还是数据保护法案(1988)。这个法律与个人数据有关——个人数据包括个人详细信息,通过这些信息人们可以辨识活着的个体——涉及所有"相关文档系统"中的数据。这既包括纸质的记录,也包括计算机文件,如果这些计算机文件是被系统地保存的话。

数据保护法案指出,任何存储这些数据的人都是"数据控制者",他有三方面的责任。第一,数据控制者必须"告知"信息委员会办公室他们持有的是何种类型的数据,用于什么目的以及谁会拿到这些数据。这些信息能够给信息委员会办公室提供一个全国地图,包括持有什么数据,谁持有数据,这些数据如何使用。第二,数据控制者有责任保证数据的安全,保证数据的准确性和更新数据。法律的目的是保证有关个人的数据能够得到妥善的处理,相关的组织能够采取措施保证其数据库中的信息是准确的。第三,数据控制者有责任保证,如果有人申请查看他们持有的数据,这些人可以获得数据。从公民自由的观点来看,这是法律的关键方面:它让每个公民了解自己的什么信息被他人持有,如果有必要,他们可以对数据的效度提出质疑。

### 对小规模研究的启示

粗略地看可能会觉得,社会研究者为了遵守法律需要告知信息委员会办公室(在英国以外是其他相当于该机构的管理机构)有关他们持有的数据的情况。但是在现实中,一般不是这样——尤其是对于为了完成大学课程而进行小规模社会研究的人来说。原因有三点:

第一,法案不适用于匿名的或者聚合的数据。因为无法从研究者持有的数据中辨识个体,匿名的过程也是不可逆的,因此数据不是"个人的"。记住这一点,研究者可能要问自己,是否真的需要在他们的数据库中放置个人身份信息。把个人信息细节(姓名、地址、电话号码和电子邮箱地址等)与每个参与者的数据建立直接联系,这是否重要?如果不是,那么就应该确保数据是匿名的。

第二，如果研究者在一个大型机构中开展研究，那么这个机构本身可能会进行“声明”，这个声明已经包括了个体研究者的活动，因为个体研究者是与该机构一起工作，或者是为该机构工作的。大学里的学生和教职工一般属于这种情况，尤其是为了学术论文和课程作业而进行的研究。

第三，法案包含了一系列的免责，意味着某些类型的组织持有的某些类型的数据不需要“告知”信息委员会办公室。“只为研究、统计或者历史目的而收集的个人数据”就是其中一类。

因此在实践中，英国的小规模社会研究个体研究者一般不需要告知信息委员会办公室有关数据持有的情况。

## 数据保护原则

尽管小规模研究者可能不需要正式地告知信息委员会办公室有关数据持有的情况，但是这不意味着法案只是简单的“不适用”，也不意味着通过法案确立的数据保护标准可以被忽视。重要的是研究者要认识到法律规定了有关数据保护的一些基本原则，有效地确立了好的实践标杆，因此，存储和传播个人数据时应该以此为准绳。为了达到这些标准，社会研究者应该：

- 用公正和合法的方式收集和处理数据。研究者有义务在收集数据的时候严格遵守法律，同样的，也要避免为了得到信息进行欺诈和耍花招。
- 只为了最初的具体目的使用数据。为了一个目的收集数据，然后为了其他没有在收集数据时说明的目的使用数据，这是不合法的。
- 只收集实际需要的数据。研究者不应该收集大量的数据，然后期望其中一些可能会在将来用得到，数据收集应该定位在研究项目当下的实际需要上。
- 确保数据是准确的。与其他数据收集者一样，研究者有责任保证他们持有的数据是准确的，在合适的时候还应该更新数据。
- 只在有必要的时候保存数据。尽管研究者不需要在某个给定的时间点擦除数据，但法律确实规定了一个原则，即数据应该是为了使用而保存而不是仅仅为了积累而保存。很明显,在研究中保留数据用作将来的对比和检查是有实际价值的,对于大型项目来说,一般规定所有数据必须在项目完成之后再保留一个最短的时间段(根据数据的性质,2—10 年不等)。

- 保证数据安全。重要的是,应该保证数据的安全。考虑到数据的敏感性,需要采用合适的措施避免数据丢失或者被盗。对于电脑上的数据,应该使用合适的密码或者加密,防止非授权之人接触数据。对于纸质文档,应该锁起来。
- 控制数据的散布。研究者为了特定的研究目的把数据副本给其他研究者是合法的,但是不应该把数据给可能会把它用于其他目的的第三方。
- 如果有可能,对数据进行匿名处理。研究者应该考虑是否有必要收集可识别个人身份的信息,因为匿名信息在法律中是免责的,匿名的数据让人无法追踪到任何特定的个人。

## 伦理与互联网研究

基于互联网的研究与其他研究一样要遵循研究伦理的原则,但是有一些问题引起了特别的注意。互联网研究面临的新挑战已经引起了大量的关注,比如知情同意、隐私和欺骗、保密和合法性(比如 McKee and Porter, 2009; Heider and Massanari, 2012; Farrimond, 2013; Ess, 2014)。

### 知情同意和"互联网调查"

如果互联网研究采用的是调查、问卷或者访谈的方式,那么知情同意和匿名的问题仍要沿用传统研究的方式处理,因为研究者的角色是明确的,可以用公开和相对容易的方式获得受访者的同意。研究者可以通过电子邮件把研究大纲发给受访者,或者在论坛和聊天室里,信息和同意书的细节可以在研究开始之前以公告的方式张贴出来。

确认可能成为参与者的人已经阅读并且理解了这些信息,这是很困难的。一种可能性是要求人们把电子邮件、附件、公告或者含有信息的网页发回给研究者，用这种方法来确认他们阅读和理解了这些内容，并且同意参加研究。如果是通过电子邮件或者网页的方式发回信息，同意书可以包含单选项目（是/否），让可能成为参与者的人确认他们是否愿意参加——尽管这不如正式的签名，但是可以代替签名，至少可以表示他们同意参加这个研究项目，而且这个项目的细节信息他们是可以了解的。还有一种方法，对于已经联系过的人，可以要求他们下载同意书并打印出来，签名然后通过普通邮件寄回给研究者。这是更为可靠的知情同意书，但是对于潜在的参与者来说，需要花费更多精力，因此可能成为阻碍他们同意参与研究的因素。

对于有意或者因为其他原因涉及儿童和年轻人的研究，应该特别留意。根据大多数研究行为准则，这样的研究需要获得父母或者具有相当于父母监护权的人的许可，互联网研究与传统数据收集方法一样，都适用于这条准则。尽管很难确定互联网上的联系人年龄是多大，但研究者仍应该：

- 尽其所能辨识所有年龄可能小于 16 岁的应答者；
- 如果可以，代表这些年轻人征得父母（或者相当之人）的许可；
- 遵守与儿童和年轻人相关的国家有关法律。

### 隐私和使用“在线文档”

涉及在线文档的互联网研究会引起隐私方面的有趣问题。这样的研究聚焦于放在网上的各种文本和图像——但是这些文本和图像并不是为了做研究才产生的。把这些材料放在互联网的动机可能是商业的、政治的、宗教的或者个人的，它们呈现的形式可能是网页、博客、讨论论坛或者社交网站上的信息。但是，关键点在于不管它们出现在哪、以什么形式出现，它们都不是为了成为研究数据而出现的。

是否要获得使用这些材料的同意，取决于材料原本是用于公开的还是私人的沟通。如果材料原本是用于公共消费，想要获得广泛的受众，那么在将它们用作研究项目数据时，一般不需要获得同意。因为它是公共领域里发表的作品，公司网站、在线杂志、推特和类似内容的分析都属于此列。在使用更为私人的材料时,情况就比较模糊了。比如,论坛的讨论可能是给特定的在线社群看的,在社交网站上说的话可能是给小圈子的"朋友"看的。从伦理的角度来说,研究者需要考虑作者在多大程度上想要他说的话用于不受限制的公共消费,材料的内容在多大程度上是个人化的。沟通越是个人和隐私,研究者越应该在使用该材料前作为研究数据之前获得同意。

### 欺骗和对在线社群的研究

涉及在线社群作为参与者的互联网研究可能产生研究者欺骗的问题。如果研究者表明加入群体的原因,公开征得群体成员的参与同意,就不存在这样的问题。但是,在线社群的性质意味着,研究者常常不需要公开声明自己的存在,就可以进行隐蔽的研究和观察社群的工作。这样研究者可以隐身,不表明自己的存在,秘密地监视和记录事件。这让研究者可以进入聊天室,用"潜伏"而不是加入群体的方式观察聊天记录。研究者可以阅读公告板上张贴的内容,可以在不干扰事件自然进程的前提下进行观察。

问题在于,这是一种欺骗吗?互联网研究者在道德上有义务声明自己的存在、公开观察的目的吗?从研究伦理的角度上来说可能是"有"。但是,有人可能会说这些渠道提供的信息已经被提供者公开了,研究者就不需要揭示研究活动的存在了,也不需要从成为研究对象的人那里获得同意。因为可以把这些信息理解为"公开的",一些互联网研究者(Denzin, 1999)在研究时选择了不说明自己的身份以及自己在做什么,在这种情况下,他们认为不获得许可就可以把张贴出来的东西作为研究数据。所有打算做这样的互联网研究的研究者需要意识到有这种不同的看法,应该在这个问题上明确说明自己持有的立场。

除了不表明自己的存在,互联网还使研究者使用化名和假身份(网名)开展研究变得相对容易。研究者因此可以回避问题,对于自己是谁,为什么想要加入群体的在线互动不需要做到完全诚实,因此可以在不破坏成员互动自然性的前提下更积极地参与沟通。但这只是欺骗吗?这种欺骗符合伦理原则的吗?与其他研究一样,可能有些时候研究者会说一定程度的欺骗是不可避免的;这些时候表露研究活动的存在是无益的,因为这样做可能损害研究目的。好的例子是格拉泽等人(Glaser et al., 2002)的研究,他们从与白人种族主义者群体有关的聊天室里收集数据。他们想要知道什么类型的事件或者环境会触发这些人主张对少数族群实施身体暴力,他们通过这些聊天室对 38 个参与者进行了隐蔽的半结构化访谈。这个问题的敏感性决定了他们没有获得知情同意。他们认为种族主义者看起来"[在网上]非常自由地表达自己的观点,至少与那些他们认为观点相似的人互动时是这样"(p.181),如果表露了研究者的身份和研究目的,就可能影响这种讨论的公开性。在这个例子中,他们可以获得相关(耶鲁大学)伦理委员会的批准,理由是:

- 应答者的讲话是在公共平台上进行的,这种讲话对于聊天室来说是很平常的,因此也是自然发生的数据;
- 对于在开展的研究来说,欺骗是绝对必要的;
- 应答者的身份得到了很谨慎的保护。

### 保密

使用互联网的研究者保证应答者的贡献是隐私的,不会追查到提供信息的人,这是很困难的,甚至可以说是不可能的。尽管个人和组织努力保护互联网交流来源的匿名性,尽管可以进行加密,但事实是,只要政府和安全机构想要追踪任何类型的互联网交流,它们就有权力和能力这样做。因此,研究者在承诺自己无法保证的事时应该小心,还应该想一下声称通过互联网获得的数据会被保密的时候,是否要说明以上这种情况,但是仍要向应答者确认会采取所有合理的预防措施,避免应答者身份的泄露。

### 法律

我们可以看到,国与国之间的法律是不同的,也可以看到它们为了回应互联网的广泛传播而不断地变化。曼恩和斯图尔特(Mann and Stewart, 2000)认为,鉴于这种不确定性,研究者最好对参与者进行清楚的说明,进行的研究遵循的是哪个国家的法律制度——一般是研究者所属国家的法律。研究者想要进行跨国研究时,情况就会变得复杂——比如,英国、俄国和美国的大学之间的合作。但是,这样的复杂性不太会在小规模研究项目中出现。但是,普遍来说有三方面的法律可能影响到互联网研究,研究者在使用互联网收集数据时需要进行反思:

- 数据保护:应该根据相应的数据保护法律来收集、存储和使用数据。
- 版权:下载文本和图像很简单,但是使用文本和图像需要遵循与商标和知识产权有关的版权公约和法律。
- 敏感问题:在法律面前研究者没有特殊地位,在研究政治敏感或者涉及色情或恐怖主义的话题时,需要特别注意。

## 总结

研究者开展研究应该依据伦理标准,在法律边界内行事。对研究者的期望体现在研究过程的四个不同阶段。

在计划阶段,研究者需要获得伦理委员会的批准。任何经验研究开展之前,研究计划一般都要经过具有相关经验和专业知识的人审查,查看研究者是否使用了合适的措施使研究满足伦理标准的要求。

在数据收集阶段,研究者需要小心确保参与者不受伤害。对研究带来的潜在风险、可能危险和不想发生的副作用,应该提前预测以及通过研究设计规避。尽管如此,数据收集过程还是需要对事件进行持续性的监测,避免无法预测的情况给参与者带来伤害。

在数据分析阶段,需要秉持正直和高度的专业标准。研究者分析数据的方式应该是诚实的,必须避免任何试图操控数据或者用有偏见的方式处理数据的行为,这也意味着应该小心不要剽窃其他研究者的作品。

在传播阶段,需要考虑研究发现出版的影响。可能对参与者形成的伤害不局限于取得信息的数据收集阶段,在社会研究中,对信息的处理更有可能引起伤害。因此,研究者需要特别关注数据安全问题,并对数据进行保密处理;出版研究发现时需要考虑可能会让那些为研究发现做出贡献的人的生活受到什么影响。

# 补充阅读

Farrimond, H. (2013). *Doing Ethical Research*. Basingstoke: Palgrave Macmillan.

Israel, M. and Hay, I. (2006). *Research Ethics for Social Scientists: Between Ethical Conduct and Regulatory Compliance*. London: Sage.

Oliver, P. (2010). *The Student's Guide to Research Ethics*, 2nd edn. Maidenhead: Open University Press.

Wiles, R. (2013). *What Are Qualitative Research Ethics?* London: Bloomsbury.

**研究伦理自测表**

在考虑研究伦理时,你应该对下面这些问题有信心回答"是": ☑

1. 是否会事先从伦理委员会那里得到研究许可,或者已经获得了? ☐
2. 研究是否会遵循具体的(指出名称)研究伦理准则? ☐
3. 是否会取得参与者的知情同意? 如果不会,是否可以用研究的性质说明理由? ☐
4. 是否会采取合理的步骤保证数据的安全? ☐
5. 收集数据的过程是否:
   - 避免给参与者带来伤害、压力或者精神不安? ☐
   - 尊重个人隐私,避免不当的干扰? ☐
6. 参与者的利益是否通过以下方式得到保护:
   - 保持信息的保密性? ☐
   - 保护他们的匿名性? ☐
7. 选择参与者的过程是否保证了利益和风险公正且均等的分布于相关的群体? ☐
8. 研究是否会避免欺骗? 如果不会,是否可以用研究的性质说明理由? ☐
9. 收集数据是否只使用合法和被认可的方式? ☐
10. 研究是否会以诚实、客观和无偏的方式秉持了专业正直? ☐
11. 研究是否会尊重开展研究所在社会的价值观和文化规范? ☐
12. 是否考虑了出版研究发现可能会让那些给研究做贡献的人受到什么影响? ☐

# 第18章 研究报告

研究报告的结构 · 撰写质化研究报告 · 研究方法的部分 · 参考文献 · 写作风格指导 · 呈现方式指导 · 为受众而写 · 对研究进行说明 · 补充阅读 · 撰写研究报告的自测表

只有把目的、方法和研究发现用某种形式的研究报告(比如论文、毕业论文或者文章)写出来,研究才算完成。这样的报告很重要,因为研究的目的是为知识作贡献,这就意味着研究项目获得的发现需要在广泛地进行发布、传播和讨论,而不是成为隐私。必须承认,一些军事研究和有关商业敏感话题的研究,可能需要特别花功夫保密,但是这些例子应该被视作普遍规则的例外。这里的道德普遍规则是指,研究发现应该公开,让其他研究者可以进行审核。

但是,写研究报告并不是简单和机械地"写出"发生了什么,它需要一定的写作技巧,这样才能用让报告的受众群体感到有趣和可理解的方式呈现研究的细节。报告还需要遵守一定的惯例,采用的写作方式要让那些将对作品进行评价的人容易辨认。因此,这一章基于好的研究报告使用的相关惯例和写作风格,提供了一些指导。

## 研究报告的结构

图 18.1 是一个常用的研究报告结构。其中,呈现材料的顺序,甚

至使用的标题，都遵循一个常用的模式——这个模式主要源于用逻辑的顺序呈现信息的需求，每一个部分都是基于前面部分提供的信息。

报告研究的常用结构把材料分成三部分：预备部分、主要内容和结尾部分。对于一本完整的著作、一本博士论文、一篇简要的杂志文章或者工作场所进行的项目，都是这样。

**预备部分**
- 题目
- 摘要
- 关键词
- 目录
- 图表目录
- 前言
- 致谢
- 缩写词列表

**主要内容**
- 介绍
- 文献综述
- 研究方法
- 研究发现
- 分析和讨论
- 总结和建议

**结尾部分**
- 附录
- 注释
- 参考文献
- 索引

图 18.1　研究报告的结构

## 预备部分

- 题目。题目本身需要准确地说明作品的内容，并且说明需要相对简要。同时满足这两条的做法是写一个由两部分组成的题目：标题和副标题。第一部分作为主标题，对研究的领域进行宽泛的描述。第二部分增加细节，比如说，“民族与友谊：小学课堂的社会经济研究和田野观察对比”。
- 摘要。摘要是一个研究的概要，它的目的是提供一个简要的概述，这个概述可以广泛传播，让其他人看到并大概了解，看看是否与自己的需要吻合，是否值得一路追踪阅读全文。摘要的长度一般是 250—300 个词，放在单独一页上。
- 关键词。研究者一般需要找出不超过五个的“关键词”，这些词是“标识符”——它们抓住了报告内容的本质，必要时可以把它们合并成两个或者三个词语。比如说，“雇员动机”可以用作关键词，它指代了一个任何其他词语无法指代的概念。而且，在进行参考书目检索时需要关键词。
- 目录。根据内容需要，目录可以只包括章标题和起始页码，也可以是更完整的目录，包括报告主要部分的内容细节，比如说标题和副标题。
- 图表目录。需要列出众多图表的标题及其来源。

- 前言。前言让研究者有机会进行个人陈述,说明研究的缘起和对于研究者的意义。鉴于“个人”在研究过程中的重要性,前言在研究报告中提供了一个有价值的空间,尽管很简要,但可以通过它探索研究是如何反映了研究者的个人经验与生平。
- 致谢。在这部分,可以对那些帮助做研究的人表示感谢。包括田野工作中充当“守门人”的人、学术导师,以及在研究报告的草稿阶段给予评语的人。
- 缩写词列表。如果报告的性质决定了文中要用很多缩写词,这些缩写词应该列出来,一般按照字母排序,对照它们代表的全称。

## 主要内容

主要内容一般被分成两部分。在一个很长的作品中,各个部分列为章,在较短的报告中,各个部分用标题表示。无论哪种情况,一般按照以下顺序呈现。

- 介绍。为什么要做研究,需要对此有所介绍。大多数情况下这是自成一体的部分或者章,但是也可以用其他方式。重要的是要认识到,一开始读者需要了解一些相关信息:

  ——作品的背景(关于重要议题、问题、想法);

  ——研究的目的;

  ——使用的关键定义和概念;

  ——在很长的作品中可以选择性地对报告进行概述(描绘主要内容)。
- 文献综述。这可以作为“介绍”的一部分或者作为单独的一章或一部分。无论怎样,关键在于报告的早期阶段要有一个回顾,说明在这个研究问题上已经存在哪些材料。现在的研究应该基于已有的知识,而不是“重复劳动”。文献综述应该显示要报告的研究怎么与之前的研究产生联系,如果可能,还要指出之前的研究如何形成了本研究讨论的特定议题、问题和想法。
- 研究方法。分析了相关话题的现有知识后,接着就应该描述一下研究方法。参见“研究方法部分”(下文),那里有更多指南说明应该如何做。

- 研究发现。在这里研究者呈现相关的发现。这个阶段的想法是要描述研究发现,而不是马上开始讨论这些发现能够告诉我们什么。第一步:让我们先看一下发现了什么。
- 分析和讨论。报告的这部分是对研究发现进行分析,对研究发现进行回顾和审视,看看它们意味着什么。接着就是讨论,讨论是与之前报告中作为背景提出的理论和想法、议题和问题相联系的。通过超越当前的研究,考虑它带来的启示,研究者"阐述研究发现的意义"所在。
- 总结和建议。最后,在主要内容中,研究者需要把整个研究串起来,得出一些普遍性的结论,也许还要提出一些展望,不能让研究虎头蛇尾地收场,报告的这部分应该是有建设性的、积极的。它可以包括以下内容:

  ——对研究和它的贡献进行回溯性评价;

  ——提出改进情况的建议、指导或者实践准则;

  ——指出进一步研究的新方向。

## 结尾部分

- 附录。有些材料太长不便放在正文中,有些材料与正文内容直接相关,但如果放在正文中就会冲淡主题,这些材料放在附录中。附录中一般包含的典型项目包括:

  ——扩展的数据表格;

  ——调查中用的问卷;

  ——访谈转录的摘录;

  ——会议备忘录或者记录;

  ——技术规格。
- 参考文献。正文引用的材料来源列在报告的这个部分,参见下文的参考文献指南。
- 索引。提供索引一般限于大型报告和书籍,而一个项目研究者的报告不太可能需要索引。

## 撰写质化研究报告

对于质化研究者来说,用“研究方法”“研究发现”“讨论”和“结论”呈现研究,看起来似乎不合适,也不符合研究实际发生的情况。这样的标题更符合实验和调查类型的研究设计和研究过程,而不太符合民族志或扎根理论类型的研究设计和研究过程。但是,质化研究者并不是要完全拒绝传统的标题,他们可以根据自己的目的对这些标题进行改编,并从中受益。研究者可能没办法借助这些标题忠实地描述研究过程中实际发生的事情,但是它们在以下的方面还是为研究者提供了呈现研究的方法:

- 提及了关键议题;
- 有逻辑的顺序;
- 对于来自非社会科学传统的人来说,看起来很舒服。

参见“呈现质化数据”,第 310 页

## 研究方法的部分

研究报告一般包括对收集数据的方法的描述。在大型作品中,这部分是单独的章。在较短的报告和文章中,它一般是在“研究方法”这个标题下,或者用一两段话进行说明。这种对研究方法的说明很重要,能让读者了解如何评价研究。基本上来说,如果不告诉读者如何收集数据,为什么这样收集数据,读者就没办法判断研究是好是坏,研究得出的发现或者结论是否可靠。

在空间允许的情况下,研究方法的部分应该完成三件事:(1) 描述研究是怎么开展的;(2) 说明这样安排的理由;(3) 说明使用的方法有何局限。

### 描述研究是怎么开展的

需要使用具体而准确的数字和日期,给出精确的细节。这些细节包括收集数据过程中的基本问题,比如:

- 使用了什么方法(技术的名称)?
- 什么时候进行的研究(年月、时长)?
- 在哪里进行的研究(地点、情境)?
- 如何获取了数据或者研究对象?
- 谁参与了研究(总体、样本、个案、例子)?
- 多少人参与了研究(精确的数字)?
- 如何选择了这些人(抽样技术)?

### 说明这样安排的理由

需要说明原因,支持自己对方法的选择。应该说明所选择的方法:

- 就资源和时间的可行性来说是合理的;
- 就收集到必需的数据类型来说是可信的和合适的;
- 就被研究的议题、问题或者疑问来说是合适的,可以产生有效的数据;
- 遵循伦理标准。

### 说明使用的方法有何局限

好的研究在方法论中既评价其长处,也评价其短处。研究者应该说明:

- 方法论本身的所有局限性;
- 基于所做的研究能够得出什么范围内的结论,不能得出什么范围的结论。
- 资源限制可能直接对研究发现的数量和种类产生影响的所有情况;
- 对于答案的真实度、精确度或者诚实度的所有保留意见;
- 回溯其他方法可能更有用的情况;
- 研究中出现的所有预期之外但对结果有所影响的因素。

## 参考文献

说明研究报告中直接提到的想法、主张和支持证据的原始出处是很重要的,这些来源必须被“参考”。广泛来说有两种惯例可以用于参考文献:数字系统(比如说温哥华系统)或者作者—日期系统(比如哈佛系统)。数字系统是在文本中所有作者想要参考特定来源的地方放置数字,然后把参考文献放在书籍或者每章的后面,可以和尾注放在一起。但是,另一种系统,作者—日期系统在社会研究中使用的更多,所以本章会集中关注这种惯例的更多细节。

## 引用来源

在作者-日期系统中,通过引用相关作品的作者名字和出版日期来参考材料来源。在文中合适的地方放置引用——紧接在讨论中使用的想法、主张或者支持证据之后。为了避免文本杂乱,出版物的完整信息不在文中列出。在报告的最后才会给出完整信息,需要的读者可以看到关于作者和出版物的所有细节。作者—日期系统可以用以下方式进行引用:

- 贝克(Baker, 2014)认为共产主义的未来尚不明确。
- 有人认为共产主义的未来尚不明确(Baker, 2014)。
- 有人指出“很难说共产主义会在21世纪做出什么贡献”(Baker, 2014: 131)。

在研究报告结尾的参考文献部分,将会提供“Baker, 2014”的完整信息,研究中所有被引用作者的作品信息都在这里。对贝克来说,信息可能是这样的:

Baker, G. (2014). The future of communism in a globalised economy. *International Journal of Politics and Economics*, 25: 249 - 66.

## 列出参考文献

使用作者-日期系统的话,参考文献部分会包含研究报告中引用的作品的列表,这个列表的排序规则和包含内容为:(1) 按字母排序;(2) 根据作者的姓排序;(3) 包含所有引用的来源。另外列表只罗列报告中参考的材料,不包含其他可能相关但是没有被引用的作品。提供的信息要涵盖：

- 作者的名字和首字母。姓氏后面是名字或者首字母，如果是编著，那么应该在名字后面放“编”(ed.或者 eds.)。
- 出版日期。说明作品完成的时间，同时区别于同样作者的其他作品。
- 题目。书籍的题目用斜体，实词的首字母要大写。文章题目不用斜体，字母小写。
- 期刊名字(如果适用)。用斜体，并写出具体文章的期数、卷数和页码。
- 编著里面的章。如果材料是编著里面的内容，那么要列出整本书的细节(也就是，编者的名字、编著的题目)。
- 出版地。一般是出版商所在的城市。
- 出版商。这是针对书籍的要求，期刊不需要列出版商信息。
- 版本。如果作品是第二版或者更后面的版本，需要说明。

本书最后的参考文献部分可以作为例子，看看作者—日期系统是如何呈现引用材料的信息的。有关参考文献技术的更多指南可以从《美国心理学会出版手册》和图拉比安(Turabian，2013)的作者手册中获取。

**小贴士：使用参考文献软件**

软件包可以帮助研究者组织参考文献、在研究报告中引用材料。比如 Endnote、Mendeley、RefWorks、Reference Manager 和 Zotero 等软件包，帮助研究者按照任何需要的格式形成参考文献。

## 写作风格指导

撰写研究报告的惯例很像英语的书写规则。有经验的作家有时可能会打破规则，但前提假设是他们能意识到自己在打破规则，他们是为了一定的目的有意识地打破规则——为了达到特定的效果。但是没有经验的作家最好还是安全地严格遵守规则，研究报告也一样：除非你很有经验，不然更安全的做法还是遵循惯例。

- 使用第三人称

这意味着采用如下风格:“研究发放了 164 份问卷……;应答率是 46%……;研究发现表明……”论文和毕业论文等正式的报告尤其如此。这与使用第一人称不同,第一人称是:“我发放了 164 份问卷……;我收到……回应;从研究中我发现……”有时用第一人称写作的风格会在质化研究中出现,因为研究者很想强调个人参与和个人身份在收集和分析数据中的角色。或者在有限范围内发放的非正式报告中也会使用第一人称。但是,更常用的是第三人称。

- 使用过去式

在大部分地方,这个惯例对研究者来说不成问题,因为研究者是对过去发生的事进行思考。也有可能是现在的,但是当撰写研究报告提及这些事情的时候,它们就是已经完成或者发生的事情了。

## 呈现方式指导

对于论文和毕业论文,每个大学都有自己的具体规定和指南,对文本样式和参考文献系统等方面提出技术要求,出版商总是为作者提供指南,说明它们有关作品呈现方式的具体政策,这些要求必须遵守。但是,就普遍建议来说,研究报告应该:

- 保证拼写和语法的高标准。

也许这是很显而易见的,但是这个要求仍然要强调。拼写检查是文字处理软件的常用功能,可以用它来消除拼写错误,也可以用它来纠正错误的拼写。但是,研究者仍然要对文本进行审查,避免拼写检查器无法找出的文字错误;比如说有的地方把“an”打成了“at”。

- 从一个部分到下一个部分,过渡要有逻辑。

好的报告是带着读者开展一场发现之旅。旅程的路径应该是清晰的,永远不能让读者怀疑讨论或者关键主张论点的方向。讨论的逻辑应该步步为营,指向最终的结论。

- 使用标题和副标题,把文本分割成清楚的部分。

明智地使用标题和副标题把文本分成几块,让读者更容易理解整个报告，它们是路标。路标设置得太少，读者会迷路，设置得太多，读者会感到迷惑。因此，路标的成功取决于清晰和放对地方。

- 用统一的风格参考文献。

无论是使用作者-日期还是数字风格，应该在全报告使用同一种风格。要么使用这种，要么使用那种，不要混合使用两种。

- 小心使用页码样式。

呈现的视觉效果很重要，研究者应该考虑页面样式，使用段落、表格和插图增强报告的吸引力。

- 用合适的方式呈现表格和图形。

表格和图形应该用统一的风格呈现，并且给读者必要的信息来解读所含数据的意义。

参见“呈现数据：表格和图形”，第 278 页

## 为受众而写

研究报告需要为了目标受众的期望而量体裁衣。举个例子，为了取得学术资格而写的研究报告——一个本科项目、一篇硕士论文、一篇博士论文——会被导师和考官评价，他们会把细节、严格性、精确性、一致性和原创性作为优先考虑的因素。不同的受众可能会持有不同的期望。在委托研究中，受众可能更想读到一个让他们容易消化、实践性更强的简洁报告。所以，在写报告时，研究者必须仔细考虑谁会看这个报告，怎样才能最好地保证报告达到相应的水平。不同类型的受众与以下因素有关：

- 呈现的风格；
- 说明的详细程度和长度；
- 包含多少技术细节；
- 使用的术语。

**小贴士：达到读者的期望**

研究报告应该根据目标受众的期望和能力量体裁衣。

## 对研究进行说明

最后,一个值得记住的重要内容与研究报告的性质有关。在撰写研究报告时,很重要的是认识到研究者的任务不只是记录项目中发生了什么。写作实际上是一个很有技巧的过程,它把项目中发生的关键事件和决定留下来,在可行的空间限制内,向特定的受众描述和呈现这些内容。一个研究报告永远不可能是对发生之事进行逐字地描述。无论研究者多么的仔细,最终的成果——即使它是一篇论文或者毕业论文——总是一个被编辑了的对于研究的说明。原因有四点,首先,对于所发生之事的说明总是会受到现有空间的局限,这意味着研究者需要提供一个对总体情况进行编辑的版本。研究者需要决定说明中要包含哪些细节,哪些细节是不那么重要而可以忽略的。

第二,研究者要做编辑式的决定,而研究者想要呈现方法最好一面的想法会影响这个决定。研究者会很理性地呈现事件积极的一面,呈现过程中最好的部分。在不欺骗和作假的情况下,对研究的说明肯定会带有一定的积极筛选。毕竟,这可以证明这是一个"好"研究。

第三,尽管可以用研究笔记做标记说明研究过程中发生了什么,作品最终还是一个回溯性的版本。研究结束时回顾当时的情境和数据,会发现它们可能会与当时发生时的意义不同,而研究者可能会对它们进行事后解读。

第四,社会规范和个人价值观对我们解释事件的影响决定了,任何对研究的说明都会或多或少被视为是真相的一个版本,而不是对发生之事的逐字描述。在社会科学中,纯粹的客观立场是饱受争议的,一个研究者如果不经深思熟虑,就假设自己的解释是对真实发生事件的"客观的"描述,那是非常幼稚的。

## 补充阅读

Denscombe, M. (2012). *Research Proposals: A Practical Guide*. Maidenhead:

Open University Press.
Murray, N. and Hughes, G. (2008). *Writing Up Your University Assignments and Research Projects: A Practical Handbook*. Maidenhead: Open University Press.
Murray, R. (2013). *Writing for Academic Journals*, 3rd edn. Maidenhead: Open University Press.
Reid, M. (2012). *Report Writing*. Basingstoke: Palgrave Macmillan.
Turabian, K. (2013). *A Manual for Writers of Research Papers, Theses, and Dissertations*, 8th edn. Chicago, IL: University of Chicago Press.

**撰写研究报告的自测表**

在撰写研究报告时，你应该对下面这些问题有信心回答“是”： ☑

1. 报告是否有合适的结构和逻辑发展？ ☐
2. 书写文字是否使用了清晰的风格，没有拼写和语法错误？ ☐
3. 撰写研究报告时是否遵循了必要的惯例？ ☐
4. 报告（格式、风格、程度、详细程度）是否符合研究主要受众的期望？ ☐
5. 是否提供了对研究过程的详细和准确描述？ ☐
6. 是否根据需要的数据类型和研究的实践环境，说明了选择某种研究方法的理由？ ☐
7. 是否说明了研究方法的局限？ ☐
8. 参考文献是否完整，是否使用了某个被认可的风格（比如作者-日期系统）？ ☐
9. 是否给表格、图、插图和图形编制了合适的标签？ ☐

# 术语、人名译名对照表

| | |
|---|---|
| Access to data | 获得数据 |
| research settings | 研究情境 |
| documents | 文档 |
| gatekeepers | 守门人 |
| interviews | 访谈 |
| participant observation | 参与式观察 |
| Action research | 行动研究 |
| definition | 定义 |
| change | 改变 |
| cyclical process | 循环的过程 |
| emancipatory approach | 解放的方法 |
| ownership of the research | 研究的所有权 |
| participation | 参与 |
| practical action | 实践行动 |
| professional self-development | 专业自我发展 |
| Ahmed, S. | 艾哈迈德 |
| Alaszewski, A. | 阿拉斯切夫斯基 |
| Analysis of data | 分析数据 |
| action research | 行动研究 |
| documentary data | 文档数据 |
| ethnography | 民族志 |

| | |
|---|---|
| experiments | 实验 |
| grounded theory | 扎根理论 |
| using interviews | 使用访谈 |
| mixed methods | 混合方法 |
| observation | 观察 |
| phenomenology | 现象学 |
| qualitative data | 质化数据 |
| quantitative data | 量化数据 |
| using questionnaires | 使用问卷 |
| and research reports | 和研究报告 |
| sampling | 抽样 |
| surveys | 调查 |
| systematic review | 系统综述 |
| Andrews, M. | 安德鲁斯 |
| Atkinson, P. | 阿特金森 |
| Austin, J. L. | 奥斯汀 |
| Bakeman, R. | 贝克曼 |
| Balnaves, M. | 巴尔内夫斯 |
| Banks, M. | 班克斯 |
| Barnett, V. | 巴涅特 |
| Bazeley, P. | 贝兹利 |
| Becker, H | 贝克 |
| Bell, P. | 贝尔 |
| Berger, P. | 伯杰 |
| Bergman, M. | 伯格曼 |
| Bettis, J. D. | 贝蒂斯 |
| Bhaskaran, V. | 巴斯卡兰 |
| Birks, M. | 伯克斯 |
| Boellstorff, T. | 博尔斯多夫 |

| | |
|---|---|
| Coghlan, D. | 科格伦 |
| Collier, M. | 科利尔 |
| Combs, J. P. | 科姆 |
| Concepts | 概念 |
| Content analysis | 内容分析 |
| Conversation analysis | 会话分析 |
| Conrad, F. | 康拉德 |
| Cook, T. D. | 库克 |
| Copyright | 版权 |
| Corbin, J. | 柯宾 |
| Couper, M. | 库珀 |
| Creswell, J. W. | 克里斯韦尔 |
| Croll, P. | 克罗尔 |
| Crotty, M. | 克罗蒂 |
| Crowder, J. W. | 克劳德 |
| | |
| Danial, J. | 达尼亚尔 |
| Data protection | 数据保护 |
|     Data Protection Act |     数据保护法案 |
|     data security |     数据安全 |
|     principles |     原则 |
|     and small-scale research |     和小规模研究 |
| Davidson, J. | 戴维森 |
| Declaration of Helsinki | 赫尔辛基声明 |
| Delamont, S. | 德莱蒙特 |
| Dcnscombe, M. | 登斯库姆 |
| Denyer, D. | 德尼尔 |
| Denzin, N. | 登青 |
| Department of Health | 卫生部 |
| Devault, M. | 德沃 |

| | |
|---|---|
| De Vaus, D. | 德沃斯 |
| DeWalt, K. M. | 德瓦尔特 |
| DeWalt, B. R. | 德瓦尔特 |
| Descriptive statistics | 描述性统计 |
| chi-square test | 卡方检验 |
| correlations | 相关性 |
| fractiles | 分位数 |
| mean | 平均值 |
| median | 中位数 |
| mode | 众数 |
| range | 全距 |
| standard deviation | 标准差 |
| statistical significance | 统计显著性 |
| t-test | t 检验 |
| tests for association | 对关联进行检验 |
| Di Gregorio, S. | 迪格雷戈里奥 |
| Diamante, T. | 戴安玛蒂 |
| Dickson, W. J. | 迪克森 |
| Dillman, D. A. | 迪尔曼 |
| Dimitriadis, G. | 季米特里亚季斯 |
| Discourse analysis | 话语分析 |
| Dixon-Woods, M. | 狄克逊-伍兹 |
| Documents | 文档 |
| access | 获取 |
| authenticity | 真实性 |
| copyright | 版权 |
| definition | 定义 |
| diaries | 日记 |
| equipment | 设备 |
| image-based research | 基于图像的研究 |

| | |
|---|---|
| letters and memos | 信件和备忘录 |
| newspapers | 报纸 |
| official statistics | 官方统计 |
| records of meetings | 会议记录 |
| resources | 资源 |
| sources of | 来源 |
| websites and the internet | 网页和互联网 |
| validity | 效度 |
| Dunning, T. | 邓宁 |
| Edwards, A. | 爱德华兹 |
| Eisenhart, K. M. | 艾森哈特 |
| Elliott, J. | 埃利奥特 |
| Elliot, M. | 埃利奥特 |
| Emmel, N. | 埃米琳 |
| Emmison, M. | 埃米森 |
| Empirical research | 经验研究 |
| Ess, C. E. | 埃斯 |
| Ethics | 伦理 |
| and action research | 与行动研究 |
| approval | 批准 |
| beneficence | 获益 |
| confidentiality | 保密 |
| codes of conduct | 行为准则 |
| deception | 欺骗 |
| and experiments | 与实验 |
| and focus groups | 与焦点小组 |
| and internet research | 与互联网研究 |
| informed consent | 知情同意 |
| and interview | 与访谈 |

| | |
|---|---|
| and law | 与法律 |
| openness and honesty | 诚实与正直 |
| and participant observation | 与参与式观察 |
| participants'interests | 参与者的利益 |
| principles | 原则 |
| researcher competence | 研究者能力 |
| and privacy | 与隐私 |
| Ethnography | 民族志 |
| covert research | 隐蔽研究 |
| definition | 定义 |
| everyday life | 日常生活 |
| fieldwork | 田野工作 |
| gatekeepers | 守门人 |
| idiographic approach | 个别的取向 |
| Internet | 互联网 |
| life history | 生活史 |
| naturalism | 自然主义 |
| nomothetic approach | 普遍的取向 |
| reflexivity | 反思性 |
| self | 自我 |
| thick description | 深描 |
| Ethnomethodology | 民俗方法学 |
| Experiments | 实验 |
| definition | 定义 |
| cause and effect | 原因与效果 |
| control groups | 控制组 |
| controls | 控制 |
| dependent variables | 因变量 |
| and ethics | 与伦理 |
| field experiments | 田野实验 |

| | |
|---|---|
| independent variables | 自变量 |
| laboratory experiments | 实验室实验 |
| natural experiments | 自然实验 |
| observation and measurement | 观察与测量 |
| quasi experiments | 准实验 |
| randomized controlled trials | 随机对照试验 |
| retrospective experiments | 回溯性实验 |
| types of | 类型 |
| Farrimond, H. | 法里蒙德 |
| Feasibility of research | 研究的可行性 |
| Festinger, L. | 费斯汀格 |
| Field, A. | 费欧德 |
| Field notes | 田野笔记 |
| Fiske, D. W. | 菲斯克 |
| Flick, U. | 弗利克 |
| Flowers, P. | 弗劳恩斯 |
| Focus groups | 焦点小组 |
| Fowler, F. J. | 弗勒 |
| Frels, R. K. | 弗雷尔斯 |
| Fricker, R. | 弗里克 |
| Gallagher, S. | 加拉格尔 |
| Galton, M. | 高尔顿 |
| Geer, B. | 吉尔 |
| Geertz, C. | 格尔茨 |
| Generalizability | 可推广性 |
| from action research | 从行动研究 |
| from a case study | 从个案研究 |
| transferability | 可转移性 |

| | |
|---|---|
| Hartman, J. | 哈特曼 |
| Hawthorne studies | 霍桑研究 |
| Hay, I. | 赫伊 |
| Heidegger, M. | 海德格尔 |
| Heider, D. | 海德 |
| Higgins, J. | 希金斯 |
| Hine, C. | 海因 |
| Ho, K. | 何 |
| Hoinville, G. | 海恩维尔 |
| Hoonakker, P. | 洪纳克 |
| Howell, N. | 豪厄尔 |
| Huberman, A. | 休伯曼 |
| Hughes, G. | 休斯 |
| Humphreys, L. | 汉佛莱斯 |
| Husserl, E. | 胡塞尔 |
| Hutchby, I. | 哈彻贝 |
| Image-based research | 基于图像的研究 |
| Internet research | 互联网研究 |
|     ethics |     伦理 |
|     ethnography |     民族志 |
|     interviews |     访谈 |
|     legislation |     合法性 |
|     questionnaires |     问卷 |
|     surveys |     调查 |
|     websites |     网站 |
| Interpretivism | 解释主义 |
| Interviews | 访谈 |
|     definition |     定义 |
|     computer assisted |     计算机辅助 |

| | |
|---|---|
| conducting the interview | 开展访谈 |
| equipment | 设备 |
| extracts in reports | 报告中的摘录 |
| face to face | 面对面 |
| focus groups | 焦点小组 |
| group interviews | 小组访谈 |
| interview skills | 访谈技巧 |
| interviewer effect | 访谈者效应 |
| one-to-one | 一对一 |
| online interviews | 在线访谈 |
| personal involvement | 个人参与 |
| planning and preparation | 计划与准备 |
| presentation of data | 呈现数据 |
| recording | 记录 |
| semi-structured interviews | 半结构化访谈 |
| self-presentation | 自我呈现 |
| structured interviews | 结构化访谈 |
| telephone | 电话 |
| transcribing | 转录 |
| unstructured | 非结构化的 |
| validity | 效度 |
| Israel, M. | 易丝瑞尔 |
| | |
| Jackson, K. | 杰克逊 |
| Jewitt, C. | 杰维特 |
| Johnson, R. B. | 约翰逊 |
| Jorgensen, D. L. | 乔根森 |
| | |
| Kamberelis, G. | 坎伯瑞丽斯 |
| Keats, D. M. | 济慈 |

| | |
|---|---|
| Kemmis，S. | 凯米斯 |
| Kirk，J. | 柯克 |
| Kosinski，M. | 科辛斯基 |
| Kozinets，R. V. | 科济涅茨 |
| Krosnick，J. A. | 克罗斯尼克 |
| Krippendorf，K. | 克里彭多夫 |
| Kugelmann，R. | 库格尔曼 |
| Larkin，M. | 拉金 |
| Layder，D. | 雷德 |
| LeClaire，J. | 莱克莱尔 |
| Lee，R. | 李 |
| Leech，N. L. | 里奇 |
| Lewin，K. | 勒温 |
| Lewins，A. | 勒温斯 |
| Lewis，M. | 刘易斯 |
| Lincoln，Y. | 林肯 |
| Lipscomb，M. | 利普斯科姆 |
| Literature review | 文献综述 |
| Loizos，P. | 罗伊佐斯 |
| Luckmann，T. | 卢克曼 |
| McKee，H. A. | 麦基 |
| McNiff，J. | 麦克尼夫 |
| McTaggart，R. | 麦克塔格特 |
| Madeen，R. | 梅登 |
| Malinowski，B. | 马林诺夫斯基 |
| Mann，C. | 曼恩 |
| Marion，J. S. | 马里恩 |
| Marshall，C. | 马歇尔 |

| | |
|---|---|
| Masssanari, A. L. | 马萨纳里 |
| Mayo, E. | 梅奥 |
| Mays, N. | 梅斯 |
| Mead, M. | 米德 |
| Mertens, D. | 默滕斯 |
| Miles, M. | 迈尔斯 |
| Milgram, S. | 米尔格拉姆 |
| Miller, M. | 米勒 |
| Mills, J. | 米尔斯 |
| Morgan, D. L. | 摩根 |
| Morley, J. | 摩尔利 |
| Moustakas, C. | 莫斯塔卡斯 |
| Mixed methods | 混合方法 |
|   and accuracy of findings |   与研究发现的准确性 |
|   definition |   定义 |
|   design |   设计 |
|   pragmatism |   实用主义 |
|   triangulation |   三角互证 |
| Murchison, J. | 默奇森河 |
| Murray, N. | 默里 |
| Murray, R. | 默里 |
| | |
| Nardi, B. | 纳迪 |
| Narrative analysis | 叙事分析 |
| Nat. Health and Med. Res. Council | 全国健康与医疗研究委员会 |
| Natasi, B. K. | 纳塔斯 |
| Nixon, R. | 尼克松 |
| Null hypothesis | 零假设 |
| Nuremberg Code | 纽伦堡准则 |

| | |
|---|---|
| Prochaska，J. J. | 普罗查斯卡 |
| Prosser，J. | 普罗瑟 |
| | |
| Qualitative data | 质化数据 |
| analysis | 分析 |
| audit trail | 审查跟踪 |
| coding and categories | 编码与类别 |
| computer-assisted analysis | 计算机辅助分析 |
| definition | 定义 |
| grounded data | 扎根数据 |
| image-based data | 基于图像的数据 |
| indexing | 索引 |
| iterative process | 迭代过程 |
| memos | 备忘录 |
| and mixed methods | 和混合方法 |
| presentation | 呈现 |
| reliability | 信度 |
| sources | 来源 |
| transferability of findings | 研究发现的可转移性 |
| transcribing audio recordings | 转录录音 |
| types | 类型 |
| validity of responses | 应答效度 |
| verifying | 检验 |
| Quantitative data | 量化数据 |
| analysis | 分析 |
| chi-square test | 卡方检验 |
| coding | 编码 |
| continuous data | 连续数据 |
| correlations | 相关性 |
| definition | 定义 |

| | |
|---|---|
| discrete data | 离散数据 |
| interval data | 定距型数据 |
| mid-points or averages | 中点或者平均数 |
| and mixed methods | 和混合方法 |
| null hypothesis | 零假设 |
| nominal data | 定类型数据 |
| ordinal data | 定序型数据 |
| ratio data | 定比型数据 |
| spread of data | 数据分布广度 |
| standard deviation | 标准差 |
| sources | 来源 |
| t-test | t 检验 |
| Questionnaires | 问卷 |
| check question | 检查问题 |
| completion rate | 完成率 |
| definition | 定义 |
| devising the questions | 编制问卷 |
| evaluation | 评价 |
| fatigue | 疲劳 |
| length and appearance | 长度和样式 |
| open and closed questions | 开放式和封闭式问题 |
| order of questions | 问题的顺序 |
| progress bar | 进度条 |
| response rate | 应答率 |
| reliability | 信度 |
| self-completion | 自我完成 |
| types of questions | 问题的类型 |
| validity of responses | 应答的效度 |
| vital elements | 重要因素 |
| web-based questionnaires | 网络问卷 |

| | |
|---|---|
| Ragin, C. | 拉金 |
| Rallis, S. F. | 拉利斯 |
| Ramo, D. E. | 拉莫 |
| Rapley, T. | 莱普雷 |
| Reason, P. | 雷森 |
| Record keeping | 做记录 |
| Reflexivity | 反思性 |
| in action research | 在行动研究中 |
| in ethnographic research | 在民族志研究中 |
| in qualitative data analysis | 在质化数据分析中 |
| Reichardt, C. S. | 赖卡持 |
| Reid, M. | 里德 |
| Reimer, J. | 赖默 |
| Reissman, C. K. | 赖斯曼 |
| Reliability | 信度 |
| dependability | 可信性 |
| ethnography | 民族志 |
| interviews | 访谈 |
| observation | 观察 |
| qualitative data | 质化数据 |
| quantitative data | 量化数据 |
| Research community | 研究共同体 |
| Research population | 研究总体 |
| definition | 定义 |
| participation | 参与 |
| Research reports | 研究报告 |
| as accounts | 作为说明 |
| audience | 受众 |
| presentation | 呈现 |
| referencing | 参考文献 |

| | |
|---|---|
| Saldana, J. M. | 萨尔达纳 |
| Sample size | 样本容量 |
| Samples | 样本 |
| exploratory | 探索性的 |
| representative | 代表性的 |
| Sampling bias | 抽样偏差 |
| Sampling frame | 抽样框 |
| Sampling principles | 抽样原则 |
| non-probability sampling | 非概率抽样 |
| probability sampling | 概率抽样 |
| theoretical sampling | 理论抽样 |
| in small-scale research | 在小规模研究中 |
| Sampling techniques | 抽样技术 |
| choice | 选择 |
| cluster sampling | 整群抽样 |
| convenience sampling | 方便抽样 |
| multi-stage sampling | 多层抽样 |
| purposive sampling | 目的抽样 |
| snowball sampling | 滚雪球抽样 |
| stratified sampling | 分层抽样 |
| systematic sampling | 系统抽样 |
| quota sampling | 定额抽样 |
| random sampling | 随机抽样 |
| Sanger, J. | 桑格 |
| Sartre, J. -P. | 萨特 |
| Savage, M. | 萨维吉 |
| Schon, D. | 舍恩 |
| Schonlau, M. | 舍恩劳 |
| Schutz, A. | 舒茨 |
| Schwartz, D. | 施瓦兹 |

| | |
|---|---|
| Scott, J. | 斯科特 |
| Seale, C. | 西尔 |
| Sell, J. | 塞尔 |
| Self, researcher | 自我,研究者 |
| common-sense assumptions | 常识假设 |
| ethnography | 民族志 |
| insider knowledge | 局内人知识 |
| participation in research | 参与研究 |
| personal beliefs | 个人信仰 |
| personal identity | 个人身份 |
| and qualitative data | 和质化数据 |
| self-presentation | 自我呈现 |
| researcher identity | 研究者身份 |
| research topic | 研究主题 |
| Semantic differential | 语义区分 |
| Sidnell, J. | 西德尼尔 |
| Silver, C. | 西尔弗 |
| Silverman, D. | 西尔弗曼 |
| Simons, H. | 西蒙斯 |
| Small-scale research | 小规模研究 |
| Smith, J. A. | 史密斯 |
| Smith, T. W. | 史密斯 |
| Smyth, J. D. | 史密斯 |
| Social construction of reality | 现实的社会建构 |
| Somekh, B. | 萨梅克 |
| Spencer, S. | 斯宾塞 |
| Stachler, T. | 斯特彻勒 |
| Stake, R. | 斯戴克 |
| Strategies, for research | 研究的策略 |
| definition | 定义 |

| | |
|---|---|
| formal | 形式 |
| grounded | 扎根 |
| and qualitative data | 与质化数据 |
| substantive | 实质 |
| testing | 测试 |
| Thick description | 深描 |
| Thomas, G. | 托马斯 |
| Thomas, J. | 托马斯 |
| Thyer, B. A. | 泰尔 |
| Tilley, N. | 提利 |
| Tourangeau, R. | 图朗绍 |
| Triangulation | 三角互证 |
| Tranfield, D. | 川菲尔德 |
| Turabian, K. L. | 图拉比安 |
| Urquhart, C. | 厄克特 |
| Validity | 效度 |
| and credibility | 与信度 |
| of documents | 文档的 |
| ecological | 生态学的 |
| in ethnography | 在民族志中 |
| of interview data | 访谈数据的 |
| and participant observation | 与参与式观察 |
| and qualitative data | 与质化数据 |
| and quantitative data | 与量化数据 |
| and questionnaire data | 与问卷数据 |
| respondent validation | 应答者验证 |
| and triangulation | 与三角互证 |
| Van Leeuwen, T. | 范莱文 |

| | |
|---|---|
| Van Manen, M. | 范梅南 |
| Van Maanen, J. | 范玛宁 |
| | |
| WalKer, I. | 沃克 |
| Wansick, B. | 万斯克 |
| Webb, E. J. | 韦布 |
| Webster, M. | 韦伯斯特 |
| Whyte, W. F. | 怀特 |
| Wiles, R. | 威厄斯 |
| Wilson, R. | 威尔逊 |
| Winter, R. | 文特尔 |
| Wittgenstein, L. | 维特根斯坦 |
| Woods, P. | 伍兹 |
| Wooffitt, R. | 伍菲特 |
| | |
| Yin, R. | 殷 |
| Yoder, P. | 约德 |
| | |
| Zuber-Skerritt, O. | 祖博-斯卡瑞特 |

# 参考文献


Ahmed, S. (2006). *Queer Phenomenology: Orientations, Objects, Others*. Durham, NC: Duke University Press.

Alaszewski, A. (2006). *Using Diaries for Social Research*. London: Sage.

Andrews, M. , Squire, C. and Tamboukou, M. (2013). *Doing Narrative Research*, 2nd edn. London: Sage.

Austin, J. L. (1962). *How to Do Things with Words*. Oxford: Clarendon.

Bakeman, R. and Gottman, J. M. (1997). *Observing Interaction: An Introduction to Sequential Analysis*, 2nd edn. Cambridge: Cambridge University Press.

Balnaves, M. and Caputi, P. (2001). *Introduction to Quantitative Research Methods: An Investigative Approach*. London: Sage.

Banks, M. (2001). *Visual Methods in Social Research*. London: Sage.

Banks, M. (2007). *Using Visual Data in Qualitative Research*. London: Sage.

Barnett, V. (2002). *Sample Survey Principles and Methods*, 3rd edn. Chichester: Wiley.

Bazeley, P. (2013). *Qualitative Data Analysis: Practical Strategies*. London: Sage.

Bazeley, P. and Jackson, K. (2013). *Qualitative Data Analysis with NVivo*, 2nd edn. London: Sage.

Becker, H. and Geer, B. (1957). Participant observation and interviewing: A comparison. *Human Organization*, 16(3): 28-35.

Bell, P. (2000). Content analysis of visual images. In T. van Leeuwen and C. Jewitt (eds.), *The Handbook of Visual Analysis*. London: Sage.

Berger, P. and Luckmann, T. (1967). *The Social Construction of Reality*. London: Allen Lane.

Bergman, M. (ed.) (2008). *Advances in Mixed Methods Research: Theories and Applications*. London: Sage.

Bettis, J. D. (1969). *Phenomenology of Religion*. New York: Harper & Row.

Bhaskaran, V. and LeClaire, J. (2010). *Online Surveys for Dummies*. Hoboken, NJ: Wiley.

Birks, M. and Mills, J. (2011). *Grounded Theory: A Practical Guide*. London: Sage.

Bloor, M., Frankland, J., Thomas, M. and Robson, K. (2001). *Focus Groups in Social Research*. London: Sage.

Boellstorff, T., Nardi, B., Pearce, C. and Taylor, T. (2012). *Ethnography and Virtual Worlds: A Handbook of Method*. Princeton, NJ: Princeton University Press.

Brace, I. (2013). *Questionnaire Design*, 3rd edn. London: Kogan Page.

Bradburn, N. M., Sudman, S. and Wansink, B. (2004). *Asking Questions: The Definitive Guide to Questionnaire Design*, 2nd edn. San Francisco, CA: Jossey-Bass.

Brewer, J. (2000). *Ethnography*. Buckingham: Open University Press.

Brickman-Bhutta, C. (2012). Not by the book: Facebook as a sampling frame. *Sociological Methods and Research*, 41(1): 57 - 88.

Brown, G., Cherrington, D. H. and Cohen, L. (1975). *Experiments in the Social Sciences*. London: Harper & Row.

Bryant, A. and Charmaz, K. (2010). *The Sage Handbook of Grounded Theory* (paperback edition). London: Sage.

Bryman, A. (1988). *Quality and Quantity in Social Research*. London: Unwin Hyman.

Bryman, A. (2006). Integrating quantitative and qualitative research: how is it done? *Qualitative Research*, 6(1): 97 - 113.

Bryman, A. (2007). *Qualitative Research*. London: Sage.

Bulmer, M. (1984). *The Chicago School of Sociology: Institutionalization, Diversity, and the Rise of Sociological Research*. Chicago, IL: University of Chicago Press.

Burgess, R. G. (1984). *In the Field: An Introduction to Field Research*. London: Allen & Unwin.

Campbell, D. T. and Fiske, D. W. (1959). Convergent and discriminant validation by the multitrait-multimethod matrix. *Psychological Bulletin*, 56(2): 81 - 105.

Charmaz, K. (2000). Grounded theory: Objectivist and constructivist methods. In N. Denzin and Y. Lincoln (eds.), *Handbook of Qualitative Research*, 2nd edn. Thousand Oaks, CA: Sage, pp. 509 - 35.

Charmaz, K. (2014). *Constructing Grounded Theory*, 2nd edn. London: Sage.

Clarke, A. E. (2005). *Situational Analysis: Grounded Theory after the Postmodern Turn*. Thousand Oaks, CA: Sage.

Coghlan, D. and Brannick, T. (2010). *Doing Action Research in Your Own Organization*. London: Sage.

Collier, M. (2001). Approaches to the analysis of visual images. In T.

van Leeuwen and J. Jewitt (eds.), *Handbook of Visual Analysis*. London: Sage.

Cook, T. D. and Campbell, D. T. (1979). *Quasi-Experimentation: Design and Analysis Issues for Field Settings*. Chicago, IL: Rand McNally College Pub. Co.

Corbin, J. M. and Strauss, A. L. (2008). *Basics of Qualitative Research: Techniques and Procedures for Developing Grounded Theory*. Thousand Oaks, CA: Sage.

Couper, M. P. (2000). Web surveys. *Public Opinion Quarterly*, 64(4): 464 - 95.

Couper, M. P. (2011). The future of modes of data collection. *Public Opinion Quarterly*, 75: 889 - 908.

Creswell, J. W. (1998). *Qualitative Inquiry and Research Design: Choosing Among Five Traditions*. Thousand Oaks, CA: Sage.

Cresswell, J. W. (2013). *Research Design: Qualitative, Quantitative and Mixed Methods Approaches*, 4th edn. Thousand Oaks, CA: Sage.

Creswell, J. W. and Plano Clark, V. (2010). *Designing and Conducting Mixed Methods Research*, 2nd edn. Thousand Oaks, CA: Sage.

Crotty, M. (1996). *Phenomenology and Nursing Research*. Melbourne: Churchill Livingstone.

Daniel, J. (2012). *Sampling Essentials: Practical Guidelines for Making Sampling Choices*. Thousand Oaks, CA: Sage.

Delamont, S. (1992). *Fieldwork in Educational Settings*. London: Falmer.

Denscombe, M. (1983). Interviews, accounts and ethnographic research on teachers. In M. Hammersley (ed.), *The Ethnography of Schooling: Methodological Issues*. Driffield: Nafferton Books.

Denscombe, M. (2006). Web-based questionnaires: An assessment of the mode effect on the validity of data. *Social Science Computer Review*, 24(2): 246 - 54.

Denscombe, M. (2009). Item non-response rates: A comparison of online and paper questionnaires. *International Journal of Social Research Methodology*, 12(4): 281 - 91.

Denscombe, M. (2008). The length of responses to open-ended questions: A comparison of online and paper questionnaires in terms of a mode effect. *Social Science Computer Review*, 26 (3): 359 - 68.

Denscombe, M. (2010). *Ground Rules for Social Research*, 2nd edn. Maidenhead: Open University Press.

Denscombe, M. (2012a). *Classroom Control: A Sociological Perspective*. London: Routledge.

Denscombe, M. (2012b). *Research Proposals: A Practical Guide*. Maidenhead: Open University Press.

Denyer, D. and Tranfield, D. (2009). Producing a systematic review. In D. Buchanan and A. Bryman (eds.), *The Sage Handbook of Organizational Research Methods*. London: Sage, pp. 671 - 89.

Denzin, N. K. (1970). Strategies of multiple triangulation. In N. K. Denzin (ed.), *The Research Act in Sociology: A Theoretical Introduction to Sociological Method*. New York: McGraw-Hill, pp. 297 - 313.

Denzin, N. K. (1999). Cybertalk and the method of instances. In S. Jones (ed.), *Doing Internet Research: Critical Issues and Methods for Examining the Net*. Thousand Oaks, CA: Sage.

Denzin, N. K. (2012). Triangulation 2. 0. *Journal of Mixed Methods Research*, 6(2): 80 - 88.

Department of Health (2005). *Research Governance Framework for Health and Social Care (England)*, 2nd edn. London: Dept of Health.

Devault, M. (1990). Talking and listening from women's standpoint. *Social Problems*, 37(1): 96–116.

De Vaus, D. (2001). *Research Design in Social Research*. London: Sage.

De Vaus, D. (2014). *Surveys in Social Research*, 6th edn. London: Routledge.

DeWalt, K. M. and DeWalt, B. R. (2011). *Participant Observation: A Guide for Fieldworkers*, 2nd edn. Lanham, MD: AltaMira Press.

Dey, I. (1993). *Qualitative Data Analysis: A User-friendly Guide for Social Scientists*. London: Routledge.

Diamante, T. (2013). *Effective Interviewing and Information Gathering: Proven Tactics to Increase the Power of Your Questioning Skills*. New York: McGraw-Hill/Business Expert Press.

Di Gregorio, S. and Davidson, J. (2008). *Qualitative Research Design for Software Users*. Maidenhead: Open University Press.

Dillman, D. A., Smyth, J. D. and Christian, L. M. (2009). *Internet, Mail, and Mixed-mode Surveys: The Tailored Design Method*. Hoboken, NJ: Wiley.

Dixon-Woods, M., Bonas, S., Booth, A., Jones, D., Miller, T., Shaw, R., Smith, J., Sutton, A. and Young, B. (2006). How can systematic reviews incorporate qualitative research? A critical perspective. *Qualitative Research*, 6: 27–44.

Dunning, T. (2012). *Natural Experiments in the Social Sciences: A Design-Based Approach*. Cambridge: Cambridge University Press.

Edwards, A. and Talbot, R. (1999). *The Hard-pressed Researcher: A Research Handbook for the Caring Professions*, 2nd edn. Harlow: Pearson.

Eisenhardt, K. M. (1989). Building theories from case study research. *Academy of Management Review*, 14(4): 532–550.

Eisenhardt, K. M. and Graebner, M. E. (2007). Theory building from cases: Opportunities and challenges. *Academy of Management Journal*, 50(1): 25 - 32.

Elliott, J. (1991). *Action Research for Educational Change*. Buckingham: Open University Press.

Elliott, J. (2005). *Using Narrative in Social Research: Qualitative and Quantitative Approaches*. London: Sage.

Emmel, N. (2013). *Sampling and Choosing Cases in Qualitative Research: A Realist Approach*. London: Sage.

Emmison, M., Smith, P. and Mayall, M. (2012). *Researching the Visual*, 2nd edn. London: Sage.

Ess, C. (2014). *Digital Media Ethics*, 2nd edn. Cambridge: Polity Press.

Facebook (2011). *Anatomy of Facebook*. Available at https://www.facebook.com/notes/facebook-data-team/anatomy-of-facebook/10150388519243859 (accessed 30 October. 2013).

Farrimond, H. (2013). *Doing Ethical Research*. Basingstoke: Palgrave Macmillan.

Festinger, L., Reicken, H. and Schachter, S. (1956). *When Prophecy Fails*. Minneapolis: University of Minnesota Press (republished London: Harper & Row, 1964).

Field, A. (2013). *Discovering Statistics Using IBM SPSS Statistics*, 4th edn. London: Sage.

Fink, A. (2009). *How to Conduct Surveys: A Step by Step Guide*. Thousand Oaks, CA: Sage.

Flick, U., Garms-Homolová, V., Herrmann, W. J., Kuck, J. and Röhnsch, G. (2012). 'I can't prescribe something just because someone asks for it ...': Using mixed methods in the framework of triangulation. *Journal of Mixed Methods Research*, 6(2): 97 - 110.

Fowler, F. J. (2009). *Survey Research Methods*, 4th edn. Thousand Oaks, CA: Sage.

Gallagher, S. (2012). *Phenomenology*. Basingstoke: Palgrave.

Galton, M. , Simon, B. and Croll, P. (1980). *Inside the Primary Classroom*. London: Routledge & Kegan Paul.

Geertz, C. (1973). Thick description: toward an interpretive theory of culture. In C. Geertz (ed.), *The Interpretation of Cultures*. New York: Basic Books.

Gerbner, G. , Holsti, O. , Krippendorf, K. , Paisley, W. and Stone, P. (eds.) (1969). *The Analysis of Communication Content*. New York: Wiley.

Gibbs, G. (2002). *Qualitative Data Analysis: Explorations with NVivo*. Maidenhead: Open University Press.

Gibbs, G. (2007). *Analysing Qualitative Data*. London: Sage.

Gibson, B. and Hartman, J. (2014). *Rediscovering Grounded Theory*. London: Sage.

Gillham, B. (2005). *Research Interviewing: The Range of Techniques*. Maidenhead: Open University Press.

Gillham, B. (2007). *Developing a Questionnaire*, 2nd edn. London: Continuum.

Gillham, B. (2008). *Observation Techniques: Structured and Unstructured Approaches*. London: Continuum.

Glaser, B. (1978). *Theoretical Sensitivity*. Mill Valley, CA: Sociology Press.

Glaser, B. (ed.) (1995). *Grounded Theory, 1984—1994.* Mill Valley, CA: Sociology Press.

Glaser, B. (1999). The future of grounded theory. *Qualitative Health Research*, 9(6): 836 - 845.

Glaser, B. (2003). *The Grounded Theory Perspective II: Description's Remodelling of Grounded Theory Methodology*. Mill

Valley, CA: Sociology Press.

Glaser, B. and Strauss, A. (1967). *The Discovery of Grounded Theory*. Chicago, IL: Aldine.

Glaser, J., Dixit, J. and Green, D. (2002). Studying hate crime with the Internet: What makes racists advocate racial violence. *Journal of Social Issues*, 58(1): 177-193.

Goldacre, B. (2012). *Bad Pharma*. London: Fourth Estate.

Gorard, S. (2006). *Using Everyday Numbers Effectively in Research*. London: Continuum.

Gorard, S. and Taylor, C. (2004). *Combining Methods in Educational and Social Research*. Maidenhead: Open University Press.

Gough, D., Oliver, S. and Thomas, J. (2012). *An Introduction to Systematic Reviews*. London: Sage.

Grbich, C. (2013). *Qualitative Data Analysis: An Introduction*, 2nd edn. London: Sage.

Greene, J. C. (2007). *Mixed Methods in Social Inquiry*. San Francisco, CA: Jossey-Bass.

Greene, J. C., Caracelli, V. J. and Graham, W. F. (1989). Toward a conceptual framework for mixedmethod evaluation designs. *Educational Evaluation and Policy Analysis*, 11(3): 255-274.

Griffin, J. (1962). *Black Like Me*. London: Collins.

Guest, G. (2013). Describing mixed methods research: an alternative to typologies. *Journal of Mixed Methods Research*, 7(2): 141-151.

Haglund, K. (2004. Conducting life history research with adolescents. *Qualitative Health Research*, 14(9): 1309-1319.

Hammersley, M. (1990). What's wrong with ethnography? The myth of theoretical description. *Sociology*, 24: 597-615.

Hammersley, M. (1992). *What's Wrong with Ethnography?* London:

Routledge.

Hammersley, M. (1996). The relationship between qualitative and quantitative research: Paradigm loyalty versus methodological eclecticism. In J. E. T. Richardson (ed.), *Handbook of Qualitative Research Methods for Psychology and the Social Sciences*. Leicester: British Psychological Society, pp. 159 - 174.

Hammersley, M. and Atkinson, P. (2007). *Ethnography: Principles in Practice*, 3rd edn. London: Tavistock.

Harrits, G. S. (2011). More than method?: A discussion of paradigm differences within mixed methods research. *Journal of Mixed Methods Research*, 5(2): 150 - 166.

Heidegger, M. (1962). *Being and Time*. Oxford: Basil Blackwell.

Heider, D. and Massanari, A. L. (eds.) (2012). *Digital Ethics: Research and Practice*. New York: Peter Lang Publishing.

Higgins, J. and Green, S. (eds.) (2011). *Cochrane Handbook for Systematic Reviews of Interventions* Version 5. 1. 0 [updated March 2011]. The Cochrane Collaboration, 2011. Available at: www. cochrane-handbook. org.

Hine, C. (2000). *Virtual Ethnography*. London: Sage.

Hine, C. (ed.) (2005). *Virtual Methods: Issues in Social Research on the Internet*. Oxford: Berg.

Ho, K. (2009). *Liquidated: An Ethnography of Wall Street*. Durham, NC: Duke University Press.

Hoinville, G. , Jowell, R. and Associates (1985). *Survey Research Practice*. Aldershot: Gower.

Hoonakker, P. and Carayon, P. (2009). Questionnaire survey nonresponse: A comparison of postal mail and Internet surveys. *International Journal of Human-Computer Interaction*, 25(5): 348 - 373.

Howell, N. (1990). *Surviving Fieldwork: A Report of the Advisory*

*Panel on Health and Safety in Fieldwork*. Washington, DC: American Anthropological Association.

Humphreys, L. (1975). *Tearoom Trade*. New Brunswick, NJ: Aldine Transaction.

Husserl, E. (1931). *Ideas: General Introduction to Pure Phenomenology*. London: George Allen & Unwin (reprinted 2012, London: Routledge).

Husserl, E. (1950). *Cartesian Meditations: An Introduction to Phenomenology*. The Hague: Martinus Nijhoff (reprinted 1999, Dordrecht: Kluwer).

Hutchby, I. and Wooffitt, R. (2008). *Conversation Analysis*. Cambridge: Polity Press.

Israel, M. and Hay, I. (2006). *Research Ethics for Social Scientists: Between Ethical Conduct and Regulatory Compliance*. London: Sage.

Johnson, R. B. and Gray, R. (2010). A history of philosophical and theoretical issues for mixed methods research. In A. Tashakkori and C. Teddlie (eds.), *Sage Handbook of Mixed Methods in Social and Behavioral Research*, 2nd edn. Thousand Oaks, CA: Sage, pp. 69 - 94.

Johnson, R. B. and Onwuegbuzie, A. J. (2004). Mixed methods research: A research paradigm whose time has come. *Educational Researcher*, 33(7): 14 - 26.

Johnson, R. B., Onwuegbuzie, A. J. and Turner, L. A. (2007). Toward a definition of mixed methods research. *Journal of Mixed Methods Research*, 1(2): 112 - 133.

Jorgensen, D. L. (1989). *Participant Observation: A Methodology for Human Studies*. Thousand Oaks, CA: Sage.

Kamberelis, G. and Dimitriadis, G. (2013). *Focus Groups: From Structured Interviews to Collective Conversations*. London:

Routledge.

Keats, D. M. (2000). *Interviewing: A Practical Guide for Students and Professionals*. Maidenhead: Open University Press.

Kemmis, S., McTaggart, R. and Nixon, R. (2014). *The Action Research Planner: Doing Critical Participatory Action Research*. Singapore: Springer.

Kirk, J. and Miller, M. (1986). *Reliability and Validity in Qualitative Research*. Beverly Hills, CA: Sage.

Koshy, V. (2010). *Action Research for Improving Educational Practice*, 2nd edn. London: Sage.

Kosinski, M., Stillwell, D. J. and Graepel, T. (2013). Private traits and attributes are predictable from digital records of human behavior. *Proceedings of the National Academy of Sciences USA*, 110(15): 5802 - 5805.

Kozinets, R. V. (2010). *Netnography: Doing Ethnographic Research Online*. London: Sage.

Krippendorf, K. (2013). *Content Analysis: An Introduction to its Methodology*, 3rd edn. Thousand Oaks, CA: Sage.

Krosnick, J. A. (1991). Response strategies for coping with the cognitive demands of attitude measures in surveys. *Applied Cognitive Psychology*, 5: 213 - 236.

Kugelmann, R. (1999). Complaining about chronic pain. *Social Science and Medicine*, 49(12): 16 - 63.

Layder, D. (1993). *New Strategies in Social Research*. Cambridge: Polity Press.

Layder, D. (1998). *Sociological Practice: Linking Theory and Social Research*. London: Sage.

Lee, R. (1995). *Dangerous Fieldwork*. Thousand Oaks, CA: Sage.

Leech, N. L. and Onwuegbuzie, A. J. (2009). A typology of mixed method research designs. *Quality and Quantity*, 43: 265 - 275.

Lewin, K. (1946). Action research and minority problems. *Journal of Social Issues*, 2: 34 - 46.

Lewins, A. and Silver, C. (2014). *Using Software in Qualitative Research: A Step-by-Step Guide*, 2nd edn. London: Sage.

Lewis, M. and Staehler, T. (2010). *Phenomenology: An Introduction*. London: Continuum.

Lincoln, Y. and Guba, E. (1985). *Naturalistic Enquiry*. Newbury Park, CA: Sage.

Lipscomb, M. (2008). Mixed method nursing studies: A critical realist critique. *Nursing Philosophy*, 9(1): 32 - 45.

Loizos, P. (2000). Video, film and photographs as research documents. In M. W. Bauer and G. Gaskell (eds.), *Qualitative Researching with Text, Image and Sound*. London: Sage.

Lozar Manfreda, K., Bosnjak, M., Berzelak, J., Haas, I. and Vehovar, V. (2008). Web surveys versus other survey modes: A meta-analysis comparing response rates. *International Journal of Market Research*, 50(1): 79 - 104.

Madden, R. (2010). *Being Ethnographic: A Guide to the Theory and Practice of Ethnography*. London: Sage.

Malinowski, B. (1922). *Argonauts of the Western Pacific*. London: Routledge & Kegan Paul.

Mann, C. and Stewart, F. (2000). *Internet Communication and Qualitative Research: A Handbook for Researching Online*. London: Sage.

Marion, J. S. and Crowder, J. W. (2013). *Visual Research: A Concise Introduction to Thinking Visually*. London: Bloomsbury Academic.

Marshall, C. and Rossman, G. B. (2011). *Designing Qualitative Research*, 5th edn. Thousand Oaks, CA: Sage.

Mayo, E. ([1933] 2003). *The Human Problems of an Industrial*

*Civilization*. London: Routledge.

McCabe, S. E. (2004). Comparison of web and mail surveys in collecting illicit drug use data: A randomized experiment. *Journal of Drug Education*, 34(1): 61 - 73.

McKee, H. A. and Porter, J. E. (2009). *The Ethics of Internet Research: A Rhetorical, Casebased Process*. New York: Peter Lang.

McNiff, J. (2013). *Action Research: Principles and Practice*, 3rd edn. London: Routledge.

Mead, M. (1943). *Coming of Age in Samoa: A Study of Adolescence and Sex in Primitive Societies*. Harmondsworth: Penguin.

Mertens, D. M. (2009). *Transformative Research and Evaluation*. New York: Guilford.

Miles, M. B. , Huberman, A. M. and Saldana, J. M. (2014). *Qualitative Data Analysis: A Methods Sourcebook*, 3rd edn. Thousand Oaks, CA: Sage.

Milgram, S. (1974). *Obedience to Authority*. New York: Harper & Row.

Morgan, D. L. (2006). Focus group. In V. Jupp (ed.), *The Sage Dictionary of Social Research Methods*. London: Sage, pp. 121 - 3.

Morgan, D. L. (2014). *Integrating Qualitative and Quantitative Methods: A Pragmatic Approach*. Thousand Oaks, CA: Sage.

Morley, J. (1998). The private theater: A phenomenological investigation of daydreaming. *Journal of Phenomenological Psychology*, 29(1): 116 - 135.

Moustakas, C. (1992). Firebrand: The experience of being different. *The Human Psychologist*, 20(2/3): 175 - 188.

Moustakas, C. (1994). *Phenomenological Research Methods*. Thousand Oaks, CA: Sage.

Murchison, J. (2010). *Ethnography Essentials: Designing*,

*Conducting, and Presenting Your Research*. San Francisco, CA: Jossey-Bass.

Murray, N. and Hughes, G. (2008). *Writing Up Your University Assignments and Research Projects: A Practical Handbook*. Maidenhead: Open University Press.

Murray, R. (2013). *Writing for Academic Journals*, 3rd edn. Maidenhead: Open University Press.

Natasi, B. K., Hitchcock, J. H. and Brown, L. M. (2010). An inclusive framework for conceptualizing mixed methods design typologies: Moving towards fully integrated synergistic research models. In A. Tashakkori and C. Teddlie (eds.) *Handbook of Mixed Methods in Social and Behavioral Research*, 3rd edn. Thousand Oaks, CA: Sage, pp. 305 - 338.

NHMRC (1999). *How to Review the Evidence: Systematic Identification and Review of the Scientific Literature*. Canberra: National Health and Medical Research Council. Available at: http://www.nhmrc.gov.au/_files_nhmrc/publications/attachments/cp65.pdf.

Oakley, A. (1981). Interviewing women: A contradiction in terms. In H. Roberts (ed.), *Doing Feminist Research*. London: Routledge & Kegan Paul.

O'Connell Davidson, J. (1995). The anatomy of 'free choice' prostitution. *Gender, Work and Organization*, 2: 1 - 10.

Oktay, J. (2012). *Grounded Theory*. Oxford: Oxford University Press.

O'Leary, M. (2014). *Classroom Observation*. London: Routledge.

Oliver, P. (2010). *The Student's Guide to Research Ethics*, 2nd edn. Maidenhead: Open University Press.

Onwuegbuzie, A. J. (2012). Putting the 'mixed' back into quantitative and qualitative research in educational research and beyond: moving toward the 'radical middle'. *International Journal of Multiple Research Approaches*, 6(3): 192-219.

Onwuegbuzie, A. and Combs, J. P. (2010). Emergent data analysis techniques in mixed methods research: A synthesis. In A. Tashakkori and C. Teddlie (eds.), *Sage Handbook of Mixed Methods in Social and Behavioral Research*, 2nd edn. Thousand Oaks, CA: Sage, pp. 397-430.

Onwuegbuzie, A. J. and Frels, R. K. (2013). Toward a new research philosophy for addressing social justice issues: Critical dialectical pluralism. *International Journal of Multiple Research Approaches*, 7(1): 9-26.

Oppenheim, A. N. (2000). *Questionnaire Design, Interviewing and Attitude Measurement*, 2nd edn. London: Continuum.

O'Reilly, K. (2012). *Ethnographic Methods*, 2nd edn. London: Routledge.

Pawson, R. (2006). *Evidence-Based Policy: A Realist Perspective*. London: Sage.

Pawson, R. (2013). *The Science of Evaluation: A Realist Manifesto*. London: Sage.

Pawson, R. and Tilley, N. (1997). *Realistic Evaluation*. London: Sage.

Penn, G. (2000). Semiotic analysis of still images. In M. W. Bauer and G. Gaskell (eds.), *Qualitative Researching with Text, Image, Sound*. London: Sage.

Perry, G. (2013). *Behind the Shock Machine: The Untold Story of the Notorious Milgram Psychology Experiments*. Melbourne: Scribe.

Petticrew, M. and Roberts, H. (2006). *Systematic Reviews in the Social Sciences: A Practical Guide*. Oxford: Blackwell.

Plummer, K. (2001). *Documents of Life 2: An Invitation to a*

*Critical Humanism*, 2nd edn. London: Sage.

Polsky, N. (2006). *Hustlers, Beats and Others*. New Brunswick, NJ: Aldine Transaction.

Pope, C., Mays, N. and Popay, J. (2007). *Synthesizing Qualitative and Quantitative Health Research: A Guide to Methods*. Maidenhead: Open University Press.

Porter, S. (1993). Critical realist ethnography: The case of racism and professionalism in a medical setting. *Sociology*, 27: 591–601.

Prior, L. (2003). *Using Documents in Social Research*. London: Sage.

Prosser, J. (1998). The status of image-based research. In J. Prosser (ed.), *Image-based Research: A Sourcebook for Qualitative Researchers*. London: Falmer.

Prosser, J. and Schwartz, D. (1998). Photographs within the sociological research process. In J. Prosser (ed.), *Image-based Research: A Sourcebook for Qualitative Researchers*. London: Falmer.

Ragin, C. and Amoroso, L. (2011). *Constructing Social Research*, 2nd edn. Thousand Oaks, CA: Pine Forge Press.

Ragin, C. and Becker, H. (1992). *What Is a Case? Exploring the Foundations of Social Enquiry*. New York: Cambridge University Press.

Ramo, D. E. and Prochaska, J. J. (2012). Broad reach and targeted recruitment using Facebook for an online survey of young adult substance usc. *Journal of Medical Internet Research*. Jan.-Feb.; 14(1): e28. Available at: http://www.jmir.org/2012/1/e28/ (accessed 28 October 2013).

Rapley, T. (2007). *Doing Conversation, Discourse and Document Analysis*. London: Sage.

Reason, P. and Bradbury, H. (eds.) (2013). *Handbook of Action*

*Research*, 2nd edn. London: Sage.

Reichardt, C. S. and Rallis, S. F. (1994). Qualitative and quantitative inquiries are not incompatible: A call for a new partnership. In C. S. Reichardt and S. F. Rallis (eds.), *The Qualitative-Quantitative Debate: New Perspectives*. San Francisco, CA: Jossey-Bass, pp. 85 - 92.

Reid, M. (2012). *Report Writing*. Basingstoke: Palgrave Macmillan.

Richards, L. (2009). *Handling Qualitative Data: A Practical Guide*, 2nd edn. London: Sage.

Riemer, J. (1979). *Hard Hats: The Work World of Construction Workers*. Beverly Hills, CA: Sage.

Riessman, C. K. (2003). *Narrative Analysis*. Newbury Park, CA: Sage.

Riessman, C. K. (2008). *Narrative Methods for the Human Sciences*. Thousand Oaks, CA: Sage.

Roethlisberger, F. J. and Dickson, W. J. ([1939] 2003). *Management and the Worker*. London: Routledge.

Rose, G. (2012). *Visual Methodologies*, 3rd edn. London: Sage.

Rowntree, D. (1981). *Statistics Without Tears: An Introduction for Non-mathematicians*. London: Penguin.

Sanger, J. (1996). *The Compleat Observer?: A Field Research Guide to Observation*. London: Falmer Press.

Sartre, J. -P. (1956). *Being and Nothingness: An Essay on Phenomenological Ontology*. New York: Methuen.

Savage, M., Devine, F., Cunningham, N., Taylor, M., Li, Y., Hjellbrekke, J., Le Roux, B., Friedman, S. and Miles, A. (2013). A new model of social class? Findings from the BBC's Great British Class Survey experiment. *Sociology*, 47(2): 219 - 250.

Schön, D. (1983). *The Reflective Practitioner: How Professionals Think in Action*. New York: Basic Books.

Schonlau, M., Fricker, R. and Elliot, M. (2002). *Conducting Research Surveys via E-mail and the Web*. Rand Monograph MR-1480-RC. Available online at: http: //www. rand. org/ pubs/ monograph_reports/MR1480. html.

Schutz, A. (1962). *Collected Papers*, Volume 1. The Hague: Martinus Nijhoff.

Schutz, A. (1967). *The Phenomenology of the Social World*. Evanston, IL: Northwestern University Press.

Scott, J. (1990). *A Matter of Record*. Cambridge: Polity Press.

Seale, C. (1999). *The Quality of Qualitative Research*. London: Sage.

Seale, C., Gobo, G., Gubrium, J. and Silverman, D. (eds.) (2007). *Qualitative Research Practice*. London: Sage.

Sidnell, J. (2010). *Conversation Analysis: An Introduction*. Chichester: Wiley-Blackwell.

Silverman, D. (1985). *Qualitative Methodology and Sociology*. Aldershot: Gower.

Silverman, D. (2010). *Doing Qualitative Research: A Practical Handbook*, 3rd edn. London: Sage.

Silverman, D. (2011). *Interpreting Qualitative Data: Methods for Analyzing Talk, Text and Interaction*, 4th edn. Thousand Oaks, CA: Sage.

Silverman, D. (2013). *Doing Qualitative Research: A Practical Handbook*, 4th edn. London: Sage.

Simons, H. (2009). *Case Study Research in Practice*. London: Sage.

Smith, J. A., Flowers, P. and Larkin, M. (2009). *Interpretative Phenomenological Analysis: Theory, Method and Research*. London: Sage.

Smith, T. W. (2013). Survey-research paradigms old and new. *International Journal of Public Opinion Research*, 25 (2):

218 - 229.

Somekh, B. (1995). The contribution of action research to development in social endeavours: A position paper on action research methodology. *British Educational Research Journal*, 21(3): 339 - 355.

Somekh, B. (2006). *Action Research: A Methodology for Change and Development*. Maidenhead: Open University Press.

Spencer, S. (2011). *Visual Research Methods in the Social Sciences: Awakening Visions*. London: Routledge.

Stake, R. (1995). *The Art of Case Study Research*. Thousand Oaks, CA: Sage.

Stanton, J. and Rogelberg, S. (2001). Using Internet/intranet web pages to collect organizational research data. *Organizational Research Methods*, 4(3): 200 - 217.

Stevens, S. S. (1946). On the theory of scales of measurement. *Science*, 103(2684): 677 - 680.

Strauss, A. (1987). *Qualitative Analysis for Social Scientists*. Cambridge: Cambridge University Press.

Strauss, A. L. and Corbin, J. (1990). *Basics of Qualitative Research: Grounded Theory Procedures and Techniques*. London: Sage.

Strauss, A. L. and Corbin, J. (1998). *Basics of Qualitative Research: Techniques and Procedures for Developing Grounded Theory*, 2nd edn. Thousand Oaks, CA: Sage.

Sue, V. M. and Ritter, L. A. (2012). *Conducting Online Surveys*. Thousand Oaks, CA: Sage.

Swanborn, P. (2010). *Case Study Research: What, Why and How?* London: Sage.

Tashakkori, A. and Teddlie, C. (1998). *Mixed Methodology: Combining Qualitative and Quantitative Approaches*. Thousand

Oaks, CA: Sage.

Tashakkori, A. and Teddlie, C. (eds.) (2003). *Handbook of Mixed Methods in Social and Behavioral Research*. Thousand Oaks, CA: Sage.

Teddlie, C. and Tashakkori, A. (2009). *Foundations of Mixed Methods Research: Integrating Quantitative and Qualitative Approaches in the Social and Behavioral Sciences*. Thousand Oaks, CA: Sage.

Tesch, R. (1993). Software for qualitative researchers: analysis needs and program capabilities. In N. Fielding and R. Lee (eds.), *Using Computers in Qualitative Research*, 2nd edn. London: Sage.

Thomas, G. (2011). *How to Do Your Case Study: A Guide for Students and Researchers*. London: Sage.

Thyer, B. A. (2012). *Quasi-Experimental Research Designs*. New York: Oxford University Press.

Tourangeau, R., Conrad, F. and Couper, M. (2013). *The Science of Web Surveys*. Oxford: Oxford University Press.

Tranfield, D., Denyer, D. and Smart, P. (2003). Towards a methodology for developing evidence-informed management knowledge by means of systematic review. *British Journal of Management*, 14: 207 - 222.

Truell, A. D., Bartlett, J. E. and Alexander, M. W. (2002). Response rate, speed and completeness: a comparison of Internet-based and mail surveys. *Behaviour Research Methods, Instruments and Computers*, 34(1): 46 - 49.

Turabian, K. (2013). *A Manual for Writers of Research Papers, Theses, and Dissertations*, 8th edn. Chicago, IL: University of Chicago Press.

Urquhart, C. (2013). *Grounded Theory for Qualitative Research: A Practical Guide*. London: Sage.

van Leeuwen, T. and Jewitt, J. (eds.) (2001). *Handbook of Visual Analysis*. London: Sage.

van Maanen, J. (ed. ) (1995). *Representation in Ethnography*. Thousand Oaks, CA: Sage.

van Manen, M. (1990). *Researching Lived Experience: Human Science for an Action Sensitive Pedagogy*. London, Ontario: Althouse.

van Manen, M. (2014). *Phenomenology of Practice: Meaning-Giving Methods in Phenomenological Research and Writing*. Walnut Creek, CA: Left Coast Press.

Walker, I. (2010). *Research Methods and Statistics*. Basingstoke: Palgrave Macmillan.

Webb, E. J. , Campbell, D. T. , Schwartz, R. D. and Sechrest, L. (1966). *Unobtrusive Measures: Non-reactive Research in the Social Sciences*. Chicago, IL: Rand McNally.

Webster, M. and Sell, J. (2007). *Laboratory Experiments in the Social Sciences*. London: Academic Press.

Whyte, W. F. ([1943] 1993). *Street Corner Society: The Social Structure of an Italian Slum*, 4th edn. Chicago, IL: University of Chicago Press.

Wiles, R. (2013). *What Are Qualitative Research Ethics?* London: Bloomsbury.

Wilson, R. , Gosling, S. D. and Graham, L. T. (2012). A review of Facebook research in the social sciences. *Perspectives on Psychological Science*, 7(3): 203 - 220.

Winter, R. (1996). Some principles and procedures for the conduct of action research. In O. Zuber-Skerritt (ed. ), *New Directions in Action Research*. London: Falmer Press.

Wittgenstein, L. (1968). *Philosophical Investigations*. Oxford: Basil Blackwell.

Woods, P. (2012). *The Divided School*. London: Routledge.

Woods, P. (1993). Managing marginality: Teacher development through grounded life history. *British Educational Research Journal*, 19(5): 447 - 465.

Woods, P. (2006). *Successful Writing for Qualitative Researchers*, 2nd edn. London: Routledge.

Worthington, H. and Holloway, P. (1997). Making sense of statistics. *International Journal of Health Education*, 35(3): 76 - 80.

Yin, R. (2009). *Case Study Research: Design and Methods*, 4th edn. Thousand Oaks, CA: Sage.

Yin, R. (2014). *Case Study Research: Design and Methods*, 5th edn. Thousand Oaks, CA: Sage.

Yoder, P. and Symons, F. (2010). *Observational Measurement of Behavior*. New York: Springer.

Zuber-Skerritt, O. (ed.) (1996). *New Directions in Action Research*. London: Falmer Press.

Martyn Denscombe
The Good Research Guide: For Small scale Social Research Projects(5th Edition)
ISBN: 0335264700


上海市版权局著作权合同登记号图字 09－2016－625 号

图书在版编目(CIP)数据

怎样做好一项研究：小规模社会研究指南：第五版/(英)马丁·登斯库姆(Martyn Denscomb)著；张玉婷译. —上海：上海教育出版社，2020.2
(象牙塔之旅. 学术入门指导丛书)
ISBN 978-7-5444-9597-4

Ⅰ. ①怎… Ⅱ. ①马… ②张… Ⅲ. ①社会科学—研究方法 Ⅳ. ①C3

中国版本图书馆 CIP 数据核字(2020)第 000349 号

责任编辑 钟紫菱 谢冬华
封面设计 金一哲

象牙塔之旅·学术入门指导丛书
**怎样做好一项研究**
——小规模社会研究指南(第五版)
**【英】马丁·登斯库姆 著 张玉婷 译**

出版发行 上海教育出版社有限公司
官　　网 www.seph.com.cn
地　　址 上海永福路 123 号
邮　　编 200031
印　　刷 上海展强印刷有限公司
开　　本 965×635 1/16 印张 27
字　　数 390 千字
版　　次 2020 年 2 月第 1 版
印　　次 2020 年 2 月第 1 次印刷
书　　号 ISBN 978-7-5444-9597-4/C·0028
定　　价 68.00 元

如发现质量问题，读者可向本社调换 电话：021－64377165